PSICOMETRIA GENÉTICA

Sara Paín

PSICOMETRIA
GENÉTICA

Tradução ELZA MARIA GASPAROTTO
Revisão técnica LIGIA FURUSAWA

SÃO PAULO 2007

Esta obra foi publicada originalmente em espanhol com o título
PSICOMETRÍA GENÉTICA, por *Ediciones Nueva Visión*,
Buenos Aires.
Copyright © 1985 por Ediciones Nueva Visión SAIC, Buenos Aires.
Copyright © 2007, Livraria Martins Fontes Editora Ltda.,
São Paulo, para a presente edição.

1ª edição 2007

Tradução
ELZA MARIA GASPAROTTO

Revisão técnica
Ligia Furusawa
Acompanhamento editorial
Luzia Aparecida dos Santos
Revisões gráficas
Solange Martins
Maria Regina Ribeiro Machado
Dinarte Zorzanelli da Silva
Produção gráfica
Geraldo Alves
Paginação/Fotolitos
Studio 3 Desenvolvimento Editorial

Dados Internacionais de Catalogação na Publicação (CIP)
(Câmara Brasileira do Livro, SP, Brasil)

Paín, Sara
  Psicometria genética / Sara Paín ; tradução Elza Maria Gasparotto ; revisão técnica Ligia Furusawa. – São Paulo : WMF Martins Fontes, 2007. – (Psicologia e pedagogia)

  Título original: Psicometría genética
  ISBN 978-85-60156-13-9

  1. Psicologia genética 2. Psicometria 3. Testes psicológicos I. Título. II. Série.

06-7511   CDD-150.15195

Índices para catálogo sistemático:
1. Psicometria genética : Psicologia   150.15195

Todos os direitos desta edição para a língua portuguesa reservados à
Livraria Martins Fontes Editora Ltda.
Rua Conselheiro Ramalho, 330 01325-000 São Paulo SP Brasil
Tel. (11) 3241.3677 Fax (11) 3101.1042
e-mail: info@martinsfontes.com.br http://www.martinsfontes.com.br

Índice

Prólogo 1

Capítulo 1
Justificação da análise genética do conteúdo
das provas psicométricas **3**

Capítulo 2
Fundamentos de psicologia genética **15**

Capítulo 3
Aspecto figurativo da função cognitiva:
percepção, imagem e memória **57**

Capítulo 4
Diagnóstico do desenvolvimento de Arnold Gesell **69**

Capítulo 5
O teste visomotor de Lauretta Bender **91**

Capítulo 6
O desenho da figura humana. A prova de Goodenough **127**

Capítulo 7
A medida da inteligência na criança:
revisão Terman das provas de Binet **147**

Capítulo 8
Medida multifatorial das habilidades primárias:
o SRA de Thurstone   **179**

Capítulo 9
A inteligência no adulto: análise da bateria
de provas Wechsler-Bellevue   **201**

Capítulo 10
A medida de uma inteligência "G":
o teste de matrizes progressivas de Raven   **235**

Capítulo 11
A diferenciação das aptidões individuais:
os testes do D.A.T.   **259**

Apêndice   **279**

Prólogo

A psicometria, como método de pesquisa estatística do comportamento, só pode ter sentido dentro de uma teoria mais ampla e abrangente da conduta humana. As provas mentais constituem excelentes recursos para constatar tendências e regularidades no rendimento dos indivíduos, mas nem por isso explicam o mecanismo dos processos envolvidos.

A teoria psicológica de Jean Piaget, base experimental de sua epistemologia genética, apresenta um modelo da inteligência ao mesmo tempo dialético e estruturalista, capaz de revelar as diversas estratégias de adaptação em um sentido vertical ou histórico e em um sentido transversal de esquemas subjacentes. No entanto, seu método de trabalho recebeu algumas críticas por falta de rigor estatístico na determinação e na manipulação dos dados experimentais.

A intenção desta obra é associar a fecundidade do modelo piagetiano à precisão do método dos testes. Com isso, acreditamos contribuir para a melhor interpretação das provas psicométricas, ao dotá-las de um esqueleto teórico coerente, e, conseqüentemente, para o diagnóstico do comportamento grupal e individual.

Este livro consta de três tópicos. O primeiro, ao qual são dedicados três capítulos, tem por objetivo resumir os fundamentos do modelo de análise que vamos utilizar, definindo e descrevendo as noções mais gerais. Na segunda parte, procedemos à análise detalhada de itens de diferentes provas, escolhidas pela variedade de seus critérios teóricos, estatísticos e práticos, oportunamente especificados. Finalmente, dedicamos um apêndice à descrição de algumas provas clássicas de experimentação em psicologia genética, que podem servir de referência comparativa. Na indicação bibliográfica nos restringimos apenas aos textos da escola genética que tratam diretamente dos temas teóricos abordados; os livros para consulta sobre os diferentes testes são encontrados em abundância na edição de cada um deles em particular.

Este livro foi realizado graças à sensata exigência de alunos e colaboradores e à ajuda de Dora Laino de Martínez, a quem agradeço profundamente.

S.P.
Buenos Aires, fevereiro de 1971

Capítulo 1
Justificação da análise genética do conteúdo das provas psicométricas

As provas psicométricas propõem ao indivíduo uma série de situações cuja resolução exige dele certa estratégia e uso de processos específicos que se traduzem em uma adequada adaptação ao problema formulado.

A construção das provas psicométricas depende de uma série de técnicas elaboradas pelo método dos testes, subsidiário da psicologia experimental, cujo objetivo é manter constantes as condições materiais da situação de prova e observar as variáveis no rendimento dos indivíduos. Quando se trata de medir uma dessas variáveis, como a maturidade, o nível de inteligência ou certas aptidões, são controladas as variáveis intervenientes que possam alterar a homogeneidade da amostra, tais como o nível socioeconômico, a idade, o grau de instrução, etc., e, evidentemente, as normas resultantes do tratamento estatístico da distribuição dos pontos obtidos só poderão ser aplicadas em populações definidas pelas mesmas condições que caracterizam a amostra.

As provas de nível mental, que interessam particularmente a uma análise genética, devem obviamente caracterizar-se por determinar suas respectivas amostras de acordo com um dado de homogeneização obrigatório, que é o da idade cronológica dos indivíduos que as compõem. A evolução dos comportamentos, que no início da vida implica intervalos de idade muito curtos, vai se tornando cada vez mais lenta, até que finalmente o rendimento deixa de ser um índice que define uma determinada idade. Nesse ponto, a observação dos resultados obtidos nos permite comparar indivíduos de uma mesma idade cronológica, entendendo por "mesma" o intervalo de idade no qual a distribuição normalizada dos pontos não denota diferenças significativas em sua distribuição.

Realizados nas melhores condições de laboratório, os itens das provas psicométricas, sobretudo aquelas interessadas nos comportamentos inteligentes, proporcionam uma ocasião privilegiada para a análise genética, que permitirá uma interpretação mais rica dos processos e das estruturas mentais implicadas, ao mesmo tempo que encontrará, ela própria, os argumentos estatísticos de sua justificação.

De fato, o método usado por Piaget não foi psicométrico, mas fundamentalmente clínico. Sua constante intenção foi determinar a estratégia, o desenvolvimento minucioso de cada raciocínio e suas possibilidades de evolução no decurso da própria experiência. Assim, se o método dos testes quer saber o que pensa um indivíduo de determinada idade em condições estabelecidas, o método clínico quer saber como e por que pensa assim, e, se é genética, que alteração estrutural permite que ele chegue a elaborar tal pensamento. Se quiséssemos transferir esse método para a psicometria, depararíamos com o obstáculo da condição especial dessa disciplina experimental, que é um enfoque fixo e idêntico para todos os indivíduos, única forma de aplicar os recursos estatísticos.

Mas, em compensação, podemos considerar que todo comportamento que aparece em um nível de desenvolvimento cronológico supõe processos de tipo genético, isto é, subsidiários de uma estrutura que se constrói dentro de uma integração articulada de estágios, desde aqueles menos equilibrados até um equilíbrio reversível e operatório. Por isso, em uma análise que busca, ela própria, explorar de forma reversível o tratamento dos fatos, tentaremos tomar cada um dos comportamentos evidenciados estatisticamente como característicos de uma idade, interpretando-os a partir dos conhecimentos que a teoria genética de J. Piaget e seus colaboradores fornece sobre a estrutura de tais comportamentos.

Como freqüentemente os testes psicométricos foram construídos com objetivos muito diferentes e com proposições teóricas bastante distantes e, muitas vezes, contrárias às defendidas pela teoria que vamos aplicar, tentaremos esclarecer de modo sucinto certos pontos que seus autores destacam com mais constância. Em primeiro lugar, vamos lembrar que as provas, sobretudo aquelas que se dedicam à infância, baseiam-se em noções mais ou menos implícitas de evolução. Será interessante salientar, então, o caráter peculiar que o evolucionismo adota na teoria piagetiana. Outra noção que preocupa nitidamente os construtores das provas psicométricas é o aspecto da influência da aprendizagem e, portanto, do meio sociocultural que age sobre o indivíduo. Também nesse aspecto os colaboradores da escola de Genebra mantêm uma contínua polêmica que, embora tenha esclarecido pontos fundamentais, não parece esgotar a problemática que propõe. Relacionado a esse aspecto surge um problema ainda mais árduo: a influência da verbalização nos processos inteligentes, sobretudo porque o recurso da linguagem possibilita certo tipo de respostas estereotipadas que nem sempre comportam a compreensão real das relações dos objetos em questão.

1
Gênese e evolução

Entre as teorias biológicas evolucionistas, Piaget distingue três correntes contrárias, ao mesmo tempo, a tantas outras posturas não evolucionistas e, conseqüentemente, vinculadas a posturas gnosiológicas bastante definidas:

a) Em primeiro lugar, aquelas que explicam as variações específicas como tentativas de adaptação dos indivíduos ante a pressão de um meio mutável. Essa posição, notavelmente desenvolvida por Lamarck, destaca o papel preponderante das condições ambientais nas transformações fenotípicas, que modificariam o órgão para fazê-lo funcionar nas novas condições. Ao lamarckismo biológico corresponde a filosofia do empirismo, que em psicologia surgiu como associacionismo, atualmente puro apenas nos reflexologistas mecanicistas norte-americanos e, de forma menos rígida, em Spearman, por exemplo, que considera que as operações inteligentes obedecem sempre a uma mesma estrutura constante, e que sua evolução se deve à variação em complexidade, imposta pela realidade exterior ao indivíduo. Pensemos que Lamarck foi contemporâneo de Hume, e este também considerou o meio capaz de produzir hábitos em um indivíduo que presencie continuamente seqüências regulares, hábitos que finalmente se traduzem em idéias subjetivas, cuja "necessidade" seria uma ilusão atribuível à força das associações e não à realidade dos acontecimentos que a motivaram.

b) Em segundo lugar, Piaget menciona aquelas posições que em biologia são designadas como mutacionismo, e que adquirem seu traço distintivo na obra de Darwin. Tal posição destaca os caracteres endógenos das variações específicas, únicos capazes de ser herdados. Os fatores básicos de evolução não registram nenhuma constância no meio estimulador, mas sim nas características, surgidas por acaso, dos indivíduos "selecionados" como mais aptos para sobreviver. Ao falar de acaso e seleção, nos aproximamos rapidamente, no campo da psicologia, das teorias de ensaio e erro. Assim como as respostas ocasionalmente mais satisfatórias seriam selecionadas para constituir a experiência individual, também no nível da espécie integrariam um genótipo, como modelos *a priori* impressos no neonato.

A defesa desse apriorismo neokantista e darwiniano levou Lorenz à postulação do convencionalismo epistemológico das "hipóteses de trabalho herdadas". Mais ingenuamente essa noção de evolução foi aplicada por Claparède, leitor de Poincaré, e, mais próximo de nosso tema, pelo criador das provas evolutivas sistemáticas da inteligência: Alfred Binet, para quem adaptar-se de modo inteligente era distinguir a melhor resposta por experiência, fosse essa empírica ou por antecipação, produto de ensaios interiorizados.

c) Chegamos finalmente à posição defendida por Piaget, que é ao mesmo tempo uma tentativa de integração às posições descritas anteriormente. Ele rejeita as duas instâncias que supõem o indivíduo evoluindo exclusivamente seja pelas modificações do meio ambiente, seja por mero acúmulo de experiência aleatória, e busca integrá-las dialeticamente, de modo que o desenvolvimento da vida a definiria como um sistema de auto-regulação progressiva que vai do morfogenético ao estrutural e daí ao funcional. Dentro desse esquema, as funções cognoscitivas seriam os órgãos especializados da auto-regulação dos intercâmbios no âmago do comportamento.

No nível do indivíduo, encontramos também um sistema evolutivo auto-regulador que permite que ele aja com certas estruturas que não lhe são dadas previamente, mas que derivam da própria ação do indivíduo sobre o meio. As estruturas mentais não são herdadas como tais, mas simplesmente como a possibilidade funcional de chegar a elaborá-las. Em suma, a coordenação das ações seria a causa das transformações de desenvolvimento, e não as propriedades objetivas isoladas da realidade, que funcionariam meramente como ocasião para que tais ações acontecessem.

Por outro lado, poderíamos nos perguntar o que vem antes: a estrutura que configura um comportamento em um nível peculiar ou o comportamento através do qual essa estrutura se efetiva. A relação entre comportamento e estrutura é de mútua dependência e suas alterações concomitantes não poderiam ser explicadas sem a noção de equilibração, que determina o alcance de níveis cada vez mais estáveis, passando da regulação à reversibilidade das operações lógicas.

Por conseguinte, ante os diversos comportamentos suscitados pela estimulação incluída na instrução de cada item, passaremos a indicar qual é o nível de equilíbrio que a resposta dada imprime ao sistema proposto e como se articula a estrutura correspondente na situação atual, isto é, mediante que operações específicas.

2
Estrutura e aprendizagem

No âmbito do evolucionismo genético é interessante destacar que papel desempenha a aprendizagem, isto é, em que medida as diversas aquisições estão condicionadas à experiência, ao exercício ou à informação.

Quanto ao exercício, Piaget considera que nem sempre está ligado a uma necessidade imediata e que supõe algo mais que um simples desencadeamento de atividade como reação ante um estímulo. De fato, postula a existência de certos esquemas circulares no início da vida, já que eles supõem a repetição da mesma ação, que promovem sua própria alimentação por assimilação; assim, o bebê não apenas suga para mamar, mas também exercita a sucção em tudo o que se aproxima de sua boca e inclusive sem objeto, o que permite a ele, por sua vez, a realimentação desse esquema e sua transformação por acomodações sucessivas. Mesmo nos fenômenos de condicionamento, nos quais pode parecer que o indivíduo se subordina passivamente às condições exteriores, existiria um esquema prévio (de funcionamento pupilar, salivar, etc.) ao qual essa "condição externa" é assimilada, que constituiria uma condição interna necessária. Logo, a programação inata da espécie, que lhe fornece esses esquemas, ao mesmo tempo, obviamente, lhe propicia informação sobre o meio em que se desenvolve.

Além dos conhecimentos inatos, encontramos os esquemas que a inteligência constrói de forma progressiva, por meio dos quais organizamos o mundo operando nele, isto é, classificando-o, ordenando-o, quantificando-o, medindo-o, etc. Restaria abordar um terceiro tipo de conhecimento, o das formas adquiridas em função da experiência, como o conhecimento físico, por exemplo: o fato de a água mudar de estado em função de sua temperatura. É evidente que esse conhecimento não pode limitar-se ao anterior, mas também não pode ser dissociado de uma estrutura inteligente, no exemplo capaz de ordenar quantidades de calor, classificar os corpos por seu estado, conservar o objeto através de suas transformações, etc.

A diferença mais evidente entre os conhecimentos lógico-matemáticos e os físicos é que, partindo os dois da experiência como manipulação ativa dos objetos, manipulação desde já orientada pela assimilação de tais objetos a esquemas prévios, enquanto os segundos derivam das propriedades das coisas (seu peso, sua temperatura, sua rapidez), os primeiros são construídos a partir das próprias ações exercidas sobre as coisas, isto é, classificar, comparar, ordenar, etc., e suas coordenações mútuas. Assim, por exemplo, se determino que o diamante é o mais duro dos elementos, é porque verifiquei fisicamente que ele risca os demais, porém a ordenação que a noção de "maior que" supõe tem sentido quando faz parte de um sistema coordenado de ações de comparar, com características de "agrupamento". Portanto, nenhum conhecimento físico ocorre fora do âmbito lógico-matemático; e o estudo da gênese das relações causais demonstra amplamente a importância desse marco referencial para a leitura da realidade, quanto mais equilibrada e maior for a criança.

Assim, sejam os conhecimentos inatos, condicionados, físicos ou lógico-matemáticos, a aprendizagem realizou-se por assimilação de certas estruturas cognitivas e o problema se reduz a esclarecer se tais estruturas são, por sua vez, produtos de uma aprendizagem. Se considerarmos a aprendizagem em sentido amplo como estruturação a partir da experiência, por definição a elaboração de esquemas será realizada na própria ação. Mas se formularmos o problema como a possibilidade de ensinar uma operação – a classificação, por exemplo –, tal como se ensina uma técnica a ser aplicada, essa aprendizagem não será alcançada e perderá seu valor toda vez que se variar o enfoque do problema, embora suponha a mesma operação. Em suma, as estruturas lógicas não são aprendidas; em contrapartida, são construídas de acordo com uma cronologia mais ou menos estável em todos os indivíduos e com uma ordem de aquisição constante para todos. Isso não tira a importância da experiência, pois ela cria as condições do desequilíbrio somente remediável por certa mudança de perspectiva, de estratégia, que facilita a assimilação da situação ao novo esquema que, dessa maneira, se consolida e realimenta. Portanto, a aprendizagem entendida como oportunidade de aplicação é muito mais útil nos períodos de aparecimento das novas estruturas, época em que a criança busca por si mesma a ocasião de experimentar seu novo instrumento de organização da realidade, fato que leva Piaget a dizer que cada esquema reclama seu alimento.

O tema da aprendizagem, que suscitou discussões insolúveis entre os colaboradores da escola e seus visitantes neohullianos, sobretudo Berlyne, se esclarecerá, no entanto, através da análise dos testes – já que alguns criticam o caráter artificial das experiências lógico-matemáticas – que apresentam situações comuns, e quase escolares, às crianças. A contemporaneidade da aquisição de comportamentos muito diferentes, mas que na análise mais minuciosa revelam uma estrutura inteligente comum, tal como os que teremos oportunidade de estudar em detalhe na prova de Terman, corrobora a tese de que são os esquemas que configuram a aprendizagem e não essa que determina a aquisição de esquemas.

3
Pensamento e linguagem

O problema da aprendizagem interdepende de outro, o do papel da linguagem, que preocupa todo pesquisador do comportamento inteligente, seja em um enfoque psicométrico, seja em um enfoque clínico. De fato, de acordo com as relações postuladas entre o pensamento e a linguagem, essa será mais ou menos útil como material para a medida ou a análise da inteligência.

Não só do ponto de vista psicológico existiram tentativas de reduzir à linguagem todos os processos mentais que escapam à referência da imagem, tal como o behaviorismo de Watson; também o empirismo positivista lógico, a partir de Carnap, defendeu que a lógica era uma sintática. Os estudos da semântica empreendidos por Tarski e da pragmática iniciados por Morris não superaram esse marco, no qual todo pensamento se esgota nas leis da linguagem que o expressa.

Os dados genéticos do comportamento inteligente proporcionam uma série de conclusões que contradizem a posição do empirismo lógico e abrem a porta para uma nova epistemologia científica.

a) Em primeiro lugar, que certas estruturas de classe e de relações aparecem esquematizadas em nível prático, em um período no qual a criança não tem acesso à linguagem. A simples conservação de um objeto permanente através de suas rotações, deslocamentos e ocultações parciais ou totais constitui uma indiscutível invariante de grupo como esquema ativo. Quando, depois de um período no qual não aparece o caráter associativo dos deslocamentos, a criança vai buscar seu brinquedo no último lugar em que foi escondido, evidencia um esquema de ação que supõe um sistema de "grupo" de deslocamentos, e, evidentemente, o caráter associativo desse sistema não foi proporcionado pela linguagem.

As ações interiorizadas e coordenadas como operações também não parecem provir da linguagem, no período concreto, pois, se essa permanece idêntica para explicar a conservação da massa (sete anos), do peso (nove anos) e do volume (onze anos), quando a criança diz "se não se junta nada, nem se tira nada, tem que ficar igual", a diferença de nível entre as três aquisições, afetadas pelo mesmo argumento, tem que ser devida às distintas condições da experiência que determinam uma dificuldade crescente para sua assimilação à estrutura operatória que a torna compreensível.

Por conseguinte, Piaget conclui que as operações intelectuais não dependem da verbalização.

b) Talvez possa se dizer que isso ocorre no plano da ação ou da determinação da ação, mas não em nível representativo. A verdade é que o nascimento do pensamento internalizado coincide com o aparecimento da linguagem, mas certamente porque ambos os processos têm relação com a função semiótica geral, que compreende também o jogo e a imagem. A característica de todos esses comportamentos é que se organizam em um contexto de imitação, com uma etapa intermediária de imitações posteriores, que permite construir toda uma série de referências entre um significante (objeto-símbolo, ou signo verbal, ou representação gráfica) e um significado ou esquema internalizado de coordenação de ações possíveis, que Piaget remete às imagens e aos pré-conceitos quase-simbólicos.

Em síntese, a linguagem constitui uma das funções semióticas, junto com a constituição de imagens e a atividade lúdica.

c) De resto, é óbvio que a aquisição de um hábito lingüístico não comporta em si a aplicação de uma estrutura peculiar. O fato de uma criança saber repetir a série numérica 1, 2, 3, ... nem sempre coincide com sua possibilidade de contar objetos, quer porque não faz coincidir cada número com um objeto, quer porque não considera o último número da série como o signo do conjunto. Portanto, são precisamente essas ações que constroem a noção do número como integração dos comportamentos de classificação e de seriação, e nunca a simples denominação seriada dos números.

No próprio âmbito da linguagem, diremos que não só a semiose não implica por si só a respectiva conceituação, mas também que são precisamente as estruturas de pensamento que vão conferir aos mesmos signos ou palavras diferentes significados, conforme o nível de evolução genética que considerarmos. A definição sucessiva de uma laranja, dada pelas crianças, como "redonda", "para comer", "fruta", "fruta cítrica" não se deve principalmente à informação fornecida, mas sobretudo à possibilidade de passar das coleções figurais às não-figurais, e depois às classificações hierárquicas da lógica operatória concreta.

É incontestável, no entanto, o importante papel que a linguagem exerce na aquisição completa das estruturas, dadas a relevante economia e as possibilidades de coordenação e combinação que oferece justamente enquanto sistema de signos. Seria impossível uma análise interproposicional sem a linguagem, porém convém distinguir, por um lado, as estruturas formais de pensamento como sistema combinatório e, por outro, as estruturas lingüísticas sobre as quais – mas não pelas quais – aquelas são elaboradas na adolescência.

No prefácio da terceira edição de *Le jugement chez l'enfant** (1947), escrita por Piaget vinte anos antes, ele faz alusão ao método com que tinha pensado abordar o problema, que é justamente a análise dos comportamentos verbais do uso das conjunções, e diz: "o que se encontra nesta obra permanece exato e fácil de verificar, mas não adquire seu significado salvo em função de um estudo que exceda o plano verbal e se remonte às fontes do pensamento na direção da ação...".

Por isso, o estudo que realizarmos com as provas chamadas "verbais" não se baseará tanto em verificar se os estereótipos da linguagem foram adquiridos, mas em determinar a presença de um sistema de organização de significados em hierarquias que supõem processos mais gerais de operação, como a classificação, a inclusão, etc., que poderiam servir, segundo Apostel, para a fundamentação experimental de uma lingüística científica.

....

* Trad. bras.: *Julgamento moral na criança*, São Paulo, Mestre Jou, 1977.

Capítulo 2
Fundamentos de psicologia genética

Para compreender a fundamentação teórica da Psicologia Genética, é conveniente inseri-la no âmbito mais amplo da epistemologia, que serve para seu embasamento e de cujas conclusões extrai seu rigor.

Nada mais ilustrativo para tal finalidade que a pequena autobiografia esboçada pelo próprio Piaget. Em 1917 ele terminara de apresentar sua tese de doutorado em zoologia sobre o tema "A distribuição e a variabilidade dos moluscos terrestres nos Alpes Valencianos". A noção de espécie que esse trabalho supõe levou-o à problemática do valor dos conceitos biológicos e às proposições da epistemologia clássica. Tais reflexões conduziram-no ao campo da especulação filosófica, no qual rapidamente produziu uma crise, já que sua formação científica exigia que rejeitasse toda produção intelectual não submetida ao controle experimental ou ao controle dedutivo do cálculo lógico-matemático.

Superando então a dicotomia vocacional que dividia suas preocupações entre o laboratório e a especulação pura, seduzido pela problemática do conhecimento científico, inspirado na metodologia geral da disciplina biológica, Piaget decidiu investigar na criança as noções que são objeto de estudo da epistemologia, tais como a noção de tempo, espaço, causalidade, número, categorias, tentando assim explicar o nascimento da inteligência e o desenvolvimento das operações intelectuais, não só em benefício de uma psicologia científica, mas principalmente como base de uma epistemologia experimental.

Psicologia genética e epistemologia

Interessa a toda ciência, por um lado, acrescentar os conhecimentos em seu campo de ação e, por outro, garantir a coerência interna de tais aquisições. Uma teoria das ciências deverá ser dedicada, conseqüentemente, ao estudo da dinâmica do desenvolvimento de cada disciplina e ao estudo das estruturas que a legitimam como sistema.

Haverá, assim, uma epistemologia genética baseada na psicologia e preocupada com as atividades cognitivas que explicam o desenvolvimento da ciência e a elaboração dos conceitos com os quais atua, e uma epistemologia normativa, baseada na lógica e preocupada com a coerência interna do pensamento científico e o nível de axiomatização de suas estruturas.

Para uma pesquisa epistemológica centrada nos dados psicológicos, torna-se necessária uma disciplina que explique o papel do indivíduo no conhecimento. Nesse sentido, convém distinguir dois aspectos em sua atividade cognitiva: por um lado, a ação da consciência, vista pelo indivíduo de uma maneira sincrônica, estática e normativa, ou seja, com atribuições de verdade ou falsidade; por outro lado, a ação do comportamento, visto pelo observador em função de todo o desenvolvimento, isto é, de uma maneira diacrônica ou genética.

Pelo último ponto de vista, a vida mental é constituída como um sistema de comportamentos elaborados pela própria atividade do indivíduo e pela coordenação paulatinamente mais bem organizada de suas ações.

A psicologia genética propõe, assim, seguir passo a passo a conduta do indivíduo para acompanhar a gênese de seus esquemas básicos de comportamento inteligente e verificar as leis que determinaram sua crescente complexidade.

Uma psicologia baseada na atividade do indivíduo servirá para uma epistemologia centrada nessa interação contínua, pela qual o objeto não pode ser conhecido a não ser pelas ações que o indivíduo exerce sobre ele, e o indivíduo não se conhecerá exceto pelas transformações que os objetos imponham à sua ação. Piaget preferiu percorrer metodicamente essa espiral em vez de passar para o absoluto.

Psicologia genética e lógica

As relações entre uma epistemologia genética e uma epistemologia normativa são estabelecidas à medida que se tornam mais claras as relações entre a psicologia e a lógica, isto é, entre as atividades mentais do indivíduo e a formalização das leis de seu pensamento. Trata-se de estabelecer o grau de isomorfismo entre a legitimidade das estruturas lógicas e das estruturas psicológicas, ou seja, entre as normas do pensamento discriminadas pelo especialista lógico, sem referência a nenhum dado psicológico, e as normas cognitivas às quais se adapta o comportamento inteligente do indivíduo, conforme as entende o psicólogo pesquisador.

É importante destacar que, para Piaget, os dois domínios são independentes e autodeterminados, e não se tenta reduzir um a outro, mas sim coordená-los em função de uma compreensão mais completa da realidade do conhecimento. Assim, por exemplo, a verdade de $2 + 2 = 4$ é provada de forma lógica a partir da definição de 2, 4, +, e de =, e das leis de sua organização, sem intervenção do indivíduo que soma; mas para resolver o problema epistemológico da validade de $2 + 2 = 4$, é necessário recorrer aos dados de fato, às operações mentais que tornam possível a adição.

Não se trata então de procurar o isomorfismo entre psicologia e lógica comparando um pensamento, fornecido como dado de uma consciência que raciocina, com sua tradução axiomática. Trata-se de relacionar as operações lógicas (agrupar, seriar, associar, quantificar, adicionar, etc.), e suas leis de constituição, com as operações psicológicas (classificar, ordenar, numerar, somar, etc.) e sua gênese.

Fundamentos teóricos

A psicologia genética é uma ciência experimental. Seu método de trabalho, denominado "clínico" por Piaget, consiste na realização de uma experiência, que supõe um problema ou situação a ser solucionado, aplicada depois a diferentes grupos de diversas idades, com questionários livres destinados a elucidar os recursos mentais envolvidos. Os dados sobre os quais se elabora a teoria surgem, então, de uma cuidadosa e controlada observação dos comportamentos inteligentes, considerando-se também, ao preparar as experiências, as diferentes variáveis implicadas, cujos efeitos são analisados de modo sistemático.

As hipóteses de trabalho são determinadas de acordo com certos critérios teóricos – conceitos fundamentais e irredutíveis – que contêm a base de compreensão para a elaboração dos dados; são eles o conceito de equilíbrio, que constitui a noção mais geral da hierarquia conceitual piagetiana; o conceito de estrutura, que permite à psicologia genética intercambiar informações com outras disciplinas estruturalistas; e o conceito de gênese, básico para a determinação dos estudos de desenvolvimento.

A noção de equilíbrio

Certa vez, ao participar de um debate, Piaget disse que poderia ser criticado ao falar de equilíbrio "a propósito de tudo e de nada"; na realidade, ocorre que a noção de equilíbrio constitui o cume de sua hierarquia conceitual, pois não só explica os processos cognitivos como também esclarece os comportamentos vitais e os movimentos mais amplos da realidade, permitindo determinar vínculos entre os distintos domínios.

De fato, não se trata aqui do equilíbrio de um sistema fechado e estático como o apresentado pela física clássica, mas antes de um sistema que deve ser concebido como uma tendência equilibrante, capaz de explicar o desencadeamento de um acontecimento como seu estado de repouso. Assim, a perda constante de energia nos sistemas explicaria o movimento universal como uma permanente busca de compensação pelos sucessivos déficits sofridos. E no nível inteligente, a equilibração consiste também na busca de adaptação centrada num processo de intercâmbio entre os esquemas do indivíduo e a realidade.

Justamente o ser humano, dada a dependência absoluta a que fica sujeito por sua falta de recursos próprios de adaptação, está submetido a uma contínua descompensação desde seu nascimento; a fome, a sede, o frio, os estímulos ainda não discriminados obrigam o bebê a um crescente esforço para propor respostas equilibrantes que constituem seu trabalho para viver. Mas para que tal esforço não seja inútil, é necessário que a experiência da criança sobre o mundo seja estável, que se instale nela como conhecimento, que lhe proporcione recursos que reforcem os vínculos entre ela e os objetos que a cercam.

Não se trata de conexões estáveis entre estímulos e respostas, mas de esquemas de ação, pois estes podem integrar-se e coordenar-se através da própria atividade da criança, que constrói uma realidade ao entender suas transformações por aquelas que seus próprios esquemas de ação sofrem. Isto é, o sistema comportamental a que Piaget alude não está centrado em relações condicionantes que supõem acontecimentos fora do indivíduo e acontecimentos no indivíduo; o sistema piagetiano do comportamento é uma esquematização de ações virtuais, possíveis, às quais os estímulos são assimilados.

No nível do comportamento inteligente, podemos considerar, então, que o equilíbrio é sinônimo de adaptação, entendida esta como a possibilidade do organismo de realizar suas possibilidades, ou seja, de funcionar de acordo com suas características genotípicas, mas, por sua vez, transformando essas características quando o meio ambiente requer. Esse contínuo intercâmbio, que acontece com muito poucas variações nos organismos inferiores, é muito dinâmico e complicado em organismos que, como o do ser humano, se propõem continuamente a transformação do meio para melhorar suas condições não só de subsistência, mas de plena existência.

O equilíbrio adaptativo ocorre primitivamente como um processo dialético, compreendendo dois momentos que tendem a uma síntese aberta:

a) um momento de assimilação, no qual o indivíduo transforma a realidade em função de seus possíveis esquemas de atuação sobre essa realidade; assim, por exemplo, para um bebê recém-nascido, cujo único esquema é a sucção, os únicos "objetos" serão os que podem ser sugados, e, portanto, terão existência exclusivamente no espaço bucal. Analogamente e no plano da função simbólica, a criança assimilará o objeto a seu esquema de ação virtual e, desse modo, uma caixa de fósforos se transformará em um trenzinho enquanto for acionada como tal e assimilada a toda uma seqüência imaginada; e

b) um momento de acomodação, pelo qual a criança transforma seus esquemas em função das exigências da realidade. Assim, o esquema de sucção vai ser discriminado em vários esquemas pela diferenciação na atividade de sugar provocada por objetos tão diferentes como a chupeta, o mamilo (ou o bico do seio), o bico da mamadeira, a colherzinha, etc. A atividade em que melhor se percebem os processos de acomodação é a imitação, na qual a criança tenta repetir o gesto que observa adequando a direção de seus movimentos.

Para a atividade mental ser equilibrada tende justamente à integração desses dois momentos, tal como ocorre no reconhecimento pela imagem ou pela linguagem, que supõe assimilação a esquemas conhecidos e acomodação aos novos dados que o estímulo fornece, cuja inovação contribui, por sua vez, para modificar o esquema anterior ou criar um novo.

No entanto, a assimilação e a acomodação só se condicionarão mutuamente se as operações se tornarem reversíveis e a síntese dos dois momentos puder se instalar definitivamente, sendo possível percorrer os processos em ambas as direções e recuperar o ponto de partida da ação mental.

Essa dialética aplicada às análises dos processos mentais nos permitirá distinguir a direção na descompensação de certos comportamentos que, por serem com predominância ou assimilativos ou acomodativos, não tornam possível a adaptação saudável do indivíduo à realidade, ou porque ele a submete de modo indiscriminado a seus esquemas, ou porque se submete passivamente a ela, sucedendo personalidades dissociadas, egocêntricas, estereotipadas, passivas, etc.

A equilibração surge de acordo com três formas básicas de adequação:

a) O ritmo, como repetição a intervalos constantes, entra no funcionamento do organismo para garantir a sua infra-estrutura harmônica, como o ritmo cardíaco, encefálico, respiratório, menstrual, etc. Nesses ritmos observam-se dois momentos que, disseminando-se de uma linha média, encontrarão sua compensação em pontos máximos e em pontos mínimos em torno dessa linha. Por isso só uma profunda inspiração compensa a contida expiração do ar durante a respiração.

Em um campo propriamente psicológico, encontramos ritmo na base das sensações, da marcha e de certas reações cíclicas do organismo como a fome, o sono, etc. Mas principalmente em toda tarefa exploratória do primeiro período da vida, que supõe um comportamento cíclico por constante repetição de um esquema.

b) A compensação básica garantida pelos ritmos integra-se em sistemas mais dinâmicos e complexos, que constituem uma forma de equilíbrio mais avançado no sentido de que supõem, pelo menos em nível prático, a conservação dos objetos por seus invariantes.

Quando um móbile se desloca diante dos olhos de uma criança de quatro meses, podemos observar toda uma série de atividades que compreendem não só suas pupilas, como também a cabeça, e músculos do pescoço e faciais, dos braços e até das pernas. Parece que o bebê está totalmente comprometido em não deixar o objeto escapar no espaço, seguindo-o em sua trajetória por sucessivos ensaios, dos quais alguns lhe devolvem o objeto e outros não. Os que o devolvem determinam o sentido do deslocamento, até que em um dado momento a criança não só poderá seguir um móbile, como poderá antecipar-se sucessivamente, com a vista coincidindo em cada ponto do espaço com a passagem do objeto. Essa experimentação não é rítmica, embora suponha uma base rítmica, mas constitui uma regulação à medida que desemboca em uma estruturação da atividade por articulação progressiva dos momentos do processo.

O equilíbrio por regulação é essencialmente compensatório e vai integrando uma série de ações de forma unidirecional para conseguir, assim, por aproximações, primeiro coordenar as percepções e depois, intuitivamente, as imagens. O interesse dessa forma de equilíbrio consiste em que, por sua própria incompletude, obriga à experimentação e, portanto, à correção contínua, o que não é necessário no caso dos processos reversíveis, que constituem um sistema completo de "grupo" ou, psicologicamente falando, um "agrupamento".

A função da regulação consiste, então, em sincronizar as diferentes ações rítmicas para conseguir sistematizar em um conjunto os movimentos que, justamente mantidos em um esquema estável, podem garantir a conservação dos objetos através de suas transformações, visto que a regulação permitirá recuperar o objeto que passa, por exemplo, de uma aparência a outra. Assim, a noção de equilíbrio permite integrar o nível dos condicionamentos a sistemas mais dinâmicos de ação. De fato, o esquema reflexo do condicionamento explica perfeitamente como esses são adquiridos, mas não torna tão claro como são conservados e utilizados em situações semelhantes, dada sua instabilidade temporal. A permanência da aquisição está justamente garantida porque a própria regulação da ação se esquematiza, obtendo-se uma melhor adaptação por disponibilidade imediata dos recursos de uma ação efetiva.

c) O agrupamento é a qualidade do pensamento que atingiu a equilibração completa, e seu nome deriva da noção lógica de grupo, que descreveremos como estrutura. Do ponto de vista do equilíbrio, diremos que se a regulação se originava por controle retroativo, conciliando relações sem poder integrá-las em um sistema único, as operações, por outro lado, por sua reversibilidade, assumem a compensação simultânea e completa das relações envolvidas. Em qualquer caso de conservação, como, por exemplo, o das bolas de massinha, ao deformar uma delas, a criança em uma etapa pré-operatória afirma a conservação da massa "porque fica comprida, mas fica mais fininha"; porém, chega um momento em que passa dessa conciliação para o completo equilíbrio quando afirma, aos seis anos, que são iguais porque "não se juntou nem se tirou nada". Sem dúvida, no primeiro caso a igualdade é uma aproximação, uma compensação sucessiva e, portanto, retroativa; por outro lado, no caso da operação, fazendo referência ao zero ("nada"), a criança deixa de basear-se nas qualidades dos objetos ("comprida, fininha"), para centrar-se na qualidade das próprias ações ("tirar nada"), que constituem sistemas reversíveis cujos invariantes surgem dessa reversibilidade. Piaget insiste nesse ponto, ou seja, que é a reversibilidade do sistema que garante os invariantes, e não a conservação que imprime reversibilidade ao sistema. De fato, a criança sabe há muito tempo que nada se acrescenta à massa inicial, mas isso não constitui para ela um dado de invariância, mesmo que o examinador verbalize isso expressamente; só quando a regulação se verificar em ambas as direções simultaneamente e a criança compreender, não os estados, mas a transformação contínua da bola em "salsicha" e desta na bola, a conservação da massa se tornará evidente para ela durante esse processo, e o agrupamento ao mesmo tempo se constituirá como forma superior de equilíbrio mental.

A noção de estrutura

Piaget considera a estrutura um sistema de transformações. O termo sistema indica a noção de legalidade e, portanto, todo sistema pode ser definido por um número de leis e axiomas (associatividade, comutatividade, presença de elemento neutro, etc.), que determinam relações estáveis entre seus elementos, partes ou funções.

Ao relacionar de modo legítimo as propriedades dos elementos envolvidos, a estrutura surge como uma totalidade que não é nem a *priori*, nem global, nem intuitiva, mas resultante das múltiplas composições possíveis. Não seria adequado enunciar, então, "que as partes têm sentido pelo todo", mas que "a relação entre as partes tem sentido pelas leis de composição do todo". Assim, por exemplo, dizer que A (os gatos) são ou pertencem a B (felinos) é referir-se a uma estrutura hierárquica, inclusiva, reversível, cujas leis de composição indicam uma estrutura de "agrupamento".

A estrutura ocorre, então, em dois momentos dialéticos simultâneos; um em que, por composição de possíveis relações elementares, constitui-se a si mesma; e outro no qual organiza a experiência em função do sistema concluído. Esse sistema estruturado-estruturante não é estático nem definitivo; consiste, pois, em um sistema de transformações em duplo sentido de produto e modelo destas.

Vamos determinar a legitimidade das estruturas cujo estudo psicogenético preocupou Piaget e que têm um correlativo axiomático na álgebra de Boole, nas estruturas-mãe dos Bourbaki e no grupo de Klein de quatro transformações.

A essencial entre elas é a *estrutura de grupo*, cuja simplicidade permite que abranja um número muito amplo de processos, entre eles os psicológicos. É fundamental para a estrutura de grupo a permanência de um elemento (objeto, classe, propriedade) durante o processo de transformação. Essa conservação é fundamental na atividade de um indivíduo que está construindo um mundo coerente, pois a perda do objeto através de suas mudanças o submergiria no caos. Se o "gato" que é "felino" se transformasse ao passar a ser "animal", a criança não poderia denotar sua conceitualização ou definição, enquanto a ordenação de classes inclusivas lhe permite uma série de transformações sucessivas que não atentam contra a estabilidade da classe "gato".

Em nível lógico-matemático, a conservação é definida como igualdade: a = a, o que parece dado de antemão, mas diversas experiências nos mostram que a igualdade ou conservação deriva de uma cuidadosa construção operatória. Vamos tomar como exemplo a clássica experiência das bolas de massinha. Duas bolas idênticas são consideradas iguais por uma criança de quatro anos, mas se uma delas é modelada como uma salsicha, a criança julga que há menos massinha pois é "mais fininha".

Por que essa mesma criança aos seis anos considera que a mudança de forma não incide na quantidade de massa? Ela mesma dá uma explicação lógica: "já que não se tira nem se junta nada"... Eis aqui a inclusão do elemento neutro, que define um grupo e tal que, adicionado a qualquer um de seus elementos, não o modifica:

$$a + 0 = a; a - 0 = a$$

Poderia se observar que se trata aqui da conservação de uma propriedade do objeto, isto é, a quantidade de massa, e não do próprio objeto; vamos lembrar então experiências mais precoces nas quais o bebê de três meses tenta conservar, zangado, a chupeta que ele mesmo tira com a mão, enganchada por acaso em seu aro. A chupeta é para a boca o mesmo objeto que a chupeta é para a mão? Evidentemente não. Só uma coordenação de esquemas poderá integrá-lo. O objeto é, então, produto de uma construção ativa e se organiza dentro de uma estrutura de grupo, o grupo prático de deslocamentos.

Além da identidade e da presença do elemento neutro, o grupo é definido por seu caráter associativo:

$$(a + b) + c = a + (b + c)$$

Estendemos três pequenas mantas diante de um bebê de 7 meses. Agitamos um objeto do qual ele gosta e fazemos com que esse objeto percorra um caminho em que vai se escondendo ou aparecendo sucessivamente, até ficar encoberto pela terceira manta. Para encontrar o objeto, a criança não se dirige ao final do percurso, mas volta a percorrer tudo desde o começo; com um ano, em compensação, construído o grupo de deslocamentos, se tornará efetivo:

$$a \to b + b \to c + c \to d = a \to d$$

Algo muito parecido ocorre com a criança que começa a somar. Se tem três bolinhas e recebe mais duas, conta novamente todas as bolinhas desde a primeira, em vez de começar da terceira. Ainda não se verifica:

$$(1 + 1 + 1) + (1 + 1) = (1 + 1 + 1 + 1) + 1 \ldots, \text{etc.}$$
$$3 \quad + \quad 2 \quad = (3 + 1) + 1 \ldots \text{etc.}$$

Há uma propriedade que resume as já referidas de associatividade, igualdade e presença de um elemento neutro: é a reversibilidade. De fato, definida uma operação, haverá outra contrária, tal que:

$$-a + a = 0$$
$$\to + \leftarrow = 0$$

Isso quer dizer que se uma criança coloca margaridas e rosas no grupo das flores determinará que as flores que não forem rosas serão margaridas. Vamos recordar que, antes dos seis anos, quando a criança é questionada sobre se "todas as margaridas são flores", responde freqüentemente que não, "porque também há rosas". Não se verifica ainda:

$$A + B = C;\ C - B = A$$

Assim, para a adição, a operação contrária será a subtração, e entre ambas se determinará uma estrutura móvel de transformações. No nível do grupo de deslocamentos há uma reversibilidade de sentido pela qual o objeto recupera o ponto de partida primitivo.

A importância de poder retornar ao ponto de partida anulando a transformação possibilita considerar ao mesmo tempo vários pontos de vista, ou variáveis múltiplas, fazendo funcionar uma por vez. Isso se observa nas condutas de classificação;

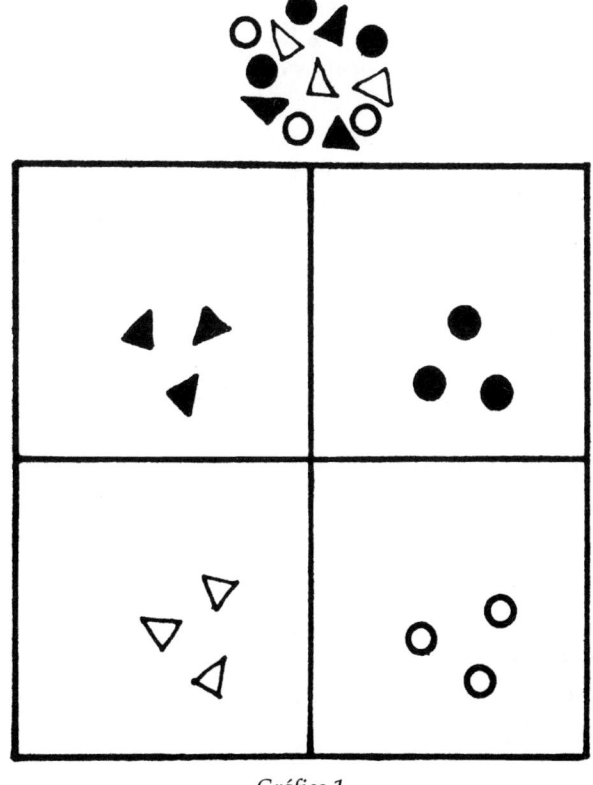

Gráfico 1

as crianças pequenas juntam um triângulo azul e um círculo azul como "azuis", acrescentando depois um círculo vermelho como "redondo", ignorando o ponto de partida da classificação e colecionando objetos por aproximação; depois dos seis anos, a criança agrupa simultaneamente por forma e cor, compondo por volta dos oito anos uma verdadeira matriz vicariante (gráfico 1).

Em suma, vamos chamar de comportamentos operatórios àqueles que suponham reversibilidade, entendendo como tal a possibilidade de o indivíduo anular uma transformação por meio de uma operação contrária à que a produziu. Tais comportamentos pressupõem uma estrutura de grupo chamada "agrupamento", para a qual é definida a identidade, a associatividade, o elemento neutro, a adição e a multiplicação.

Para os Bourbaki, os grupos corresponderiam às estruturas algébricas, uma das três estruturas-mãe ou irredutíveis que postulam. As segundas, estruturas de ordem, corresponderiam para Piaget aos comportamentos de seriação, nos quais não se define a igualdade ou conservação, mas é definida a constância de uma relação, seja de tamanho, de parentesco, de matiz, de cor, etc.

Os grupos definidos por uma relação podem ser transitivos quando a relação é de quantidade:

$$\text{se } A > B, \text{ e } B > C, \text{ então } A > C$$

e podem ser intransitivos, como ocorre com os parentescos:

$$\text{se A é filho de B, e B é filho de C,}$$
$$\text{A } \textit{não} \text{ é filho de C, mas neto.}$$

As seriações mais importantes por sua estrutura operatória são as assimétricas transitivas, para as quais a reversibilidade não ocorre como uma inversão completa, mas sim como reciprocidade:

$$a\ A > B \text{ corresponde } B < A$$

Os comportamentos de seriação ou ordenação também pressupõem o exercício da reversibilidade para se constituírem como operação completa e compensada. Aplicada à criança a tarefa de ordenar oito palitos de tamanho crescente, se ela for muito pequena não considerará a constância na linha de base; mais tarde, observará as relações por aproximação, contentando-se em colocar um maior ao lado de outro menor, mas não o único seguinte. Apenas por volta dos sete anos, quando a criança compensa a seriação A > B > C > D ..., etc. com sua recíproca ... D < C < B < A, evidencia-se para ela que a cada elemento corresponde um e somente um seguinte, garantindo assim a conservação da série inteira.

Para completar o paralelo que Piaget faz entre suas reflexões e as conclusões dos Bourbaki, diremos que à terceira estrutura-mãe que esses propõem, a estrutura topológica, Piaget acrescenta suas estruturas infralógicas. Essas acontecem em dois níveis: um eminentemente topológico, no qual ocorrem relações de proximidade, limite e continuidade e suas derivações claramente topológicas de pertinência inclusiva, ubiqüidade relativa, como acima, abaixo, etc., que Piaget considera pré-infralógico; e outro em que aparece um tipo de classificação que, em vez de ser conceitual, deriva em relações de parte para todo, conservando as invariâncias formais nos processos de transformação contínua, nos casos de projeção e de desdobramento de sólidos. A possibilidade da axiomatização dessas estruturas fica submetida, no entanto, aos grupos algébricos, por intermédio da mensurabilidade.

A partir de experiências com adolescentes para observar a passagem dos comportamentos concretos para os hipotético-dedutivos, Piaget propõe, em 1949, a consideração de um grupo INRC que coordena as inversões de classe e as reciprocidades de relações em um sistema único e fechado. Uma dessas experiências tem como incumbência determinar uma implicação: o material consiste em uma balança e peças grandes, pequenas, vermelhas, azuis, pesadas, leves, combinadas em suas três variáveis. Apenas certas peças grandes, aquelas feitas de chumbo, movem o contrapeso da balança. O indivíduo deve predizer qual peça movimentará a balança e determinar uma estratégia para verificar as leis de tal deslocamento. Vamos supor que o indivíduo decide:

"grandes movem", ou seja, p ⊃ q (p implica q)

deve-se verificar a falsidade de que haja
"grandes que não movem" ou seja, p . q̄ (p e não q)

e confirmar que
"todas as que movem são grandes"
ou seja, q ⊃ p (q implica p)

e, portanto, que não possa ocorrer que
"pequenas (não grandes) movem" ou seja, p̄ . q (não p e q)

Na hipótese "grandes movem", a experiência determinará a presença de grandes que não movem (de cortiça), e portanto será rejeitada.

A transformação que converte p ⊃ q em p . q̄ chama-se operação inversa (N), ou seja, a negação da proposição básica. A transformação que converte p ⊃ q em q ⊃ p chama-se recíproca (R), e a que converte em p̄ . q chama-se correlativa (C).

Se indicarmos com (1) verdadeiro e com (0) falso, obteremos a seguinte tabela de valores bivalentes:

para p; q	então I (p ⊃ q)	N (p.q̄)	R (q ⊃ p)	C (p̄.q)
1 1	1	0	1	0
1 0	0	1	1	0
0 1	1	0	0	1
0 0	1	0	1	0

Sendo I a transformação idêntica que não altera a proposição. As quatro transformações formam também um grupo comutativo:

	I	N	R	C
I	I	N	R	C
N	N	I	C	R
R	R	C	I	N
C	C	R	N	I

no qual se lê: a inversa de uma negação é uma identidade: $-(p.\bar{q}) = p \supset q$ ou também: a recíproca de uma inversa é uma correlação.

$$R[-(p.\bar{q})] = \bar{p}.q, \text{ etc.}$$

Além disso, a negação da recíproca da correlação é uma identidade (NRC I), redução fundamental que permite a reconstrução de um conjunto de esquemas operatórios novos, dos 12/14 anos, como as proporções, as matrizes, os sistemas de variáveis múltiplas, etc.

A noção de gênese

Ligada profundamente às noções de equilíbrio e estrutura, a teoria piagetiana busca um modelo preponderantemente genético para a interpretação dos processos mentais. Isso quer dizer fundamentalmente que as estruturas mentais não nos são dadas a *priori* ou, pelo menos, que sua possibilidade de funcionamento não se inicia com o próprio nascimento do ser humano. Pelo contrário, o desenvolvimento das noções tradicionalmente consideradas inatas pela filosofia, como, por exemplo, a noção de objeto, espaço, tempo, etc., é construído pela criança através de sua própria ação sobre a realidade, mas não como pura experiência, toda vez que esta necessite articular-se de acordo com certos esquemas. Aqui se formula, então, o problema da relação entre essa atividade sobre os objetos e os esquemas que regulamentam a própria atividade, como uma questão de prioridade do tipo o ovo e a galinha. Piaget sugere a prioridade do esquema, porém poucos deles inatos, mas sim sucessivamente presentes, constituindo diversas etapas no desenvolvimento da inteligência. Dessa maneira, a estrutura operatória que aparece apenas aos seis anos não seria o produto da experiência acumulada em um período anterior, mas sim uma construção original surgida precisamente do esgotamento da estrutura pré-conceitual, que, apesar das descentralizações de seu último período, não permite a equilibração completa das situações cognitivas. Voltando ao exemplo citado antes, não é a descentralização cada vez mais aperfeiçoada que leva a criança à estrutura operatória, ou seja, não é a conciliação da altura com a largura que determina enfim a referência a uma estrutura de grupo com um zero, mas esse "agrupamento", que condiciona a conservação através da explicação de que não se tirou, nem se acrescentou nada, provém justamente da instabilidade e imprecisão dos julgamentos surgidos por simples descentralização intuitiva.

Não podemos, então, separar a noção de gênese da noção de estrutura, porque o que se produz em cada caso é, precisamente, um modelo de análise da realidade, que é uma análise estruturante e não exclusivamente determinada pela lei do objeto.

Por isso Piaget insiste em que a criança constrói a realidade de tal modo que esta não é a mesma quando a criança tem cinco anos e quando tem dez, pois os modelos de interpretação que vai usar em ambos os níveis diferem no sentido de uma crescente mobilidade e reversibilidade. Contudo, uma etapa ou gênese não destrói as aquisições prévias, mas sim as inclui em um nível mais alto de integração.

Em suma, a gênese ocorre como a passagem de uma estrutura para a formação de outra, que buscará a coordenação das relações adquiridas anteriormente em um nível mais alto de equilibração. As características dos estágios serão as seguintes:

a) A consistência na ordem da sucessão; isto é, embora não possamos dar para cada aquisição uma cronologia bem determinada, a seqüência, entretanto, é constante para todos os indivíduos no aparecimento de comportamentos que supõem uma estrutura comum.

As idades mencionadas na obra de Piaget são médias relativas à população na qual as experiências foram feitas, e a limitação geral das respectivas amostras não permite uma normalização, nem sequer para a população suíça. De toda forma, o método clínico usado durante as experiências não está apto para a derivação de medidas estáveis e fidedignas dos comportamentos descritos, já que muitos deles aparecem por sugestões feitas pelo examinador a respeito de cada caso, a partir das estratégias usadas pela criança. De qualquer modo, sabemos que Piaget não teve a intenção, em nenhum caso, de fazer psicometria, mas apenas indicar o caráter genético e construtivo das noções usadas na ciência. Será tarefa dos psicólogos sistematizar as pesquisas descritas pelo epistemólogo de Genebra.

b) Outra característica que interessa à definição de estágio é que nenhum deles nega as construções que ocorrem nos estágios prévios. Aquele objeto integrado em um plano sensório-motor servirá de elemento constitutivo quando se passa da conservação prática para a representada e para a concreta; do mesmo modo, as operações concretas se tornarão conteúdo das operações formais, definidas freqüentemente como aquelas operações que, em vez de manipular os objetos, são efetuadas precisamente nessas operações. Isto é, o que em um nível é processo estruturante, em outro nível é reabsorvido em uma nova estrutura como conteúdo ou objeto referencial.

c) Outra peculiaridade dos estágios, que definimos ao descrever a própria gênese, é que cada um deles não se define por uma série de comportamentos diferentes, mas pelos esquemas básicos que tais comportamentos supõem. Assim, o período operatório concreto não é definido pela classificação, mas pela qualidade reversível dos processos operatórios dessa etapa, que tornam viáveis as condutas de classificação e, portanto, da construção hierárquica dos conceitos concretos.

d) Por fim, digamos que os estágios abrangem dois níveis. Por um lado, um nível de preparação, que vamos descrever como períodos de transição com a finalidade de determinar mais claramente a diferença de estrutura na passagem, de uma a outra, das sucessivas coordenações que podem ocorrer no enriquecimento de uma mesma estrutura. Por outro lado, um período de acabamento, no qual a estrutura é aplicada, de maneira plástica e dinâmica, a todos os processos que a supõem e, portanto, assimilam-se a ela. Vale a pena fazer dois esclarecimentos sobre isso: em primeiro lugar, existem diferenças horizontais de nível, isto é, uma mesma operação pode encontrar seu acabamento com uma distinção cronológica notável, conforme a diferença dos conteúdos sobre os quais a operação é aplicada. Assim, por exemplo, a experiência de conservação na qual são usadas duas bolas de plastilina, uma das quais é cortada em pedaços ou deformada, mostra que, embora a criança confirme a conservação da massa apesar das transformações visíveis, só aos nove anos isso se evidenciará para ela em relação ao peso das bolas, e só aos onze anos considerará que o volume, em termos de água deslocada, permanece idêntico no decorrer da experiência.

Em segundo lugar, existem diferenças verticais de nível, por isso podemos encontrar estruturas muito similares atuando em níveis muito distintos. O grupo de deslocamento, que a criança chega a construir precocemente no período sensório-motor e que serve para toda sua atividade prática de orientação no espaço, pode ser equiparado ao "agrupamento" característico da operação concreta pela presença de um elemento nulo – associatividade, comutatividade, reversibilidade, etc. – com uma diferença cronológica de mais de quatro anos, durante os quais aquela aquisição estritamente prática ainda não pode ser interiorizada para permitir a equilibração operatória.

Piaget distingue três grandes estágios, que compreendem na realidade quatro períodos bem determinados. O primeiro período vai desde o nascimento até os dois anos e é denominado estágio da inteligência sensório-motora. Um segundo período é o das representações, no qual as funções semióticas são consolidadas, e que se estende até os sete anos; esse costuma ser considerado o período pré-operatório do estágio operatório. O período das operações lógico-concretas abrange até aproximadamente os doze anos; a partir dessa idade, é possível o pensamento hipotético-dedutivo, característico das operações formais do adolescente e do adulto.

Para uma melhor compreensão, distinguiremos daqui por diante estágios de consolidação das estruturas e períodos de transição, nos quais são formados os respectivos esquemas:

A. Estágio sensório-motor, no qual os comportamentos ocorrem exclusivamente no nível prático.
Ab. Comportamentos de transição para o estágio representativo, como os de imitação posterior e dos jogos funcionais.
B. Período representativo, no qual se verifica a função semiótica na atividade lúdica, na linguagem e na construção de imagens.
Bc. Comportamentos de transição para as operações reversíveis por meio das descentralizações reguladas intuitivamente, que determinam uma conservação pré-lógica.
C. Estágio das operações concretas, que aparecem no nível conceitual por coordenação das ações sobre os objetos em um sistema reversível.
Cd. Comportamentos característicos do púbere, que vai se desligando progressivamente das ações concretas para começar a coordenar as próprias operações.
D. Estágio das operações formais, durante o qual aparece a possibilidade de combinar os sistemas reversíveis em um grupo chamado das quatro transformações, capaz de garantir o andamento do método hipotético-dedutivo do pensamento.

A. O primeiro estágio se divide em cinco períodos:

A1. Apenas em sentido figurado pode-se falar de um começo desse estágio, pois é evidente que, no momento do nascimento, o bebê não está no ponto zero de sua evolução, não só porque já tem uma história pessoal de nove meses de vida intrauterina, mas também porque sua bagagem reflexa entra em um processo muito amplo no âmbito da própria organicidade.

Contamos então com uma série de reflexos, sendo o mais notável o da sucção, que dá ao bebê a oportunidade de criar seu primeiro universo: o do espaço bucal. De fato, é com a boca que a criança exercita seu esquema de sucção assimilando a ele os objetos, começando a reconhecê-los (como os que podem ser sugados, os mornos, duros, etc.) e a generalizar os comportamentos que lhe facilitam a aplicação do esquema (posição da cabeça, adequação da força de sucção, etc.). Por conseguinte, no primeiro mês de vida é ativada tanto a assimilação quanto a acomodação, mas enquanto não houver coordenações originais nos esquemas não poderemos falar de conhecimento.

Uma característica importante da atividade do recém-nascido é a repetição das suas próprias ações a partir de uma relação casual com o objeto. Essa circularidade do comportamento se insere na base rítmica do organismo tal como acontece naturalmente na cadência peculiar de sucção de cada criança.

A2. Do primeiro mês até os quatro meses, a criança vai agir sobre seu próprio corpo de acordo com um tipo de ação circular que Baldwin denominou primária. Exemplo de tal comportamento é a sucção do polegar, que, encontrado por acaso, é abandonado e reencontrado, desta vez intencionalmente, várias vezes; começa assim o jogo funcional, no qual não há antecipação, mas simplesmente exercício.

As progressivas tentativas para coordenar os movimentos do corpo, especialmente os das mãos e da boca, assim como os ensaios oculares, por meio dos quais a criança tenta resgatar o objeto no espaço, pertencem ao mesmo nível comportamental. Os esquemas de ação se enriquecem notavelmente quando a criança arranha, bate, apalpa, etc., sem coordenar ainda os objetos orais e os tocados, como demonstra a reação de perplexidade ou irritação do bebê, que se esforça ao mesmo tempo para manter a chupeta na boca enquanto a puxa trabalhosamente com a mão.

A3. Com o começo das reações circulares secundárias podemos dizer que a criança se abre realmente para a vida inteligente, pois a repetição de um ato não será um simples exercício funcional, mas tenderá a prolongar a experiência para torná-la proveitosa no sentido de constituir novos esquemas coordenados. Os objetos serão dotados aqui de certa permanência, enquanto se integram os diversos esquemas aos quais foram assimilados anteriormente, sobretudo pela coordenação da visão, do tato, da mobilidade dos objetos segurados e da sucção.

A4. Depois dos oito meses, a criança age sobre os objetos para ver o que acontece com eles. Joga-os, sacode-os, esfrega-os e consegue deformá-los perante seus olhos, por seu afastamento, queda, rotação, etc. Assim, quando a criança gira a mamadeira para recuperar o bico – até os oito meses não distingue "partes" nos objetos –, na realidade reverte o movimento que ela mesma tem que imprimir na sua cabeça para não perder de vista seu objetivo; é então na própria ação que vemos funcionar um sistema reversível de esquemas eficientes.

A5. Uma vez que a criança vai firmando seus esquemas, começa a coordená-los intencionalmente tentando manobrar a realidade para usar o objetos. Não poderíamos falar aqui de antecipação no sentido de que possa haver uma representação prévia do meio para o fim, mas um e outro são assimilados contemporaneamente ao mesmo esquema prático, móvel o bastante para observar uma ação intermediária. Dessa maneira, o bebê puxará uma manta sobre a qual se apóia um objeto desejado e empurrará a coberta que o oculta.

Aparecem então as reações circulares terciárias e a tentativa perseverante de mudar parte das condições exteriores com o finalidade de aplicar-lhes um mesmo esquema coordenado e verificar sua eficácia ou, inversamente, reproduzir uma mesma situação aplicando-lhe outra coordenação de esquemas. O bebê que experimenta poderá alcançar um nível de integração com maior mobilidade que o das coordenações entre esquemas, pois se no período das reações circulares secundárias jogava a bola para construir um sistema hierárquico inclusivo de invariância objetiva do tamanho, agora poderá verificar, por exemplo, que quando joga com mais força, ela pula mais alto.

Como vemos, em todo esse período que abrange até os dezoito meses de idade todo tipo de construção é feito sobre a própria ação, isto é, tanto os objetos como suas relações e os deslocamentos a que são submetidos são compreendidos enquanto podem ser controlados no próprio ato da experiência presente. E se a criança vai buscar um brinquedo em uma caixa definida é porque o brinquedo e a caixa que o contém estão assimilados a uma situação única, sempre em relação à estimulação presente. Porém essa conservação do objeto, embora seja muito precária por tratar-se apenas do objeto individual e concreto, tem sentido pela construção de um sistema de deslocamentos eminentemente reversível e com estrutura de grupo que garante a identidade apesar das deformações sofridas por afastamento, ocultamento, rotações, etc.

A aquisição de um objeto permanente está em íntima relação com as primeiras noções de causalidade. No princípio não se determina antecedente nem conseqüente, e menos ainda causa e efeito. Assim, no início o bebê não determina que parte de seu próprio corpo provoca uma determinada ação e reage em bloco, agitando todos os seus membros para conseguir casualmente um resultado. Através das reações circulares secundárias, começa a ocorrer certa discriminação entre objeto e sujeito, já que a mão funciona como meio da ação. Paralelamente, a criança determina quais são as condições de sua ação e quais permanecem invariantes em relação a ela. Com as reações circulares terciárias, o mundo acaba por objetivar-se e a criança compreende os alcances de sua intervenção e sua eficiência, já que experimenta sistematicamente os alcances da sua ação.

Porém, como no caso do espaço e da noção de objeto, trata-se aqui também de uma causalidade eminentemente prática que se esgota na ação imediata e não pode adquirir nenhum grau de generalização. Podemos dizer, então, que o período sensório-motor, que abrange os primeiros dezoito meses de vida, parte da indiscriminação total entre o sujeito e o objeto, pois o único patrimônio do recém-nascido é um punhado de reflexos precários, e acaba com a construção de um mundo externo e permanente interpretado em nível prático, conforme uma estrutura de ação reversível caracterizada pelas propriedades comutativa, associativa e transitiva, e pela presença de um zero como ponto de partida.

Ab. Porém estamos até aqui absolutamente imersos no atual e no prático; portanto há objeto enquanto esse se atualiza, mas ainda não supõe a possibilidade imaginativa, simbólica ou verbal de recuperar o objeto ausente. Será justamente dos dois aos quatro anos que a criança vai construir o mundo referencial, de maneira que possa manipulá-lo mentalmente, sem submeter-se às condições atuais e permitindo-se sua antecipação. A passagem do prático à sua representação acontece através de certos comportamentos de transição que preparam a chegada das funções propriamente semióticas.

Um desses comportamentos é a imitação posterior, pela qual a criança conserva durante um pequeno tempo a ação percebida no outro, e a executa de forma indireta. O que se conserva de certa maneira é interiorizado como esquema de uma ação que se apossa da própria ação, não verificada no momento da exposição do modelo. Assim, a criança responde tardiamente ao cumprimento que sua mãe lhe faz com a mão, e ao qual assimilou um esquema de "abrir e fechar os dedos", por meio da retenção dessa ação efetiva que passará desse modo à categoria de imagem.

Outro comportamento que prepara um sistema de referências simbólicas é a atividade lúdica pela qual a criança, por volta de um ano de idade, "finge que dorme", mas só na própria situação em que comumente ocorre tal ação. A simbolização aqui é parcial e sugerida pelo contexto. Porém o exercício de "fingir que", que começa se referindo às próprias ações, será transferido para os objetos, que cumprirão um papel de significante diferenciado.

Uma terceira série de comportamentos que compõem a conduta inteligente de transição são aqueles descritos por Piaget, no que ele denomina sexto subestágio de desenvolvimento sensório-motor, e que supõem evidentes combinações interiorizadas que, perante os estímulos, mas sem necessidade de experimentações práticas, levam a criança à compreensão de certas situações, exemplificadas com freqüência pela descrição da conduta de abrir uma caixa, para a qual a criança observada olhou atentamente por alguns segundos e depois abriu e fechou várias vezes a boca, assimilando o mecanismo de dobradiça e o movimento da boca ao mesmo esquema, que, dessa maneira, começava a se generalizar.

Em relação à elaboração semiótica, que acontecerá no período seguinte, não podemos deixar de nos referir a todo aquele exercício verificado no plano prático que vai facilitar a constituição de uma linguagem significativa. Todo o período de balbucio permitirá a construção de esquemas coordenados audiofônicos, que possibilitarão à criança a assimilação de certos sons a certas posições e ao esforço muscular de todo o aparelho fonador, permitindo-lhe depois a imitação de uma palavra emitida por outra pessoa, por assimilação de seus fonemas aos esquemas construídos.

Até que não apareça a verdadeira representação, a palavra é um objeto tão presente quanto o objeto a que se refere, e ambos são assimilados a um mesmo esquema de ação. Por isso a palavra pode desencadear a busca do respectivo objeto, não porque sugira sua representação, mas porque o apresenta diretamente, assim como o lugar onde é guardado. Essa linguagem primitiva e substantiva é eminentemente prática e, embora a criança possa usá-la para designar objetos não presentes, a situação à qual esses são assimilados está efetivamente presente, de modo que a semiose não pode lhe servir ainda para expressar relações entre objetos, mas simplesmente para evocá-los.

B. A partir dos dois anos, firmam-se os comportamentos que supõem a representação. Essa se caracteriza por ser não-operatória e porque seus mecanismos são eminentemente reguladores, unidirecionais, de controle retroativo, e atuam por relação de aproximação, o que determina postulações parcializadas em relação ao funcionamento da realidade, sem possibilidade de organizações totais. Talvez essa falta de integração equilibrada seja vista com mais nitidez na interpretação que a criança pequena faz dos fenômenos físicos. De fato se, ao ser questionada sobre o porquê da flutuação, responde que a cortiça flutua porque é pequena e o barco porque é grande, relaciona parcialmente as condições que ocorrem em cada caso, sem considerar a necessidade de um sistema estável que determine a flutuação como fenômeno e não como um fato isolado.

Apesar do baixo nível de equilíbrio que os comportamentos pré-operatórios acusam e sua impossibilidade de conciliar assimilação com acomodação, as aquisições desse período interessam para a construção de todo um mundo mental que vai se transformar posteriormente no material a ser estruturado pelas operações reversíveis. São elas fundamentalmente:

a) A primeira dessas aquisições é a possibilidade de construir imagens mentais, que são definidas por Piaget como gestos interiorizados. A exploração da realidade, executada pela criança através dos movimentos de seus olhos, de seus músculos, de sua boca e suas coordenações mútuas, se esquematiza, e esse esquema será suscetível de ser invocado sem necessidade da atualização do movimento efetivo que esteve na base de sua construção.

As imagens não só interiorizam a forma estática dos objetos, como também acusam o sentido e a direção de seus deslocamentos: por isso o papel da imagem é relevante no campo das antecipações. Assim, a imagem mental é fundamentalmente acomodação, enquanto os esforços de exploração efetuam-se em função da realidade e há o mínimo de deformação por redução assimiladora aos próprios esquemas do indivíduo.

b) De forma paralela, mas não integrada, encontramos todos aqueles comportamentos simbólicos que podemos chamar, em seu conjunto, atividade lúdica. Nessa atividade a criança faz o objeto assumir um papel e, portanto, há uma referência de tipo semiótico entre um suporte material, mais ou menos parecido com o simbolizado, e um significado prototípico, que é mencionado através de toda uma atividade exercida "como se" se tratasse do objeto real. Quando a criança pega, então, uma série de caixas de fósforo e as faz deslizar, enquanto pronuncia "tchuque-tchuque...", o trem não é sugerido do mesmo modo que um signo se refere a um conceito, mas através de múltiplas assimilações díspares é simbolizado um acontecimento definido da experiência pessoal da criança.

Em suas primeiras obras, Piaget e seus colaboradores estudaram exaustivamente os mecanismos lúdicos, não só na relação da criança com os objetos das brincadeiras, mas também na relação com seus pares e com as crianças maiores. O aspecto que preservaremos aqui é o que interessa à construção das noções. Nesse sentido, ao brincar, a criança não assume mais que alguns aspectos do objeto real, assimilando para isso partes isomorfas dos objetos que servem de suporte material do símbolo. Dessa maneira, exercita-se uma contínua discriminação, tanto no nível do real como no nível do mencionado por seu intermédio. Por exemplo, se a criança quer simbolizar o engate observado entre dois vagões e assimilado a um esquema ativo de união, pode usar outras formas de união pertencentes ao mesmo esquema, como colocar plastilina entre dois cubinhos, amarrar, etc.

Em suma, a função simbólica, que é eminentemente um processo de assimilação da realidade aos esquemas da criança, não é contudo um processo que se esgota na fantasia, pois exige uma construção contínua de referências reais.

c) Nesse período assistimos também à formação da linguagem como sistema semiótico; no entanto, como já vimos, a linguagem não surge como uma função especializada de designação, mas aparece dentro de um contexto de comportamentos mais amplos, todos referidos a uma função semiótica comum. De fato, apesar de a palavra como tal ser um signo, isto é, seu suporte material não ter nenhuma relação com o significado e se constituir para a criança em uma arbitrariedade social, seu significado ainda não é nesse nível um conceito, ou pelo menos uma noção integralmente coberta pelo termo, mas poderíamos dizer que se trata de um significado quase simbólico, dependente de um protótipo, ante o qual as outras referências se comportam "como ele"; assim, quando se menciona um gato para a criança, ela assimilará esse signo a seu gato conhecido, assinalando certas propriedades pelas quais suporá que aquilo de que se fala é algo que se comporta como o gato que a criança conhece.

Em suma, a semiose é usada pela criança seja para evocar o objeto singular, seja para designar um conjunto de objetos assimilados a certas coordenações de esquemas que poderíamos chamar de pré-conceitos, porque, apesar de servirem para uma comunicação supostamente socializada, são usados pela criança como nomes propostos de experiências pessoais, ainda mais evidenciadas nas análises da conversação infantil entre pares, que nessa idade resulta em um monólogo.

d) Se a relação entre significantes e significados é pré-conceitual, os raciocínios expressos pela linguagem aparecem como simples transferências, isto é, vão do singular para o singular. Piaget narra um diálogo que manteve com sua filha de dois anos e nove meses; a menina garantia que "Ross (um bebê) não pode ter um nome", e a causa alegada era que a menina "ainda não sabe falar". A função que a protagonista atribuía a ter um nome era a de nomear a si mesma e, já que o bebê não podia falar, podia prescindir de ter nome. O evidente egocentrismo da transferência caracteriza toda interpretação que a criança pequena faz sobre a causalidade dos fenômenos e de toda leitura da realidade antes de possuir as estruturas móveis capazes de integrar sistemas de pontos de vista possíveis sobre o mesmo fato.

As características desse pensamento pré-conceitual e egocêntrico são, em primeiro lugar, o artificialismo, pelo qual a criança supõe que tudo o que existe foi fabricado. Assim, considera que o lago se origina de um poço feito e enchido posteriormente com água. Em segundo lugar, o pensamento infantil é eminentemente animista, pois dá às coisas intenções humanas, por exemplo ao interpretar que a chuva molha porque é brincalhona ou porque "joga água". Além disso, para a criança todos os fenômenos são afetados por alguma finalidade antropocêntrica; assim, a noite "vem para a gente dormir". Enfim, a criança confere realidade aos fatos psicológicos atribuindo certa substancialidade aos sonhos (são como figurinhas aqui em cima), e pensando que os nomes das coisas são atributos daqueles ("chama-se margarida justamente porque tem a forma de uma margarida").

Essas características fazem com que o pensamento causal pré-operatório aceite para o mesmo fato uma pluralidade de causas diferentes, sem procurar uma causa eficiente que explique o acontecimento de modo que todas as suas aparências se tornem equilibradas pela eficiência de um fator comum. Assim, em relação à causa do movimento do vento, a criança pode dizer que é a noite "que sopra um frio", e de dia que "são as folhinhas que se movem e fazem vento", resposta que evidencia o egocentrismo do pensamento que assimila todo fenômeno aos próprios esquemas de ação, já que a criança experimentou que, mexendo agitadamente suas mãos, produz algo semelhante ao vento.

Bc. Entre o estágio que acabamos de descrever, que podemos chamar período da atividade representativa egocêntrica, e o estágio dos comportamentos que supõem operações concretas, lógicas e reversíveis, estende-se um importante período de transição que abrange os cinco anos de idade. Durante esse período, o pensamento intuitivo possibilita que a criança descentralize variáveis ou fatores diferentes, que, embora não cheguem a integrar-se a um único sistema reversível, atingem por meio de uma regulação compensada das alternativas uma semi-reversibilidade que garante certo grau de conservação. As possibilidades que o pensamento intuitivo abre são as seguintes:

a) Certo grau de conservação da matéria evidenciado nas explicações que tendem a conciliar a largura com o comprimento nas transformações sofridas pela massa de plastilina. A mesma explicação no teste dos copos e das contas indica já uma primeira distinção entre o estado que um sistema apresenta e sua transformação, visto que a criança deixa de se ater ao nível atingido pelas contas em ambos os copos, para passar a considerar a diferença da forma deles. No teste da dupla fileira de fichas, a criança tende a conservar o total de cada uma como idêntico, mas as conta "para ter certeza".

É evidente que essas respostas transitórias tendem a compensar as variáveis envolvidas, regulando intuitivamente sua implicação mútua em um processo fundamentalmente diferente do operatório, pois aqui se trata ainda de compensar propriedades que pertencem aos objetos e não à ação que os relaciona.

b) Podemos determinar também, em torno dos cinco anos, uma mudança importante na formação de coleções de objetos. Essas coleções partem na realidade do nível sensório-motor em que, por processos de assimilação recognitiva e generalizadora, isomorfa à regulação perceptiva de semelhanças e diferenças, formam-se esquemas práticos que depois são agrupados de modo configurado; isto é, consideram-se da "mesma classe" as partes de uma configuração. Assim, a criança pequena, ao manipular o material de coleção, reunirá "os que vão juntos" de maneira que com eles se possa construir algo que tenha sentido.

No período de que tratamos, a criança passa à determinação de coleções não-figurais, em que a "conveniência" que serve de critério para reunir os objetos é uma propriedade deles próprios, por exemplo, "ser azul", "ter forma de cubo", etc. Os critérios adotados nem sempre esgotam o universo a ser ordenado, e a criança pode optar por vários deles, como, por exemplo, forma, cor, tamanho, para agrupar os diferentes objetos. É por isso que a coleção não-figural não pode ser considerada ainda uma classe, pois essa surge de uma operação lógica que, como tal, organiza todo o universo disponível determinando uma hierarquia inclusiva.

A passagem da coleção figural para a não-figural introduz, em nível intuitivo, a primeira tentativa de determinar a compreensão, ou série de propriedades que definem o critério de conveniência, e a extensão, ou seja, o número de objetos incluídos, embora ambos os termos não cheguem a se conciliar. Assim, uma criança separa cubos vermelhos e bolinhas azuis e vermelhas e, quando se pergunta a ela "Todos os cubos são vermelhos?", nega alegando que "também há bolinhas vermelhas".

c) No caso das seriações, a criança passa das comparações por pares, tal como ocorre nas primeiras ordenações, para as seriações simples, construídas por aproximação, e voltando toda vez ao ponto de partida. Como essa seriação se realiza intuitivamente, por regulações sucessivas, não há possibilidade de intercalar elementos novos, nem de coordenar essa seriação com outra. É uma série estática que se esgota em sua própria construção.

d) Outro tipo de estrutura que se inicia nesse período é a das funções constituintes, que apresentam a possibilidade de um tratamento analítico derivado da lógica operacional e que depois se integram contemporaneamente às operações e às noções causais. Esse tipo de comportamento é preocupação do Centro Internacional da Epistemologia Genética.

C. O período das operações concretas abrange dos seis aos doze anos. Durante esse período, são desenvolvidas todas as possibilidades de operações concretas por aplicação da estrutura de agrupamento, cujas características destacamos do ponto de vista lógico.

No nível dos comportamentos, podemos dizer que em toda conduta inteligente está agindo uma operação pela qual as transformações manifestadas entre os elementos da situação se sistematizam, de tal modo que podem ser assimiladas a um esquema reversível de funcionamento, atingindo-se o equilíbrio por reciprocidade completa das relações envolvidas. Isso permite que cada elemento seja conservado apesar das transformações sofridas, por causa da invariância que supõe a aplicação simultânea de duas operações de sentido inverso.

A possibilidade de atuar de forma reversível nos objetos concretos da experiência permite à criança uma série de aquisições que lhe possibilitam a organização de uma realidade concebida conceitualmente:

a) A conservação da massa aos sete anos, do peso aos nove anos e do volume aos onze anos, apesar das deformações perceptíveis impostas pela experiência. A possibilidade de a criança resolver, por referência ao zero, as situações básicas empregadas por Piaget para examinar clinicamente o aparecimento da igualdade provém da liberação dos índices perceptivos por sua integração em um sistema de transformação. Nesse, "a bola" e "a salsicha" seriam apenas dois momentos de uma seqüência contínua e reversível em ambos os sentidos, e a invariância da massa, do peso e do volume, através das mudanças de forma, torna-se mais imediata quanto mais imediato for o caráter da experiência, já que o peso é verificado por meio de um instrumento e o volume pela água deslocada, cuja relação com o próprio volume deve ser determinada previamente.

b) As classificações por inclusão hierárquica (encaixamento ou catalogação) permitem a construção de conceitos limitados em compreensão e extensão. Só podemos considerar que uma classe conceitual foi incorporada quando se supõe que esteja incluída em uma classe superior, como a classe A_1 menor que B (a classe peras menor que a classe frutas); como a adição é definida para um sistema de classes inclusivas, supõe-se B composto por $A_1, A_2, A_3...$, etc. (a classe peras, bananas, maçãs, etc.), e como a adição supõe a operação reversível de subtração, haverá B que não seja A (frutas que não sejam peras), mas, por outro lado, é nula a intersecção de A_1 e não-B, visto que a inclusão exclui a sobreposição com a complementar ou negação da classe superior (não há peras que não sejam frutas). Os exames clínicos nos permitem esclarecer o papel definitivo da reversibilidade na gênese das classes, pois quando se pergunta às crianças pequenas "Há peras que não sejam frutas?", elas respondem afirmativamente "sim, há maçãs e uva", como se a pergunta pudesse ter um sentido único que supõe complementaridade apenas em um mesmo nível.

Em suma, diremos que há possibilidade de classificar quando os conceitos podem ser integrados em sistemas reversíveis, quando cada um deles for definido por sua inclusão em uma classe hierarquicamente superior e pela diferença com as classes de seu próprio nível, entendidas como complementares. Ao classificar, a criança que opera logicamente aceita a existência de uma classe nula, bem como tende a buscar critérios que esgotem o universo. Progressivamente, a coordenação entre hierarquias permite-lhe a construção concreta de classes vicariantes por intersecção de dois critérios.

c) A quantificação relativa das classes, isto é, a coordenação de "todos" os membros de uma classe com "alguns" membros das classes na inclusão hierárquica, não é adquirida até os nove anos de idade. De fato, a integração completa da compreensão e da extensão só ocorre quando a criança relaciona que a subclasse, que é um todo como tal, constitui ao mesmo tempo uma parte da classe na qual se inclui. Para ilustrar esse ponto com uma experiência clássica, nos remetemos à prova de quantificação que consta no apêndice desta obra. Esse aspecto é muito importante para destacar que a quantificação não é condição da classificação e também não é simultânea a ela mas, pelo contrário, depende da mobilidade das hierarquias conceituais e do dinamismo da inclusão operatória; a relação todos-alguns, apesar de sua aparente precocidade na linguagem, é eminentemente reversível.

d) As seriações ou ordenações de relações assimétricas supõem, ao mesmo tempo, a compreensão da reciprocidade reversível (se A é maior que B, então B é menor que A), e da transitividade (se A é maior que B, e B é maior que C, então A é maior que C), também reversível (então C é menor que A). São interessantes as experiências que demonstram que a adição e a multiplicação de relações são operações adquiridas simultaneamente. De fato, a construção de matrizes entre tamanhos e tons de cor nas folhas de árvore, por coordenação de duas séries que se multiplicam nas intersecções (ver Apêndice), não se torna uma tarefa mais difícil que a própria construção das séries. B. Inhelder insiste no valor peculiar do fator de configuração nesse tipo de tarefas.

Porém, a experiência clássica em matéria de seriação é a da escada de tabuinhas, na qual podemos dizer que a criança opera logicamente quando é capaz de intercalar uma nova tabuinha depois que terminou a ordenação. É interessante observar como a criança pequena mostra uma tendência a destruir o trabalho e começar novamente desde o princípio, já que não tem segurança de que a inclusão de um novo elemento não altera as relações que os demais têm entre si, dado que toda vez ela comparou e experimentou ou ajustou a correspondência. Uma vez que a criança aplica uma estrutura transitiva, constrói uma série em equilíbrio e a tabuinha incluída não poderá ser menor que nenhuma das que são maiores que a imediatamente superior, nem maior que nenhuma das que são menores que sua imediata inferior. Como se observa, a própria definição de transitividade supõe a reversibilidade.

e) Outra aquisição importante dessa etapa é a do número, que é uma construção pela qual se coordenam as operações de classificação e de seriação. Desde os quatro anos a criança é capaz de contar em série e de atribuir um número a cada objeto; no entanto, essa seriação aprendida não lhe permite incorporar a recontagem, pela qual o último número da série contada é igual ao número de indivíduos que compõem o conjunto. Aos cinco anos, essa noção está adquirida para os dígitos, mas a criança se mostra incapaz de dizer qual número da série se segue a outro, ou de intercalar um número sem voltar a contar desde o início. Ainda não existe aqui a noção numérica fornecida pela integração de classe e série.

Para que isso aconteça deve ocorrer uma estrutura de inclusão, pois cada número contém o outro (o seis contém o cinco, o sete contém o seis, etc.) e, ao mesmo tempo, uma estrutura de ordem, pois se verifica uma sucessão na inclusão dos conjuntos que já não se caracteriza pelas qualidades específicas dos objetos do conjunto, mas que conserva a pura ordem.

Se tomarmos a experiência descrita por P. Greco, na qual se pretende que a criança afirme a possibilidade momentânea de igualar dois conjuntos, um fixo, e passando de uma situação de inferioridade de elementos em relação ao fixo a outra que, evidentemente, conta com mais elementos que o grupo controle, observamos que as crianças pequenas duvidam da possibilidade de que em algum momento da passagem os conjuntos tenham sido idênticos; mas, a partir dos oito anos, a existência desse momento está assegurada, pelo que se chega à conclusão de que nem a cardinalidade isolada, nem a ordinalidade exclusivamente poderiam explicar a noção de número, que deriva, então, da integração de ambos os comportamentos.

f) A aquisição da possibilidade de medir se relaciona à de poder construir uma geometria coerente que supere a representação topológica do espaço e chegue à noção euclidiana de espaço. Assim, quando as crianças são estimuladas a construir uma torre de altura igual à de outra que serve de modelo, com cubos desiguais e sobre uma mesa mais baixa, separada da anterior por um anteparo, a estratégia que usam em diferentes idades é muito distinta e sua seqüência genética será aproximadamente a seguinte: olhar o topo sem perceber a desigualdade das bases; transportar sua construção e colocá-la ao lado da outra para ver "se passa"; calcular a altura usando o próprio corpo e ver se "chega" ao mesmo lugar; procurar uma vareta para reproduzir o comprimento total, mas fracassar se não encontrarem uma mais comprida que a própria construção; finalmente, depois dos nove anos, usar um objeto menor que o modelo como unidade de medida, reproduzindo-o sucessivamente e guardando o número dessas reproduções.

Essa última atividade supõe a presença de operações de agrupamento: 1) noção de um zero ou de um ponto de partida, 2) ordenação especial das partes, de modo que não se sobreponham e, ao mesmo tempo, sejam incluídas progressivamente, e 3) escolha de uma unidade idêntica no deslocamento. Disso se deduz o paralelismo operatório infralógico (em que a subclasse é uma parte da classe definida no espaço e no tempo) e lógico (relações conceituais entre classe e subclasse).

g) Perspectiva e projetiva: também nesse aspecto figurativo observa-se a presença de operações concretas que, por sua reversibilidade, permitem a superação das limitações das regulações perceptivas e as descentralizações intuitivas. Tomemos a clássica experiência na qual se tenta prever a forma que o reflexo de um objeto diante de uma vela vai adotar, em que, até quase os onze anos, as crianças questionadas não supõem que um anel colocado paralelamente a uma vela produza sobre a tela uma linha. Para isso devem ter construído a seriação completa dos reflexos da rotação de um anel e o sistema de correspondências entre a série objetiva e a refletida.

A perspectiva também é uma aquisição do púbere, que já é capaz de coordenar as relações mútuas dos objetos entre si e em relação a um ponto de vista particular. Entre o primeiro plano e a linha do horizonte se estabeleceria um sistema ordenado de avaliação relativa do tamanho e forma dos objetos e suas faces visíveis de cada ponto de vista que se privilegie.

Essa possibilidade nos relaciona ao mesmo tempo com a socialização contínua da criança, capaz primeiramente de colocar-se no lugar do outro (quando determina nela a direita e a esquerda); depois chega, por coordenações cada vez mais enriquecidas de pontos de vista, à construção de sistemas que esgotam todas as possibilidades de aparência do objeto.

h) À gênese das noções espaciais corresponde paralelamente a das noções temporais, também ligadas à causalidade física, por ser a relação de antecedente e conseqüente eminentemente temporal. De fato, tal como sugeriu A. Einstein, o tempo é em sua origem espaço em movimento, de modo que a criança pequena dirá sobre dois carrinhos que correram intervalos iguais, partindo de pontos diferentes e ao mesmo tempo, que o que chegou mais longe "correu mais tempo". Mais tarde, coordena de modo intuitivo os pontos de partida e de chegada simultaneamente, mas não admite uma sincronia, pois a noção de mais longe está assimilada à de mais rápido e essa, de forma paradoxal, à de mais tempo. A inversão dessa relação poderá ocorrer quando ambas as dimensões forem ordenadas, em primeiro lugar, como sucessão no acontecimento, e, além disso, quando os intervalos se organizarem como classes capazes de se incluírem hierarquicamente.

Por fim, no que seria uma etapa de transição Cd, o púbere aplica ao tempo uma unidade de medida e integra por multiplicação duas séries, uma espacial e outra temporal, para determinar a velocidade, já não intuitiva mas conceitual.

i) Como superação do egocentrismo, e de forma paulatina, a criança vai buscar explicações suficientes, isto é, causas eficientes para os fenômenos que analisa. No plano social, ao poder coordenar uma série de perspectivas, a criança acaba por compreender as normas de comportamento como um contrato, conveniente para a sociedade em geral, ao qual sua convivência imediata se submete.

No princípio, a criança nem sequer se aceita como parte integrante do âmbito familiar, como sendo um "outro" para os outros, e, aos três anos, quando questionada sobre quantos irmãos há em casa, responderá nomeando-os, mas sem se incluir.

Na brincadeira, a passagem do monólogo à brincadeira paralela e, mais tarde, à brincadeira com regras é índice de uma constante descentralização da criança de seu próprio ponto de vista e dos demais possíveis, que finalizará em uma coordenação que dará coerência à construção de uma realidade social com sentido.

A título de exemplo, vamos recordar aquele relato em que uma criança que tinha roubado algumas maças caía no rio ao passar pela ponte. Dos indivíduos de seis anos questionados, 86% consideram que se a criança não tivesse roubado as maçãs não teria caído na água. Ocorre aqui um tipo de justiça imanente, que diminui paulatinamente com a idade à medida que a criança pode discriminar a causalidade física que pode determinar a queda de um corpo da normativa que faz com que um ato seja punível.

Quanto às leis da natureza, nota-se que a observação isolada não é capaz de prejudicar o egocentrismo da criança pequena, que considera que um barco flutua "porque tem que levar a gente", e que um prego não flutua "porque não sabe nadar". Mais tarde, tentará dar explicações que convêm ao próprio objeto, mas de forma absoluta; assim, diz que a cortiça flutua "porque é leve", e a bolinha de vidro afunda "porque é um pouco pesada", mas a falta de sistematização para tais explicações é evidente quando se pede o porquê da flutuação dos barcos, sendo estes pesados. Isso origina a simultaneidade de explicações distintas e com freqüência contraditórias como "porque tem motor", "porque é gordo", etc. A partir dos nove anos, encontramos explicações coerentes, capazes de considerar os diversos fatores que tornam o fenômeno da flutuação e os invariantes entre as distintas situações não isolados mas inter-relacionados. A resposta final, que se refere ao volume de água deslocada, é obtida aos onze anos ou mais, como começo de uma etapa de transição na qual se experimentam os primeiros passos de um pensamento hipotético-dedutivo.

Entre as leis cuja gênese foi estudada por Piaget, merecem destaque as da probabilidade, por seu interesse epistemológico. Além da determinação experimental da forma da curva normal de Gauss, que se generaliza aos oito anos, para a queda de grãos de arroz, outra experiência nos dá o padrão da origem operatória das leis da probabilidade. A resposta que as crianças de sete anos dão à trapaça que é feita a elas ao trocar um lote de fichas com cara ou coroa por outro, no qual todas elas apresentam coroa em ambas as faces, e depois da quinta jogada de duas fichas simultâneas, evidencia a compreensão de uma impossibilidade cuja razão, contudo, não podem verbalizar. Só os púberes explicam a "quase impossibilidade" do fato, porque o consideram em conjunto, não como jogadas isoladas, e dizem "uma vez pode acontecer, duas é mais difícil, três é ainda mais raro, e quatro uma grande casualidade... porque é mais fácil que saia um pouco de cada coisa, porque tem que sair o mesmo de caras e de coroas". Essa argumentação supõe também uma passagem de transição para as operações formais, pois o real é julgado pelo possível e esse pelas oportunidades de ocorrência. A elaboração das leis numéricas, generalizadas a qualquer número de chances, pertence a um pensamento formalizado porque o resultado de cada operação altera o valor das demais.

D. Estágio das operações formais. No período das operações concretas, os comportamentos sempre se relacionam com os objetos e suas propriedades. Por outro lado, as operações formais agem relacionando as operações como tais, sem considerar os objetos individuais nem conceituais. O formalismo desse período consiste, então, em integrar a operação interproposicional para passar a uma combinatória interproposicional. Assim, se o esforço da criança é centrado na construção de uma relação de implicação entre duas instâncias, o pensamento adolescente transformará aquela implicação em um sistema lógico do qual a proposição inicial será apenas um termo. De fato, com o objetivo de testar de forma sistemática o valor de verdade de uma afirmação, é possível para o jovem construir uma combinatória que esgote o fenômeno e proceda à generalização de seu funcionamento.

Ao realizar tal dedução, o adolescente supõe que o que é real não esgota o possível, mas que haverá uma prioridade do possível sobre o real, como instância de sistemas mais amplos.

O fato deixa de ser por si só uma instância probatória isolada e é necessário submetê-lo a uma série de transformações lógicas, evidenciadas no grupo das quatro transformações que definimos anteriormente como estrutura. Assim, em uma experiência em que são apresentadas à criança quatro substâncias químicas incolores com o objetivo de que legitime suas influências mútuas (mudança de cor, reversão do processo, precipitação, etc.), não basta ao adolescente determinar que misturando o primeiro frasco com o quarto obtém-se uma cor amarela: é necessário que comprove que em nenhum caso, estando presentes essas substâncias, ocorre o amarelo, e que só elas o produzem.

A propósito da lógica do pensamento do adulto, vale a pena insistir na diferença que Piaget faz entre uma lógica formal, baseada na substituição e na implicação, e uma lógica natural, baseada nos comportamentos inteligentes que interpretam fatos reais. Dessa maneira, a operação lógica psicológica pode prescindir de uma linguagem verbalizada e ser estudada apenas a partir do comportamento; por exemplo, a conjunção "e", que pode ser considerada na linguagem, mas também na simples ação de "pôr junto". Dentro desse esquema, a diferença entre juízos sintéticos e juízos analíticos não seria dada porque os primeiros compõem o mundo físico e os segundos se esgotam na lógica, mas porque pelos primeiros as propriedades modificam o objeto (movimenta-se, muda de cor, esquenta) e pelos segundos ficam sem modificação (são cinco, são paralelos, etc.).

Capítulo 3
Aspecto figurativo da função cognitiva: percepção, imagem e memória

Procuramos em um primeiro momento definir a posição da escola de psicologia genética diante de certos problemas que interessam especialmente à base teórica da medida da inteligência: o da evolução, o da aprendizagem e o do papel da linguagem no pensamento. Depois aludimos aos fundamentos gerais que auxiliaram Piaget na construção de uma psicologia justificada e justificante de uma teoria das ciências, que são a noção de equilíbrio, a de estrutura e a de gênese. Descrevemos então, brevemente, os estágios progressivos de estruturação cognitiva. Restaria ainda definir certos aspectos do comportamento relacionados à percepção, à imaginação e à memória, não só porque essas considerações podem esclarecer a unidade do comportamento inteligente, mas também porque muitas das provas psicométricas que vamos analisar em detalhe pretendem medir, como função ou como fator, os aspectos que acabamos de mencionar.

1
Inteligência e percepção

Todas as provas mentais apresentam ao indivíduo uma situação, isto é, um conjunto de estímulos relacionados de acordo com certa organização que é necessário compreender para responder às diversas instruções que originam diferentes ações com o objetivo de estabelecer analogias, contrastes, carências, etc. Toda prova supõe, então, a percepção dos estímulos, e alguns consideram que sua resolução se esgota na capacidade perceptiva, como, por exemplo, aquelas que tentam medir o rendimento do indivíduo em um fator de grupo relacionado com uma habilidade específica, chamada "percepção".

Para discriminar melhor o papel da percepção na compreensão do material de prova e na resolução daquelas que se supõem saturadas no respectivo fator, vamos formular as conclusões de Piaget sobre esse problema, tão importante para a psicologia quanto para a epistemologia, que diz respeito à leitura da realidade.

A origem das percepções estaria, como a origem da inteligência, nas ações sensório-motoras. Mas, enquanto a percepção restringe-se aos efeitos de campo ou centralizados, é próprio das operações conservar o objeto descentralizando-se, explorando. Assim, os deslocamentos de equilíbrio no contexto perceptual são irreversíveis, isto é, uma nova distribuição destrói a anterior; portanto, perceptivamente o objeto muda quando se movimenta: é diferente de frente e de perfil. A conservação do objeto percebido não é por si só um dado perceptivo nem inferido, mas fornecido pelos esquemas sensório-motores aos quais se assimila. Em outras palavras, haveria uma ação perceptiva de experimentação no espaço contemporâneo, muitas vezes com a própria manipulação do objeto visto, e os esquemas perceptivos surgiriam da coordenação desses transportes regulados. As mesmas atividades exploratórias levariam por assimilação aos mesmos esquemas; daí a possibilidade de reconhecimento ou identificação.

Porém, assim definida, observamos que a percepção, isolada como função, não pode ser considerada fonte de conhecimentos, mas, pelo contrário, são os esquemas de pensamento que permitem aproveitar os dados ou índices perceptivos, integrando-os a sistemas operatórios. Já desde o período sensório-motor observamos como, em um primeiro momento, a criança não recupera o ursinho semi-oculto pela manta a partir da pata visível, e como depois, aos seis meses, é rapidamente recuperado apenas com esse dado. É que aqui a parte visível desencadeia todas as coordenações de esquemas sensóriomotores secundários, que permitem à criança reconstruir o ursinho inteiro, objetivado e conservado em suas partes visíveis, em suas rotações e deslocamentos. É por isso que a subordinação da centralização perceptiva à organização inteligente aparece em períodos posteriores. Por exemplo, em uma situação de comparar alturas, as crianças pequenas limitam-se ao indicador de topo, sem prestar atenção ao alinhamento das bases. A percepção isolada, que é irreversível como processo, não poderia considerar ao mesmo tempo, e reciprocamente vinculados, os valores de base e de topo, pois esses só têm sentido em uma estrutura de grupo capaz de incluir todo um sistema de relações.

A. Morf foi o discípulo de Piaget que mais se dedicou, junto com ele, a estudar comparativamente a lógica da percepção e a lógica das estruturas cognitivas, encontrando isomorfismos parciais que esclarecem a relação entre os dois processos e a sua possível integração. Em primeiro lugar, podemos aplicar à percepção a noção de pertinência que é chamada partitiva, porque se baseia na proximidade das partes de uma coleção. Essa pertinência não é esquemática, como a do reconhecimento por assimilação, e muito menos inclusiva ou de classes. A noção de semelhança também pode ser aplicada à percepção, quando se comparam dois objetos por aproximação. Essa semelhança não tem a categoria lógica da identidade, pois sua conservação é tão precária quanto a exposição dos objetos. Também podemos falar da percepção de relações tais como a diferença de tamanhos, que ocorre por regulação comparativa de aproximação, mas não pode ser sistematizada em uma série reversível.

Convém destacar, talvez, que a percepção só relaciona de parte para parte e não da parte para o todo, correspondendo essa última elaboração a uma capacidade operatória infralógica. Sem dúvida, a subtração e a adição infralógica ou determinada em configurações baseiam-se em índices e regulações perceptivas, mas decorrem deles implicações que supõem uma estrutura mais equilibrada, como o caráter associativo da relação topológica "estar entre".

Em suma, e relacionando essas pesquisas com nosso interesse imediato de analisar comportamentos complexos, diremos que a percepção, por meio de uma ação regulada, configura por centralização um objeto ou coleção de elementos próximos.

As relações percebidas de semelhança, inclusão partitiva e comparação têm sentido quando são assimiladas a esquemas de ação sensório-motores, ou como índices de configurações sobre os quais pode operar uma infralógica. Por conseguinte, os testes denominados "de percepção" medem realmente a assimilação de índices perceptivos aos esquemas, sejam práticos, intuitivos ou operatórios, conforme o nível do indivíduo.

2
Pensamento e imagem

Piaget distingue nas funções cognitivas dois aspectos complementares: um figurativo e outro operatório. Os conhecimentos figurativos podem ocorrer na presença do objeto, como é o caso da percepção; por reprodução motriz efetiva, como na imitação posterior de um gesto; e também quando está ausente o objeto de referência, tal como acontece com a imagem mental. Essa última está em estreita relação com as formas anteriores de figuração, pois, por um lado, a natureza da imagem é quase sensível toda vez que suas referências correspondem a um sensório – como forma, textura, som, etc. –, mas fundamentalmente porque, como foi demonstrado mediante registros em nível neuromuscular, a imagem se traduz em um esboço de movimento que não chega a se manifestar.

Na origem da imagem existiria a imitação posterior e interiorizada de um movimento que se torna mental assim que inibe a reprodução real e, portanto, deixa de ser entendido como um mecanismo evocativo de quadros estáticos provenientes da percepção.

Do ponto de vista genético, os comportamentos de imitação que ocorrem com o aparecimento das funções semióticas seriam os que permitem construir especialmente esquemas de ação por acomodação, e esse esforço, interiorizado, constituirá a imagem. Claro que os movimentos reais que originam as imagens não são exclusivamente de manipulação, mas fundamentalmente oculares, fônicos, etc., integrados aos respectivos esquemas de ação.

Uma série de pesquisas sobre o papel da imagem na resolução de problemas que propõem a antecipação de um estado, em uma situação de transformação sucessiva das posições de um móvel, evidencia que a imagem se torna um símbolo adequado para a representação de configurações estáticas dos movimentos, porém, dado que a imagem só pode representar estados, para conseguir a transformação completa, a coordenação de tais estados já não pode ser uma função da imagem, mas sim depender do grau de capacidade operatória do indivíduo.

Talvez uma das provas mais esclarecedoras seja a da transformação de um arco flexível (arame ou fio de metal) em uma reta. Dado o arco como estímulo, a criança tem que prever seu tamanho caso estivesse esticado, escolhendo entre alguns. As crianças de cinco anos escolhem a reta que iguala em intervalo a distância aproximada da corda do arco; só depois dos sete estabelecem a conservação do comprimento segundo um raciocínio operatório, mas não conseguem imaginar a passagem, desenhando os passos sucessivos, pelo que se conclui que a imagem pode representar um estado, mas não uma transformação cuja sucessão de momentos é uma elaboração operatória e reversível.

Transformação de um arco em uma reta

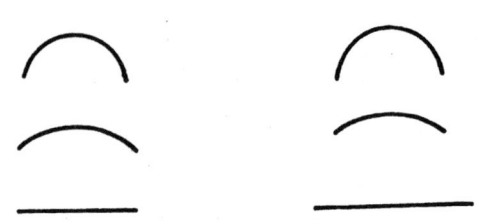

Previsão aos cinco e aos nove anos

Gráfico 2

Outra experiência nos mostra que as operações infralógicas coordenam as imagens e não são elas que podem representar um movimento. Trata-se de prever a posição das cores de um tubo de 15 cm pintado em metades, em cima e embaixo, depois de um giro que implica uma rotação de cento e oitenta graus, determinando as razões verbalmente, por gestos e por meio de desenhos. Os resultados obtidos por E. Siotis são os seguintes:

Imaginação do giro do tubo (rotação de 180°)
(Acerto em % de indivíduos)

	Desenho das posições intermediárias	Imitação	Descrição verbal
4 anos (4 indivíduos)	0	25	25
5 anos (18 indivíduos)	0	23	59
6 anos (19 indivíduos)	18	42	64
7 anos (20 indivíduos)	42	45	75
8 anos (19 indivíduos)	60	70	100

Certamente a descrição verbal não implica determinação da trajetória contínua, mas comporta a noção de estado final que vai orientar a reconstrução por gestos, evidentemente, de melhor qualidade e precoce em relação ao desenho. Por conseguinte a imagem é insuficiente para simbolizar essa trajetória, que é compreendida por uma capacidade operatória que domine noções topológicas; assim, nas palavras da criança, "ficou de ponta-cabeça" e, mais tarde, "ao girar, a base vai ficar em cima".

Em suma, a imagem constitui um símbolo bastante adequado das configurações estáticas, e nem tanto quando se trata de representar transformações que exijam uma coordenação operatória dos momentos. Restaria considerar seu papel na geometria, no qual haveria transformação, mas puramente espacial, visto que as que observamos supõem um tempo físico de deslocamento. A efetividade da imagem espacial é sua homogeneidade com o que simboliza; assim, não se poderia calcular com números representados com risquinhos, porque cinco risquinhos não são o número cinco, e, por outro lado, podemos determinar o quadrado por sua imagem, dado que ela mesma, em sua origem sensório-motora, é quadrada. As experiências geométricas de transformação, sobretudo aquelas que consistem em rebater um sólido, ou seja, em imaginar seu desdobramento no plano, indicam que a imagem pode ser antecipadora e reprodutora desde que haja uma operação que a integre e dirija.

Para a interpretação dos comportamentos causados pela execução dos itens que contenham imagens, deve-se considerar, em primeiro lugar, sua origem motora, seu caráter de imitação por acomodação, sua especificidade de gesto inibido interiorizado, seu possível papel estático – antecipador ou reprodutor –, o fato de seu nível de efetividade depender sempre das estruturas operatórias, lógicas e infralógicas, capazes de organizar e coordenar os momentos imaginados.

3
Memória e inteligência

Como vimos, Piaget considera a percepção e a imagem como processos de adaptação, provenientes de atividades de assimilação e acomodação a esquemas do indivíduo, ocorridas na presença do objeto, no primeiro caso, ou na ausência dele, no segundo. Considerada como uma atividade de reconhecimento ou como uma atividade pouco esboçada e interiorizada, a atividade figurativa inclui-se em sistemas mais coordenados da inteligência, com um equilíbrio suficientemente estável para sistematizar as diversas instâncias da situação e extrair delas conhecimentos integrados. Faltaria ainda analisar que lugar ocupam os processos mnemônicos presentes em muitas provas psicométricas que estão altamente correlacionadas com a inteligência total dos indivíduos.

São poucas as referências que podemos encontrar em relação à memória na obra de Piaget até a edição de *Mémoire et intelligence**, em 1968, que assina junto com B. Inhelder. Contudo, ele se ocupou de certa maneira da conservação da informação e de sua evocação, quando tratou o problema no plano biológico. Nesse sentido, define-se a memória em geral como uma acumulação (*stockage*) de informações codificadas. Assim, a investigação pode tomar duas direções: uma centrada no processo de decodificação (reconhecimento, reconstituição ou evocação), em função de um determinado código, em um determinado nível; e outra que estuda as próprias transformações sofridas por esse código em função das distintas possibilidades operatórias de organizar as lembranças, de acordo com a idade. Em suma, haveria um sentido diacrônico e outro sincrônico no tratamento do problema da memória, porém as conclusões da análise genética permitem uma definição mais clara da função mnemônica, já que essa nos aparece na evolução dos comportamentos como uma função de organização progressiva, em profunda dependência com as estruturações da inteligência. Assim, em cada momento da vida, toda a visão do passado é reconstruída em uma nova integração, que, com freqüência, faz variar o significado dos elementos anteriores. Então, a identidade do eu no tempo não teria mais sentido do que a conservação de

....

* Trad. bras.: *Memória e inteligência*, Rio de Janeiro, Arte Nova, 1979.

uma continuidade em constante reestruturação, o que supõe, além disso, a capacidade operatória que garante o aspecto idêntico nas transformações, conforme salientam múltiplas experiências.

O resultado de várias investigações sistemáticas mostra a importância da esquematização mnésica e sua evolução em função do desenvolvimento da inteligência. Nesse sentido, é importante distinguir as relações entre os aspectos figurativos e os operatórios da memória. Assim, a imagem-lembrança, tal como a imagem representativa, aparece como expressão simbólica de um esquema que se conserva, não por fixação estática, mas por seu próprio funcionamento. A reorganização dessas lembranças como evocação do acontecimento não é produzida como um processo dedutivo sobreposto a elas, mas dinamicamente por integração das lembranças a novas estruturas de pensamento, mais equilibrantes, enquanto reversíveis.

O processo da memória de reconstrução poderia ser resumido, então, em diferentes fases:

1) fixação de uma lembrança por assimilação das percepções a um sistema de esquemas;

2) conservação de tais esquemas, independentemente da memória em sentido estrito, pois tais esquemas são prévios à experiência que se pode recordar;

3) evocação ou reconstrução da lembrança a partir de: a) índices externos percebidos, ou seja, a experiência atual que desencadeia a lembrança, e b) esquemas utilizados que conseqüentemente se reativam.

Em suma, comprova-se que existem duas formas de conservação: a dos esquemas e seu funcionamento generalizador e a das lembranças como conteúdos, pela qual há uma integração constante do passado na existência atual do indivíduo. Embora ambos os aspectos se suponham mutuamente, as transformações na evolução dependem do primeiro, podendo então a memória ser caracterizada como uma atividade inteligente de adaptação.

A título de exemplificação, vamos descrever uma experiência que analisa, ao mesmo tempo, a memória imediata e a mediata, com intervalos de uma semana e de seis meses, em relação à apresentação inicial. Mostra-se à criança um cartão no qual um quadrado, um círculo e um triângulo formam os nove pares possíveis, respeitando os idênticos (gráfico 3). São observados quatro tipos de atitudes gerais:

Tipo I
Os elementos são reproduzidos, mas não em pares e pode faltar algum deles. Uma criança de quatro anos desenha 35 círculos, e outra, um quadrado, um triângulo e um círculo.

Tipo II
Há reprodução por duplas, combinando os elementos, mas não aparecem os pares compostos de dois elementos idênticos. Por outro lado, repetem-se as mesmas combinações.

Tipo III
O indivíduo preocupa-se em não repetir as mesmas duplas e inclui as idênticas, mas se chega às nove combinações é por experimentação contínua.

Tipo IV
Reprodução sistemática, eventualmente sem respeito pela ordem do modelo.

Os tipos de atitude distribuem-se de maneira estritamente genética nos indivíduos estudados dos quatro aos doze anos, não aparecendo reproduções imediatas do tipo III, a não ser depois dos sete anos, e do tipo IV, a partir dos dez anos. Quanto à reprodução, apenas seis de sessenta mudaram, com um intervalo de uma semana, notando-se alguns pequenos avanços. Com um intervalo de seis meses, a metade dos casos permanece sem variação; os que tinham agido por um critério claro melhoram seu rendimento, mas os demais apresentam uma regressão a um tipo I de execução.

Experiências como as descritas enfatizam o valor da estrutura do pensamento que organiza a estimulação no mo-

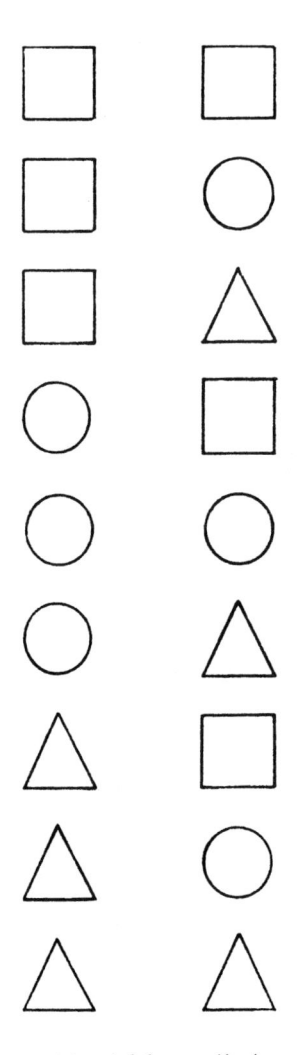

Material de experiência
(Extraído de J. Piaget e B. Inhelder. *Mémoire et intellligence*
[Memória e inteligência]).
Gráfico 3

mento da experiência, pois parece evidente que a incumbência determina a ativação de um esquema funcional que, ao mesmo tempo, se encarrega de formar sistemas de pensamento mais equilibrados.

O aspecto figurativo da lembrança tem, então, a mesma origem que a imagem, mas enquanto essa se constitui em um símbolo da respectiva ação, a lembrança é um verdadeiro ato de pensamento que inclui juízos de atribuição, de existência e de relação. A importância dos esquemas mnemônicos é que, apesar de terem a estrutura da inteligência, conservam a lembrança, isto é, suas operações integram explicitamente uma classe singular. Finalmente, Piaget encontra a unidade funcional da memória usando noções cibernéticas e, nesses termos, a memória seria um processo capaz de reconstruir em qualquer momento uma experiência passada. O armazenamento ou informação primária seriam as lembranças, e a programação ou esquema de recodificação, os esquemas mnemônicos.

Desse modo, ao abordar a análise das provas "de memória", tratando-se de uma evocação imediata ou mediata, vamos analisar como o indivíduo organizou a estimulação e as "lembranças" que essa estruturação individual pôde incluir.

Capítulo 4
Diagnóstico do desenvolvimento de Arnold Gesell

A personalidade de A. Gesell transcendeu em muito a dimensão científica e seu nome alcançou, em seu país e no exterior, a notoriedade reservada aos homens públicos. Sua atividade inicial foi o ensino primário, logo especializando-se na pedagogia de recuperação de crianças com deficiência mental.

Aos trinta anos decide reunir sua experiência e completar sua habilitação realizando um meteórico curso de medicina, com o firme propósito de dedicar-se posteriormente à psicopatologia da infância. Descobre, no entanto, que na prática as explicações dos processos do desenvolvimento infantil provenientes da patologia tornam-se confusas e nefastas para a compreensão do comportamento infantil, tanto mais porque se trata da aplicação mecânica de uma psicopatologia adulta que trabalha com uma pluralidade de sintomas e fatores não presentes na criança.

Ao dedicar-se a problemas de retardo, passou rapidamente da patologia à higiene mental, cujos fundamentos, para Gesell, deviam situar-se em uma ciência do desenvolvimento que partisse do desenvolvimento normal, que pode ser conhecido pela descrição dos comportamentos típicos das sucessivas idades. Para ele, não se trata do estabelecimento de normas com o objetivo de destacar a uniformidade da evolução, mas precisamente de considerar o desenvolvimento de cada indivíduo em função de sua constituição original aplicada em uma história própria.

Em 1920, Gesell entrega-se à ousada tarefa de fazer um inventário das sucessivas aquisições da criança normal, com uma atitude metodológica eminentemente clínica, usando os recursos da biologia evolutiva e as técnicas de registro já validadas pelo behaviorismo mecanicista. Na realidade, procurou estender a prova de Binet-Simon a idades anteriores, observando o bebê desde seu nascimento. Para isso selecionou um material privilegiado no sentido de, ao ser reduzido, conseguir desencadear comportamentos muito distintos de acordo com as idades. Minimizou-se o valor do enfoque e da instrução e supervalorizou-se a criação de situações para poder observar os comportamentos habituais e os recursos espontâneos das crianças pequenas diante do material. Cento e dez quilômetros de filmagem revelam os enormes recursos econômicos que a Universidade de Yale investiu no empreendimento, que terminou com a elaboração das escalas de Gesell até os 3 anos de idade, nas quais aparecem, por intervalos cronológicos, comportamentos transformados em padrão por sua freqüência percentual de aparecimento nessa idade, que deve ser 50% superior ao anterior.

Do ponto de vista teórico, Gesell reage contra o behaviorismo watsoniano e algumas tendências dominantes na psicologia norte-americana da década de 1920, à medida que essas dão prioridade a fatores de condicionamento e aprendizagem. Procura, em compensação, salientar os fatores constitutivos, em especial os ligados à estrutura neurofisiológica do indivíduo. Como evolucionista mecanicista, sua noção de constituição é vinculada à de maturação enquanto núcleo hereditário. O ambiente vai cumprir um papel passivo, de simples desdobramento de oportunidades, para que o indivíduo desenvolva sua potencialidade inata. Portanto, as diferenças individuais serão provenientes, em primeiro lugar, dos aspectos constitucionais e só secundariamente de um ambiente propício para a maturação. Nenhuma transformação mútua – nem mecânica, nem dialética – regula as duas instâncias, dada a imobilidade que, para Gesell, o nível ambiental comporta, baseando-se em um esquema tão prático quanto enganoso: o crescimento do indivíduo implica mudanças nas estruturas biológicas e, como essas estão ligadas às funções, produz uma mudança nelas, evidente no comportamento.

Não vamos descrever amplamente aqui as idéias de Piaget sobre o desenvolvimento, as quais estão perfeitamente expostas em sua obra *Biologie et connaissance**, editada em 1967, e traduzida para o português. Apenas algumas linhas, que permitam observar de um novo ponto de vista as descrições realizadas por Gesell. Piaget considera que são três os grandes fatores do desenvolvimento orgânico: a programação decorrente do genoma, isto é, o inato específico; as influências do meio e os fatores de equilibração e auto-regulação que descrevemos. Porém esse último aspecto é, ao mesmo tempo, fator e conseqüência, pois todo desenvolvimento é organização e, reciprocamente, toda organização é desenvolvimento, já que sua própria conservação depende da contínua auto-regulação. Assim, ao encarar o comportamento do lactente, devemos considerar que, se ele herda a inteligência, herda apenas a possibilidade de um funcionamento (assimilativo-acomodativo), mas de modo nenhum as próprias estruturas do conhecimento, que serão construídas durante a infância pela própria atividade do indivíduo. Gesell divide os comportamentos do bebê em quatro áreas, conforme o tipo de estimulação presente em cada uma e, conseqüentemente, de acordo com os esquemas que forem coordenados em cada caso. Será interessante, então, definir primeiro cada aspecto e a especificidade das condutas envolvidas diante de cada estimulação para, num segundo momento, examinar os esquemas de ação mais característicos por intervalo de idade.

....

* Trad. bras.: *Biologia e conhecimento*, Petrópolis, Vozes, 3.ª ed., 2000.

A. *Conduta motriz:* Gesell inclui sob essa denominação todos aqueles comportamentos relacionados com o equilíbrio do corpo para adotar certa postura ou deslocar-se de modo conveniente. Haveria um desenvolvimento contínuo que incluiria a maturidade neurológica e a coordenação cada vez mais adequada dos distintos movimentos. Embora o papel do exercício como tal seja desconsiderado pelo autor, é evidente que a necessidade dele é condição própria dos esquemas que se busca desenvolver e, portanto, condição da evolução. O próprio exercício de uma possibilidade motriz é um sinal de maturidade do organismo que se auto-regula.

São condutas características de tipo motriz sustentar a cabeça, sentar-se, engatinhar, andar, subir escadas, trepar, pular, caminhar na ponta dos pés, etc. A aquisição dos diferentes padrões de conduta motriz nos informa sobre a maturidade do aparelho neuromuscular e sobre o nível de coordenação primária, no que se refere ao próprio corpo.

B. *Conduta adaptativa:* essa denominação compreende todos aqueles comportamentos que supõem uma adequação em função de objetos exteriores à criança, sejam aqueles espontaneamente manifestados diante de estímulos, sejam aqueles realizados por imitação dos comportamentos do examinador ou estimulados por uma instrução verbal.

A análise desse tipo de conduta, pela qual o indivíduo atua sobre os objetos, nos fornecerá dados acerca das aquisições do bebê pelo grau de coordenação de seus esquemas de ação. Podemos conhecer o grau de conservação dos objetos e o nível de reversibilidade do grupo prático de deslocamentos, assim como a atitude cognoscitiva do bebê, através de sua curiosidade e de sua imaginação.

C. *Conduta de linguagem:* esse âmbito da conduta compreende os comportamentos que determinam a formação da linguagem, tanto em seu aspecto fonético quanto em seu aspecto significativo; quanto ao valor comunicativo da linguagem, será estudado no âmbito do pessoal-social. Com quatro semanas, o bebê emite sons guturais, depois vocaliza, grita, resmunga e ri; com trinta e duas semanas, já emite sílabas simples e o faz de acordo com um esquema circular de comportamento, isto é, repetindo várias vezes o mesmo fonema. Vamos lembrar que, a rigor, a criança só repete a si mesma: por isso precisa exercitar abundantemente a emissão dos sons para coordenar, em um único esquema, o acústico e o fônico; assim, ao ouvir novamente esse som, dessa vez emitido por outra pessoa, a criança poderá assimilá-lo ao esquema construído por sua própria atividade e, dessa maneira, repeti-lo. Com um ano de idade, começa a verdadeira designação, no início muito singular, denotativa e substantiva, que não excede os limites do sensório-motor. Ao apontar objetos em uma ilustração e ao combinar várias palavras denotando uma situação, passa a usá-las em seu valor indicativo de uma referência ausente, de um significado; estamos, pois, em um nível representativo.

D. Conduta pessoal-social: nessa área é descrita uma multiplicidade de comportamentos; alguns se referem a atitudes de reconhecimento do outro e comunicação – como sorrir, dirigir-se a pessoas conhecidas, dar coisas na mão, etc. –; outros se referem à possibilidade de controle e adaptação a certas normas – como aos horários de amamentação, ao controle de esfíncteres, etc. Os demais aludem diretamente à aquisição de hábitos de independência, seja na alimentação – por exemplo, beber na xícara, comer sozinho uma bolachinha –, seja no vestir-se, ou nas brincadeiras, como, por exemplo, procurar ou arrastar os brinquedos, etc.

O fator comum a essas atividades tão diferentes parece ser o intercâmbio que se averigua por meio delas entre a criança e o meio social em que vive.

De todas as áreas compreendidas no diagnóstico de desenvolvimento, a que mais interessa a uma análise genética é aquela que o próprio Gesell denominou adaptativa; na verdade, através dos esquemas de ação e suas coordenações a criança vai construir uma realidade objetiva, e ela mesma vai discernir como indivíduo a partir da eficiência de suas ações. Vamos procurar analisar esses comportamentos observando sua evolução com um mesmo estímulo:

ARGOLA PENDENTE: até doze semanas, o bebê faz um progressivo esforço de ensaio com os olhos para seguir e manter a argola em sua trajetória, coordenando de modo muito lento os movimentos da cabeça e os oculares. No começo fica imóvel perante sua visão, pois confunde o movimento alheio com o seu próprio, para depois coordenar ambos em um só esquema de trajetória. Dessa idade até as vinte e quatro semanas, a criança coordena os movimentos de sua mão com os oculares, chegando a pegar voluntariamente a argola, e com vinte e oito semanas passa a argola de uma mão para a outra. Assim, o objeto vai se integrando à medida que é assimilado a esquemas coordenados, e o que a criança vê, toca, alcança e suga começa a adquirir uma unidade que se conserva em todas essas manifestações. Antes de um ano, a criança se interessa pela fita e a puxa para sacudir a argola, o que nos indica que é capaz de discriminar as partes de um objeto e dar a cada uma delas uma função, sem perder de vista o objeto como um todo; nesse sentido dizemos que a criança começa a equipar-se, isto é, a usar certas coisas como intermediárias para conseguir outras, de

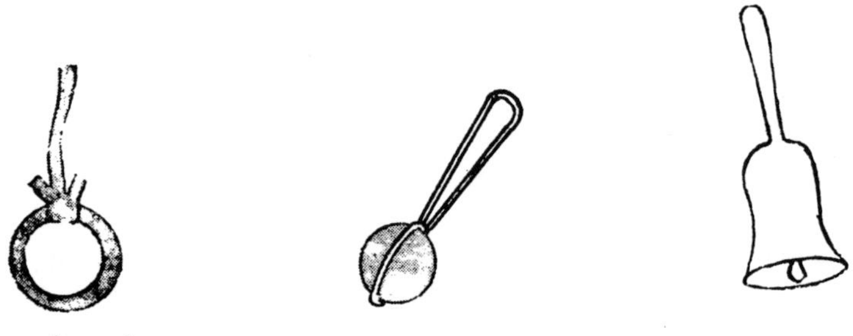

argola pendente   chocalho   sineta

Gráfico 4

acordo com estes tipos de condutas, tão estudadas nos símios superiores, nas quais esses usam o bastão ou o banquinho para apanhar a cesta. Vamos recordar que para os gestaltistas a compreensão do meio é intuitiva; para Piaget, o fato de o bebê puxar a manta para pegar o ursinho que está sobre ela é uma conduta circular terciária, de ensaio e experimentação, na qual se coordenam dois esquemas secundários de modo de transferir o arraste.

CHOCALHO: com doze semanas, o bebê sustenta o chocalho brevemente, mas apenas com vinte semanas acompanha-o com os olhos quando ele cai; um pouco mais tarde movimenta as mãos para retê-lo. Com vinte e oito semanas, o chocalho como objeto visto, tocado, deslocado, etc. é assimilado definitivamente ao esquema de sacudir. Nessa ação, não há ainda diferenciação de agente, pois quando o experimentador sacode o brinquedo diante da criança, desencadeia nela o respectivo movimento. Por volta de um ano, e justamente porque a criança tenta parar a mão do experimentador com a sua própria ou inibir seu movimento para verificar que o som continua, poderá determinar de uma maneira prática a eficiência de seu movimento, noção que está na origem da causalidade.

SINETA: com quatro semanas, se um bebê ouve, sua atividade diminui notavelmente, quando se agita a sineta diante dele, denotando, um pouco mais tarde, interesse e expectativa. A imobilidade, como vimos, é uma tentativa interessante de manter o espetáculo. Perto das quarenta semanas, pega e sacode a sineta pelo cabo, interessando-se por seu badalo. Depois de um ano, o bebê mostra-se muito interessado em estabelecer relações entre seu movimento de sacudir, a presença do badalo e o som, mas torna-se muito difícil para ele coordenar essa transferência de movimento, já que quando pretende controlar o movimento do badalo com a vista ou com o toque, o som se interrompe.

CUBO, CONJUNTO DE CUBOS, CUBOS E XÍCARA: por volta das vinte semanas, a criança pega um cubo, que solta assim que tenta segurar outro. Na realidade não o solta; o cubo é que, não controlado pela visão, desaparece para a criança e cai de sua mão. Um pouco mais tarde, recupera o cubo que caiu. Próximo a trinta e duas semanas, mantém os dois demoradamente; nessa idade a coordenação será suficiente para discriminar ao mesmo tempo as duas mãos e os dois cubos, assimilados a um mesmo esquema de preensão, incluindo-se até em esquemas mais complicados como o de juntar, bater, etc. Até um ano de idade o bebê não pode soltar o cubinho dentro da xícara, pois sua inclusão em outro objeto ameaça sua conservação por falta de reversibilidade entre os esquemas de tirar e pôr, reversibilidade que proporcionará a construção sistemática dos deslocamentos em um "grupo". Aos quinze meses a criança é capaz de montar uma torre de cubos, por regulação de aproximação e o começo de certas referências topológicas, como em cima-embaixo. Progressivamente é capaz de incorporar mais cubos e também de fazer "trenzinhos". Por volta dos dois anos inicia uma verdadeira atividade lúdica, com atribuição simbólica, colocando no "trem" uma "chaminé".

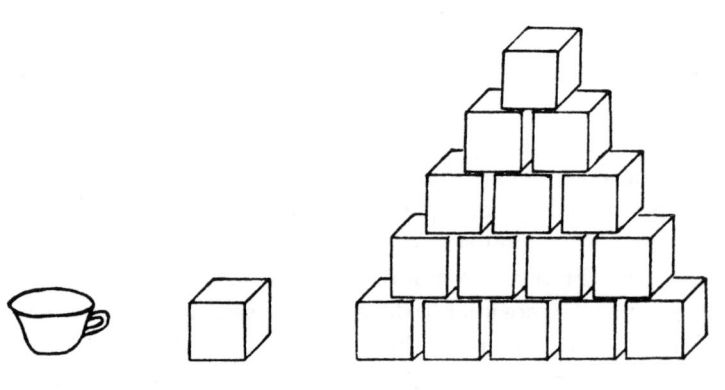

Cubos e xícara
Gráfico 5

BOLINHA E GARRAFA: antes das quarenta semanas, o bebê dedica-se à garrafa e ignora a bolinha; evidentemente, seus movimentos de ensaio ocular ainda são muito grosseiros para conseguir encontrar os limites de uma bolinha. Nessa idade aproxima seu dedo indicador da bolinha, tornando clara uma relação ativa de tamanho, já que, se tentar pegá-la desaparecerá de sua visão; um pouco mais tarde, conserva-a ainda fora de sua visão e a pega com preensão de varredura. Próximo de um ano, pega-a com preensão de pinça, e, imitando posteriormente a atividade do experimentador, procura, sem sucesso, enfiá-la na garrafa, pois apenas imita o movimento sem entender a relação da boca do frasco com seu recipiente. Isso é coordenado com um ano e meio, justamente porque a criança discrimina partes e sua respectiva eficiência. A retirada da bolinha por inversão da garrafa é uma possibilidade tardia e ocorre por uma articulação em um sistema reversível dos esquemas de ação.

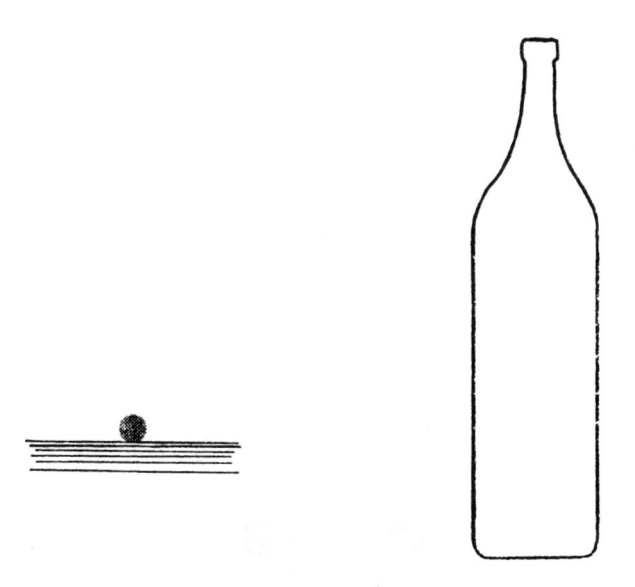

Bolinha e garrafa
Gráfico 6

TABULEIRO ESCAVADO: (seu tamanho é bem maior que o de Terman e as cavidades são completas, não têm uma base): com um ano, o bebê tira o bloco redondo, o de maior pregnância, e observa o lugar vazio; um pouco mais tarde, tenta encaixá-lo. A correspondência morfológica e a reversibilidade de esquemas possibilitam essa atividade, que supõe um sistema espacial estruturado. Próximo dos dois anos, a criança encaixa os três blocos corretamente, mas se a placa for invertida depois da retirada dos blocos, ela conseguirá acertar mediante múltiplos ensaios, já que a assimilação baseada nos índices perceptivos permite uma regulação um a um, e a verdadeira manipulação de área é feita em nível representativo, por meio de imagens.

CAIXA DE PROVAS: a enorme dificuldade que as crianças de dois anos apresentam para realizar essa prova, em relação à do tabuleiro vazado, indica-nos o aspecto estático das imagens e a falta de sistematização entre as diversas perspectivas do objeto. Apenas o ensaio permite o encaixe adequado. Logo depois dos três anos, a criança presta atenção à forma da base e introduz o cilindro sem testar.

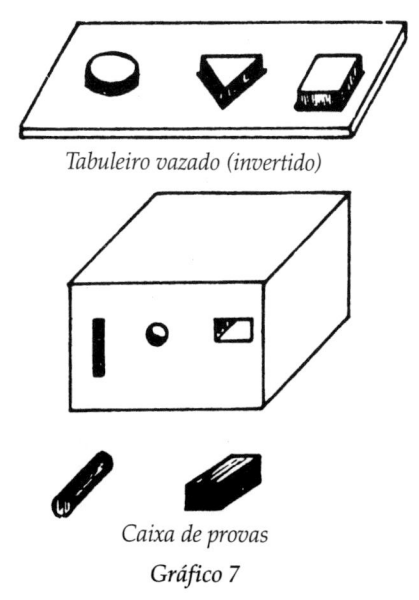

Tabuleiro vazado (invertido)

Caixa de provas

Gráfico 7

DESENHO: na prova de Gesell, trata-se de uma imitação do movimento, que é executado diante da criança e não de uma representação propriamente dita, como seria o caso da cópia. Então, indica-nos a possibilidade de imitação posterior de gestos e, por isso mesmo, a possibilidade da criança de construir imagens.

Se observarmos a descrição feita por Gesell sobre o comportamento do bebê antes das quatro semanas, concluiremos que se trata de catalogar a pobreza funcional do filhote humano; a tal ponto que tudo nele parece ser déficit e ausência de defesas. No entanto, foi acionada uma série de processos que preparam a construção da mais complexa organização inteligente em torno de um dos poucos esquemas inatos de ação, que é o de sucção, garantia da sobrevivência.

4 semanas

De fato, durante o primeiro mês o bebê adquiriu um amplo conhecimento bucal dos diversos objetos que passaram por sua boca de forma casual (bico do peito, chupeta, bico da mamadeira, mão, lençol, etc.), por assimilação ao esquema de sucção, multiplicado por acomodação em vários esquemas novos, como o de chupar, mordiscar, cuspir, etc.

Gesell indica que o bebê diminui sua atividade quando ouve a sineta ou quando o examinador se coloca na linha média de sua visão; isso ocorre porque ainda não há distinção entre o indivíduo e o objeto, e qualquer movimento do bebê pode fazer desaparecer para ele essa novidade que tenta manter, imobilizando-se. O mesmo ocorre com os objetos que se deslocam, mas, de modo inverso, a criança pensa que se mexendo poderá fazer esse espetáculo continuar e, dessa maneira, eventualmente recupera o objeto em sua trajetória. Se o perde, desprovido de referências, o bebê olha como que hipnotizado o lugar onde deixou de ver o objeto, tentando ativar o esquema que foi efetivo para ele; é o único que possui e os objetos não existem fora do próprio ato.

8 semanas

De quatro a oito semanas, nota-se uma postura mais adequada da cabeça quando a criança está deitada, o que facilita o ensaio ocular no espaço e a primeira busca dos objetos imóveis. O chocalho também é mantido de modo circunstancial por um lapso muito breve, fato paralelo à demora do olhar sobre um objeto situado na linha média da visão. Esses primeiros esforços vão constituir esquemas separados de percepção e preensão destinados a diferentes objetos, enquanto isso assimilados a esquemas totalmente distintos. Piaget fala de um espaço bucal e de um espaço visual nesse nível, pelo qual o objeto sugado não se coordenaria ainda com o objeto visto.

Gesell nota uma acentuada diferença de expressão entre as quatro e as oito semanas, já que o bebê olha seletivamente para as pessoas, sem se demorar nas coisas. Quando seus pais se aproximam, o olhar do bebezinho é vivo, definido e pode aparecer uma expressão de sorriso. Podemos falar de reconhecimento no sentido de que uma série de indícios oculares e acústicos são assimilados de modo integrado no esquema constituído através de uma multiplicidade de experiências de atenção, cuidado, calor e comunicação que o adulto estabelece com a criança. A descrição destaca o fato da interrupção do movimento do bebê, ante a aproximação da voz do adulto, em uma atitude de expectativa, atitude que representa na realidade o esforço que deve fazer para manter esse espetáculo agradável, desprovido de recursos para discriminar o próprio movimento do alheio.

12 semanas

Em torno das doze semanas, o principal esforço sensóriomotor se concentra na sustentação da cabeça, cujo controle é necessário para a regulação perceptiva que vai permitir a visão sucessiva do contorno espacial e, portanto, seguir os objetos em seu deslocamento. Assim, enquanto a cabeça não conseguir se movimentar de forma plástica e autônoma, o bebê não poderá distinguir o movimento das coisas do seu próprio movimento. A partir de sua própria ação a criança se subjetivará e, simultânea e dialeticamente, reconhecerá uma realidade fora de si.

A preensão também se torna mais duradoura com o chocalho e se verificam as primeiras coordenações que permitem integrar o objeto observado e o objeto tocado em um mesmo esquema. Esses objetos ainda são levados, com muita freqüência, à boca, pois o espaço bucal fornece ao conhecimento do objeto seus esquemas específicos. Do mesmo modo e dentro desse tipo de funcionamento circular, o bebê tenta coordenar a emissão de certos sons, como esforço do aparelho fonador e respiratório e a respectiva audição.

Gesell descreve certos comportamentos como lúdicos. Para Piaget até que não se verifique uma função semiótica de referência através da brincadeira, não há esquemas propriamente lúdicos além dos de ação, pois esses seriam sua prolongação como um prazer funcional ou, um pouco mais tarde, o de produzir fenômenos, com primazia da assimilação.

Por volta das dezesseis semanas, e sobretudo desde que o bebê fica sentado, suas possibilidades de ação sobre as coisas se multiplicam. A criança exercita uma série de movimentos manuais – arranhar, coçar, pegar, empurrar, bater, jogar – e vai integrando a esses esquemas de ação os diferentes objetos, que se transformam assim em arranháveis, pegáveis, coçáveis, etc. A realidade começa a ser organizada e discriminada em função da ação que pode ser exercida sobre ela. Isso excita a criança, que ri intensamente, entusiasmada por seu próprio poder.

20 semanas

Com vinte semanas a conduta adaptativa vai se concentrar na preensão controlada pela visão. No entanto, não há espaço, já que a criança só pega o objeto quando esse está muito perto de sua mão ou quando o toca casualmente. O movimento de ensaio, tanto manual como ocular, não é coordenado intencionalmente, mas por coincidências aleatórias que a criança registra como probabilidade de coordenação, cuja efetividade exercita de forma contínua. Além disso, destaca-se a possibilidade de manter um objeto enquanto se olha para outro ou de acompanhar com os olhos um objeto caído, o que indica um começo de conservação dos objetos fora do controle da visão ou apesar de seus deslocamentos.

24 semanas

Na idade-chave seguinte a criança irá progressivamente aperfeiçoando a posição sentada, até se virar perfeitamente com apoio. Sua preensão melhora notavelmente, embora predomine a palmar; ou seja, o cubo, por exemplo, é colocado na palma da mão e mantido ali pelos dedos. Com vinte e quatro semanas, não só acompanha com a vista a queda ou o deslocamento de um objeto, como o pega em seu percurso, se estiver a seu alcance. No entanto, mesmo que se aproxime de um segundo cubo, não consegue pegá-lo, pois perderia o primeiro, impossibilitada de controlar ambas as preensões ao mesmo tempo. Quer dizer que, embora o objeto comece a se constituir, é difícil para o bebê conservá-lo sem o controle simultâneo da preensão e da visão.

O exercício na linguagem se torna muito ativo nesse período. A criança ouve atentamente sua própria produção vocal e constrói os esquemas que integram o sistema fonador e a audição dos fonemas. Sobre essa base, serão produzidas as primeiras imitações de "palavras", que na realidade não é imitação, mas o desencadeamento dos esquemas circulares de uma ação à qual foi assimilado o som escutado, que não é ainda distinguido do próprio. No entanto, um início de localização exterior do som ocorre na experiência da sineta.

28 semanas

A coordenação de esquemas de preensão e visão é ativada em um nível secundário, isto é, ainda não pesquisado. O bebê mantém dois cubos, transfere-os de uma mão para a outra, mas apenas toca a bolinha, que desaparece quando, para pegá-la, acaba encobrindo-a. Isto é, o objeto se conserva enquanto é controlado, mas desaparece se não é percebido.

32 semanas

Entramos em um período de transição entre os comportamentos circulares secundários e os terciários; nestes há basicamente uma mudança de atitude, pois a criança cria em si mesma experiências, sobretudo de conservação do objeto. Assim tenta buscar, "com insistência", objetos fora de seu alcance e relaciona objetos diferentes, como os cubos e a xícara. Na linguagem os fonemas são mais nítidos e silábicos; com essas partículas logo se constituirá a primeira "palavra", produto da repetição, e depois se coordenarão em distintas combinações, ainda sem um significado sequer denotativo.

Passamos à próxima idade-chave, centrada nas quarenta semanas, na qual a criança vai completar definitivamente sua posição sentada e começará a fazer tentativas de deslocamento engatinhando, bem como poderá ficar de pé apoiada em uma grade. Cada uma dessas aquisições supõe toda uma multiplicidade coordenada de movimentos e posturas que se regulam e se compensam até conseguir o equilíbrio espontâneo. Sua conseqüência é ampliar o mundo do bebê e permitir-lhe uma série de atividades que lhe propiciarão um espaço mais integrado e reversível.

36 semanas

Com trinta e seis semanas é interessante observar as dificuldades da criança para soltar o cubo dentro da xícara, apesar de colocá-lo dentro com cautela. O esquema de inclusão não ocorre diretamente na percepção e a criança deve coordenar de modo ativo a regulação perceptiva que proporciona um estado de pertinência, com uma ação de transformação, que faz com que dois objetos ou partes de um objeto sejam vistos juntos ou separados. Se a criança não solta o cubo é porque não tem a garantia de poder recuperá-lo; nessa idade também não distingue as relações que ligam a fita com a argola, embora comece a manipulá-la.

Também "imita" alguns sons que assimila a esquemas audiofonadores já coordenados, e sua crescente independência dos objetos se evidencia no fato de segurar sua mamadeira e a bolachinha enquanto come, o que representa uma discriminação entre o objeto e a ação, difícil nesse caso, pois o objeto perto da boca desaparece da visão.

40 semanas

Neste período o bebê mostra-se muito curioso e experimenta a realidade sempre com uma atividade circular, chamada terciária porque a criança aplica a coordenação de esquemas secundários a situações novas. As partes dos objetos são discriminadas e cumprem sua função, como o cabo da sineta. A bolinha conserva-se como idêntica fora e dentro da garrafa; a criança acompanha todo o seu deslocamento e o antecipa, praticamente esperando que caia quando se inverte a garrafa, mas ela mesma não a inverte para tirá-la, dado que ainda não construiu todo o sistema de deslocamentos, sistema que, por suas características, Piaget chama, assim como Poincaré, de "grupo".

Nesse momento, é interessante assistir ao nítido começo da imitação diferida: o bebê faz "tchau" com a mão e bate palmas depois que o adulto deixou de fazê-lo. No início abre e fecha ao mesmo tempo a boca e a mão, inibindo depois o primeiro movimento. Como sabemos, esses esforços de acomodação, sobretudo de tipo gestual, vão dar origem às imagens.

44 semanas

Todos os comportamentos adaptativos analisados por Gesell nas quarenta e quatro semanas supõem a relação de dois objetos, um contendo ou continuando o outro. Assim o cubo e a xícara, o badalo e o sino, a bolinha e a garrafa são motivos de ações coordenadas de esquemas que permitem o início de uma causalidade prática baseada na eficácia; apesar disso a criança ainda não solta o cubo, nem na xícara, nem quando solicitado pelo examinador, por falta de reversibilidade em suas próprias ações.

48 semanas

Com quarenta e oito semanas essa situação do bebê não varia muito. Simplesmente as coordenações de esquemas circulares secundários tornam-se mais estáveis e dinâmicas e a criança testa todos os pares possíveis por aproximação entre os objetos, para estabelecer relações de conveniência, correspondência, inclusão, eficácia, etc., que em breve lhe permitirão construir um espaço e uma causalidade práticas.

52 semanas

A partir de um ano de seu nascimento a criança começa a se locomover ereta, embora com ajuda. A importância da marcha para a construção do real na criança é que, através de sua própria aproximação e afastamento dos objetos, verificará a constância do tamanho deles, o que lhe possibilitará a construção de hierarquias ou seriações inclusivas que sustentam a compreensão das transformações de tamanho na perspectiva.

A construção efetiva de um espaço aparece como tentativa de construir uma torre, assim como na comparação do bloco redondo com a respectiva cavidade. Do mesmo modo, a criança largará seu brinquedo a pedido e deixará cair o cubo dentro da xícara por antecipação de seu trajeto e porque o conserva através dele. No procedimento aparece também um comportamento, analisado por Piaget como conduta de suporte, que é o de puxar a argola pela fita. Já sabemos que situação semelhante foi estudada como conduta de *insight* pelos gestaltistas e como esquema de aprendizagem de ensaio por Hull e seus discípulos; Piaget toma uma posição intermediária na qual entra em jogo um esquema transitivo de transporte.

56 semanas

Algo semelhante ocorre quatro semanas mais tarde, quando a criança lança a bola para o examinador e aplica o próprio impulso à bola, supondo que influirá em seu movimento. Na verdade, Piaget situa esse tipo de aquisição um pouco mais tarde, dada a impossibilidade da criança pequena de largar os carrinhos para que andem com o empurrão inicial.

A imitação, como movimento posterior ou desencadeado por um estímulo atual, torna-se notável na escrita de grandes rabiscos, na qual não há grafismo mas simples imitação dos movimentos que a produzem. A criança também possui algumas "palavras": para repetir a pedido ou denotativas de objetos presentes ou sugeridos pela situação presente. Além disso, o bebê encaixa o bloco redondo por, podemos supor, um esboço de imagem que lhe permite assimilar a cavidade e o bloco a um mesmo esquema. É claro que sempre estamos no prático, sensório-motor e não representado.

15 meses

Este intervalo entra em outra das idades-chave indicadas por Gesell, que é a centralizada nos dezoito meses. Porém, na realidade, não aparecem padrões distintivos a não ser por aperfeiçoamento dos comportamentos que apareceram com um ano, os quais supunham não só a coordenação de esquemas aplicados a situações novas, como também a própria resolução de situações que a criança constrói para testar meios; assim, por exemplo, a criança se propõe a alcançar a argola pelo cordão.

18 meses

Em compensação, por volta de um ano e meio de idade, a acomodação imitativa inaugura uma nova série de atividades como a imitação de um traço, a função semiótica substantiva, a colocação de blocos no tabuleiro vazado, a compreensão da rotação da garrafa para tirar a bolinha. Assim, essa última atividade supõe uma interpretação prática, empírica, da exibição da prova: a bolinha deve sair pela abertura; porém, para sair, deve cair, então é necessário que a abertura fique embaixo. Essa conclusão, certamente não pensada mas ativada, é o que para Piaget caracteriza o sexto estágio sensório-motor ou de transição para a representação, ou seja, a combinação mental ou imaginação, capaz de integrar esquemas não mais secundários, mas eles próprios terciários.

21 meses

Já entramos na etapa representativa, pois os comportamentos distintivos dos vinte e um meses indicam internalização de esquemas, como se observa na atividade lúdica de puxar um trem de cubos, em que, por meio de objetos simbólicos (cubos), é feita referência a um trem, que constitui um esquema complexo ao qual estão assimilados a locomotiva, o ruído (tchuque-tchuque), o fato de ser constituído por partes, etc., de acordo com a experiência particular do pequeno indivíduo. Além disso, tanto a construção da torre como o encaixe dos blocos indicam a coordenação antecipada dos movimentos e, portanto, imagens, claro que bem inseridas na ação de ensaios e nos índices perceptivos.

A linguagem da criança também começa a ter um verdadeiro caráter de sistema de signos, visto que os combina para demonstrar verbalmente uma situação concreta e, ao mesmo tempo, conserva uma ordem a ser cumprida.

24 meses

Aos dois anos esse tipo de comportamento, que supõe uma internalização de todos os esquemas, é nítido. A criança imita o traço em V, assim como o circular. No aspecto lúdico, brinca com a boneca "dando-lhe de comer". Enche a xícara de cubos pela compreensão da noção de "todos" que faz para as coleções de objetos e também é capaz de pedir "outro", o que supõe certa noção de repetição, também relacionada a coleções de objetos identificados. A verbalização supõe não só indicação da ordem, mas exatamente função semiótica e relato.

30 meses

Aos trinta meses os padrões anteriores são reafirmados. O uso do proponente pessoal nos indica que sua própria identidade foi internalizada como unidade, à qual deu anteriormente o nome objetivo que os outros lhe concedem, mas que agora relativiza em função de sua posição perante os demais. Distingue os objetos por seu uso, além de denominá-los e reconhecê-los, e também a forma colorida redonda. Porém, ainda estamos muito perto dos esquemas sensório-motores, já que a criança só imita ações, sem que as marcas de tais ações também possam ser assimiladas à respectiva imagem; por conseguinte, a manipulação de áreas é ainda insuficiente para permitir que a criança reorganize o tabuleiro vazado quando esse foi girado em 180 graus.

36 meses

Próximo dos três anos as imagens internas são suficientemente claras para que a criança copie o círculo impresso e não mais desenhado diante dela, como até o momento. Essa tarefa, bem como a construção da ponte, o tabuleiro vazado invertido ou a repetição de três dígitos, exigem uma organização interna no nível da reapresentação. Ao mesmo tempo, o uso dos plurais permite supor a distinção entre um e muitos; e a distinção do sexo, outro tipo de "classificação", que não é conceitual, mas figural ("porque uso calça comprida", etc.).

Gesell considera norma dessa idade o saber respeitar a vez, isto é, esperar uma ordem. É interessante comparar essa aquisição com sua contemporânea de repetir três dígitos, pois ambas supõem justamente a construção de uma seqüência temporal por uma relação de proximidade.

42 meses

A única novidade aos três anos é o aparecimento do jogo associativo sobre o jogo paralelo. Piaget estende até os quatro anos a época do monólogo ou do diálogo paralelo das crianças observadas no jardim-de-infância, as quais só se referem a sua ação, embora aceitem as reflexões alternadas de seu companheiro.

Na realidade, o simbolismo coletivo supõe a adoção de um papel dentro de um código comum e também de uma clara representação que pode ser compartilhada; portanto, dentro da atividade lúdica que é preponderantemente assimilativa, supõe um esforço de acomodação por descentralização de pontos de vista. Isso ocorre precisamente aos seis e sete anos, muito longe do estágio de que tratamos. O jogo associativo, a que se refere Gesell, é a simples possibilidade de jogar a mesma coisa, embora cada participante siga a sua própria coerência.

Os estudos de Gesell logo se ampliaram e o comportamento da criança e do adolescente foi transformado em norma até a idade de dezesseis anos. Tais normas não compõem, no entanto, uma estrutura coerente nem do ponto de vista teórico e muito menos do estatístico, e os índices culturais pesam notavelmente em um esquema que se considera de puro desenvolvimento constitucional. Como é justamente no período sensório-motor, conforme vimos, que se desenvolve o pacote de reflexos herdados e, certamente, a idiossincrasia dos caracteres constitucionais tem mais peso nas diferenças individuais, nos restringiremos à análise genética das normas que determinam esse período.

Para o relatório psicológico do comportamento do bebê convém indicar em primeiro lugar seu nível postural, isto é, os dados que Gesell aplica na zona motriz pois, além do valor desse dado na apreciação da idade de desenvolvimento, nos informa sobre a dimensão da realidade oferecida à criança, que é completamente diferente quando ela fica sentada um tempo considerável para manipular objetos, do que quando, por causa de sua postura instável, permanece ainda a maior parte do dia numa posição deitada ou recostada.

Também é interessante destacar, já em termos piagetianos, se suas reações circulares são primárias, isto é, se os esquemas funcionam isoladamente; secundárias, isto é, se há coordenação entre esquemas primários, sejam audiofonadores, sejam visopreensores, etc.; ou terciárias e, dentro delas, se a atitude da criança é coordenar dois esquemas para aplicá-los a uma nova situação, se a criança tenta criar a própria situação para testar os respectivos esquemas que revelarão o uso de um meio para um fim ou a eficiência do agente, ou, enfim, se os mesmos esquemas terciários podem ser integrados para conseguir uma espécie de inferência prática ou "invenção", as quais, de certa maneira, já antecipam um resultado e, portanto, pertencem a um período posterior de representação simbólica.

No caso de um exame diferencial do bebê, cabe destacar se seu rendimento é de maior ou menor nível, conforme predominem nele processos de assimilação ou de acomodação, lúdicos ou imitativos. Também podem ser salientados aqueles aspectos do estímulo que dão origem a facilitações ou dificuldades de acordo com fatores específicos a serem determinados; pode haver crianças que rendam melhor quando a estimulação é perceptiva e se decidam pela manipulação dos objetos; outras, por sua vez, podem atingir um nível mais alto em todo tipo de exercício audiofônico ou, mais tarde, denominação por signos.

Como, em geral, esses dados servem para um diagnóstico clínico precoce, podem passar a integrar uma orientação terapêutica que contemple todos os aspectos necessários para uma melhor adaptação da criança, compensando os deficitários com uma estimulação adequada.

Capítulo 5
O teste visomotor de Lauretta Bender

Uma das contribuições mais importantes da obra de L. Bender é ter acentuado o caráter evolutivo das representações gráficas. A prova foi elaborada no Bellevue Hospital de Nova York a partir de 1932, ano em que Wertheimer publicou suas pesquisas sobre as leis da percepção, incluindo em suas experiências os modelos que inspiraram a L. Bender os cartões que constituem o material de seu teste.

O objetivo geral da prova é medir de uma maneira essencialmente qualitativa a maturidade dos indivíduos quanto à sua adequação perceptivo-motora e as possíveis perturbações nos processos que intervêm na reprodução gráfica. Ao afirmar que se trata de um teste que mede adequação visomotora e não simplesmente uma prova visomotora em nível morfológico, acentuamos o nível representativo e operatório que atua sobre os mecanismos reguladores perceptivos e motores.

Além disso, o uso da prova em psiquiatria evidenciou que os diversos quadros provocam perturbações, distorções, regressões e múltiplas deteriorações específicas na organização das formas gráficas, capazes de se transformar em normas diagnósticas de tais quadros.

A justificativa que a teoria da forma pode fornecer para explicar as diferenças de nível na produção das figuras é que, enquanto a percepção se organiza a partir do todo, que capta de maneira imediata e intuitiva, a execução deve analisar esse todo desmembrando-o em suas partes, visto que o desenho não pode surgir de repente, mas deve ser desenvolvido no tempo, parte por parte. A análise do todo formal e a coordenação dos respectivos movimentos para obter sua reestruturação dependeriam profundamente do sistema neuromuscular e esse, por sua vez, da maturidade e do treinamento.

Por conseguinte, embora a percepção, mediante suas leis, forneça padrões de organização ao movimento, a necessidade analítica deste faz com que nem no adulto a representação gráfica, ou seja, a cópia, possa ser idêntica ao modelo nem à sua percepção. De fato, se tomarmos várias folhas com desenhos exatamente iguais ao original e outros parecidos com ele, conforme as reproduções mais freqüentes na criança pequena, ela desde os quatro anos distinguirá com facilidade os que correspondem ao modelo, pois, do ponto de vista da percepção, compara por regulação as respectivas formas. Então, a diferença entre o modelo e a cópia é dada não por uma imaturidade perceptiva, mas por uma imaturidade na adequação percepto-motora, devido a uma análise deficiente dos índices perceptivos, discriminados no final da reprodução.

Do ponto de vista da autora, a análise da execução das figuras está centralizada nos elementos que o indivíduo pôde considerar e no modo como os integra para voltar a organizar a forma, por meio das coordenações motoras. Porém, considerando dessa maneira, ficam sem explicação muitos dos padrões destacados no exame atento da evolução infantil da execução de cada figura. Trataremos em seguida de apresentar as mudanças registradas de acordo com as contribuições feitas pela escola genética sobre a possibilidade de construir imagens e reproduzi-las graficamente.

Vamos recordar brevemente que a imagem espacial tem, para Piaget, uma origem fundamentalmente motora, já que provém da internalização dos esquemas motores. Essa internalização é, sobretudo, um esforço de acomodação que ocorre de modo precoce na imitação posterior. Por conseguinte, quando o indivíduo passa a vista sobre o contorno da figura a ser copiada, assimila tais movimentos a esquemas de ação já internalizados, ou seja, às imagens de tais movimentos que podem se desencadear novamente, originando a reprodução ativa. Contudo, o nível da imagem representada não poderia explicar por si só a evolução cada vez mais crescente da cópia e a possibilidade para a criança de conseguir representar elementos e relações antes ignoradas, como a síntese e o ponto. De fato, certos padrões só podem ser adquiridos por meio de uma operação conceitual e, portanto, reversível, que integre o nível espacial mas não se esgote nele.

Antes de começar a análise dos padrões, vamos descrever brevemente a prova e as condições de sua aplicação, que variam notavelmente, pois, por falta de indícios claros da autora, suas normas são transmitidas geralmente por tradição oral. É lógico que o enfoque que oferecemos é mais conveniente apenas para o nosso propósito de tornar mais claros os padrões evolutivos, podendo ser modificado com outros objetivos de pesquisa.

A. *Material:* compõe-se de nove cartões brancos de 16 cm por 12 cm, em cada um dos quais aparece desenhado em preto uma figura geométrica complexa e sem significado. A primeira é designada com a letra A e as demais são numeradas de 1 a 8, anotação que aparece no verso do cartão. Precisa-se também de um lápis preto* – cuja grafite seja suficientemente macia para marcar um ponto por contato e do qual convém ter reposição – e de papel sufite branco tamanho carta ou desenho**. É importante que o nível da mesa esteja só um pouco acima da cintura da criança, facilitando assim sua visão e seus movimentos. O examinador deve munir-se do material necessário para fazer as anotações pertinentes.

Não aconselhamos o uso da borracha, porque costuma produzir um aumento de ansiedade que prejudica o rendi-

....

* No Brasil, convencionou-se utilizar o lápis preto n.º 2. [N. da R. T.]
** Papel sulfite tamanho A4. [N. da R. T.]

mento; preferimos estimular a repetição da figura, conservando assim a primeira versão.

Outro detalhe que pode dificultar a análise do procedimento é que a execução tenha sido feita sobre uma superfície rugosa, geralmente a própria mesa, que resulta em um traço trêmulo. É aconselhável o uso de uma base de cartão sob a folha de papel.

B. *Procedimento:* o examinador e o indivíduo sentam-se frente a frente. O examinador coloca a folha retangular diante do indivíduo, pelo lado maior*, e à sua direita o lápis. Esta posição da folha, por ser clássica no desenho, libera a criança do estereótipo familiar da folha escolar, no qual a distribuição do material segue uma ordem estabelecida. O maço de cartões está ordenado, voltado para baixo, de modo que, ao virar cada um, fica corretamente disposto para o indivíduo. A correta disposição prévia dos cartões é importante, pois do contrário podem ser consideradas como inversões do indivíduo as simples cópias de modelos apresentados de forma invertida. Os cartões são virados um a um, toda vez que a criança demonstra que terminou sua execução anterior.

C. *Instruções:* ao mostrar o primeiro modelo (A), pede-se ao indivíduo: "você vai copiar esta figura o mais parecido que puder nesta folha". Uma vez copiado o primeiro modelo, acrescenta-se: "agora vou lhe mostrar, uma a uma, mais estas oito figuras e você vai copiá-las, todas nesta folha, o mais parecido que puder". Não se menciona o número de cartões antes do segundo, para poder observar a localização espontânea da figura na folha. Contudo é melhor não ressaltar diretamente o fato de que devem caber na mesma folha, pois essa instrução favorece a micrografia. No caso de faltar espaço para fazer as figuras, são dadas à criança as folhas que solicitar. O indivíduo não pode, em nenhum caso, manusear o

....

* O eixo mais longo na posição vertical. [N. da R. T.]

modelo, nem girá-lo, mas sim deslocar e girar sua própria folha com o objetivo de adequar seus movimentos. Se reconhece um erro ou pede borracha, propõe-se a ele "você pode fazer outra vez", mas não em outro caso. Todas as perguntas diretamente relacionadas ao estímulo são respondidas com um: "o mais parecido que você puder", "o que você achar melhor"; assim, por exemplo, diante da figura 1 costumam perguntar: "faço pontinhos?", ou na 5, se realizarem: "é uma cuia de chimarrão?"*.

Talvez a pergunta mais difícil de responder ao indivíduo seja: "está certo?", pois a falta de resposta pode confundi-lo e a afirmativa pode levá-lo à perseveração de certa disposição. Em geral um gesto amável e uma resposta tangencial, como "depois vemos" ou mais diretamente "é preciso acabar de fazer todas para saber", podem salvar a situação. Um "você fez muito bem" não é nocivo, desde que se ajuste à verdade.

É necessário voltar a repetir aquelas figuras que apresentam um traço patológico isolado, que poderia ser circunstancial como, por exemplo, quando uma única figura foi feita de forma invertida.

D. *Anotação:* durante a execução é necessário que o examinador registre certas modalidades do comportamento que não ficam claras no procedimento como, por exemplo, a direção dos traços, a ordem de execução das subformas, a contagem dos pontos. Essas anotações devem ser rápidas e sintéticas, de maneira que não dificultem a relação com o indivíduo e permitam observar atentamente sua postura, tônus muscular, movimentos secundários, hábitos motores, detalhes que são acrescentados imediatamente após a prova ter sido aplicada.

Para haver maior economia de anotação, podem ser conservadas apenas as condutas incomuns, como a realização do

....

* Essa informação faz parte do universo infantil argentino. [N. da T.]

losango antes da do círculo na figura A, o que é descrito como A) 2-1. As direções do traço são indicadas com seta e as rotações das figuras ou da folha em graus e sentido.

Análise de itens

A tarefa que a prova de Bender propõe aos indivíduos é a de copiar um modelo pré-estruturado. Do ponto de vista psicológico, trata-se da organização de uma série de movimentos articulados, em função de uma totalidade percebida visualmente. Cada movimento não está, assim, relacionado com uma parte microscópica do percebido, mas obedece a uma organização complexa e global do campo motor, isomorfa com a configuração do campo perceptivo. Assim, para entender a conversão da percepção de movimento seriado, é necessário pensar tanto o percebido como o executado em termos de totalidades, isto é, como sistemas coerentes cujas partes têm sentido em função do todo. A captação da totalidade ocorre de uma maneira total, imediata e intuitiva (*insight*), e de acordo com certas leis de organização formal, como a lei da boa forma, a lei de fechamento, a lei da menor distância, etc.

Do ponto de vista genético, no entanto, essa captação não aparece tão imediata e menos ainda apriorística, pois a criança deve percorrer um longo caminho para elaborar aqueles esquemas que permitem que copie corretamente os modelos. A cópia pode ser entendida como uma imitação, e esse é um processo de adaptação com dois momentos, o da acomodação, que predomina na elaboração das imagens, e o da assimilação, que prevalece no momento da reprodução (assimilação por reconhecimento). Por serem as figuras de Bender complexas e originais, a adaptação ocorrerá como síntese de ambas as dimensões de um mesmo processo. Quando a criança olha o modelo realiza múltiplos movimentos oculares que assimila em seu conjunto a esquemas de ação já interiorizados, que supõem, no nível representativo, constelações de atividades semelhantes incluídas na própria realização prática. Será necessário ainda que coordene essas representações, exercendo sobre elas operações reversíveis para chegar a realizar imitações cada vez mais corretas. Veremos a seguir, figura por figura, os detalhes dessa evolução.

Resumindo, a cópia de um modelo gráfico supõe uma atividade estruturante que pode ser interpretada:

a) Em seu *aspecto morfológico*, de acordo com uma legalidade formal enunciada como as leis da forma e a suposição de um isomorfismo entre totalidades físicas, ou seja, no nível do estímulo; fisioneurológica, isto é, no nível da organização do movimento; e perceptiva ou mental. É esse isomorfismo que garante a fidelidade da cópia, pois não se postula a integração de níveis em um processo único.

b) Em seu aspecto *lógico*, na suposição de uma legalidade estrutural do pensamento, isomorfa com a que aplica toda a atividade mental em seu próprio processo. Prefere-se falar aqui de isomorfismo e não de relações causais, pois certa estrutura não se constitui por causa de um comportamento peculiar, mas o implica de forma dialética, pois é precisamente através de tais comportamentos que essas estruturas se constituem.

c) Em seu aspecto *pessoal ou projetivo,* no qual o modelo como objeto, no todo ou em suas partes, funciona como símbolo de uma pulsão projetada na reprodução. Também é possível aqui falar de isomorfismos que possibilitam a interpretação profunda, isto é, a tradução de um dado explícito para seu conteúdo latente.

Contudo, as análises das projeções geralmente são constatadas no exemplar clínico e não foram realizadas interpretações sistemáticas de certos comportamentos comuns para uma idade, como a falta de síntese na figura A ou a ausência de proporção, no nível das catexias.

Vamos determinar para cada figura os diferentes níveis de execução, procurando justificar a passagem de um para outro.

Observamos, por um lado, como a falta de reversibilidade não permite à criança pequena voltar a juntar as subformas, uma vez discriminada a dualidade (esquema da dupla ação de ensaio sobre o original); e, por outro lado, como um esquema de ação circular assimila todos os movimentos de contorno fechado; portanto o círculo e o losango serão equivalentes para a representação. Em suma, aos quatro anos, a criança distingue a dualidade e as figuras fechadas.

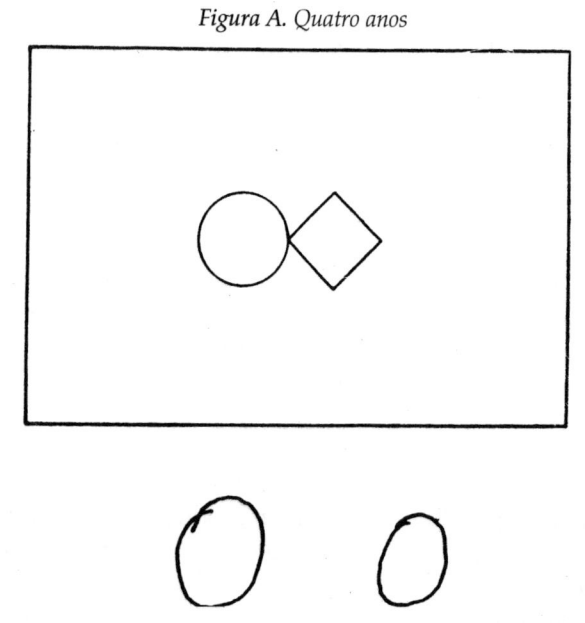

Figura A. *Quatro anos*

Aos quatro anos as crianças desenham duas figuras fechadas e separadas

Aos cinco anos, determina a diferença entre o quadrado e o círculo, pois entra no subestágio da descentralização intuitiva que lhe permite discriminar no espaço a mudança de direções horizontais e verticais com coordenação simultânea de ambas. É a mesma estrutura que lhe permite a conservação de quantidades pela conciliação da altura e da largura na prova dos copos e das contas.

Cinco anos *Seis anos*

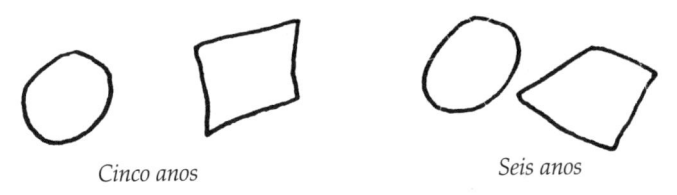

Figura A

A rotação do quadrado vai se tornando comum por volta dos seis anos, idade em que um início de sistematização do espaço permite unir dois de seus pontos quaisquer por meio de uma linha reta. Vamos lembrar que, quando é estimulada a colocar alguns "postes" entre dois outros localizados distintamente e ficando a tarefa demarcada por linhas verticais e horizontais (como ocorre na folha de protocolo), a criança efetua o seguinte:

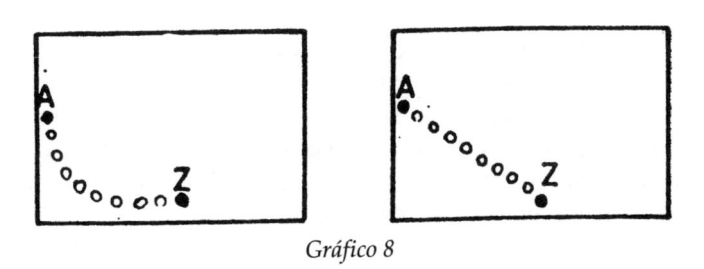

Gráfico 8

Isso se explica porque a oblíqua supõe uma construção sistemática do espaço com relações próprias que escapam às dos objetos individuais. Para a criança pequena o objeto a ser copiado é um "quadrado"; depois dos seis anos importa a posição desse quadrado, isto é, o evento ou a modalidade "de ponta".

Talvez seja mais evidente a diferença entre a criança em sua etapa intuitiva, que se fixa nas regularidades do objeto em si, e a criança maior que, superando seu egocentrismo, é capaz de relacionar cada objeto com o espaço em sua totalidade no exemplo da experiência dos frascos, cuja instrução é a seguinte: "Olhe onde chega a tinta no frasco (a), e desenhe no frasco ao lado como vai ficar a tinta quando se inclinar o frasco." A figura mostra a execução aos cinco e aos nove anos de idade:

Gráfico 9

A síntese das duas subformas é alcançada adequadamente aos sete anos, pois, mesmo que apareça com freqüência em outras idades, sua presença é casual; agora, em compensação, a reversão operatória garante o retorno ao ponto de partida da análise.

As mudanças de direção no espaço continuam sendo para a criança uma dificuldade que supera lentamente. Na época de transição de sete para oito anos são freqüentes os ângulos sobrepostos, como se fossem algo diferente dos próprios lados; podemos interpretar isso como uma possibilidade de análise sem uma integração concomitante.

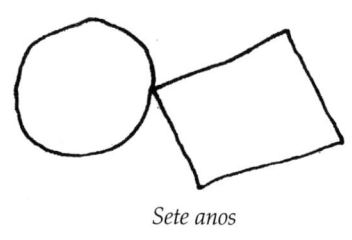

Sete anos

Figura A

A angulação reta, mais difícil nos destros para a direita, é conseguida por volta dos nove anos. Depois dessa idade, começa a preocupação em fazer as duas figuras mais ou menos do mesmo tamanho, mas sem mencionar o tamanho do modelo, aspecto que apenas a metade dos adultos considerará. São necessariamente os adolescentes que mais se preocupam com a proporção absoluta ou real entre a cópia e o modelo.

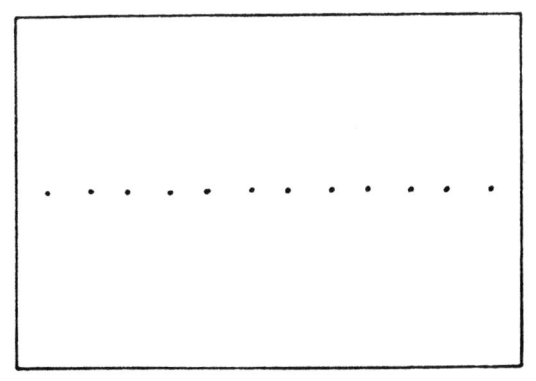

Figura 1

Aos três anos um bom número de crianças faz uma chuva de pontos, assimilando os do modelo às marcas deixadas pelo movimento de pontilhado. Assim, a visão do pontilhado desencadeia o respectivo esquema de ação que a criança empreende em geral com entusiasmo e com as características de circularidade da atividade sensório-motora.

Aos quatro e aos cinco anos o ponto será representado por círculos cada vez menores. De fato, o movimento de ensaio do olhar em torno do ponto é circular e, portanto, assimilado a um esquema de ação equivalente.

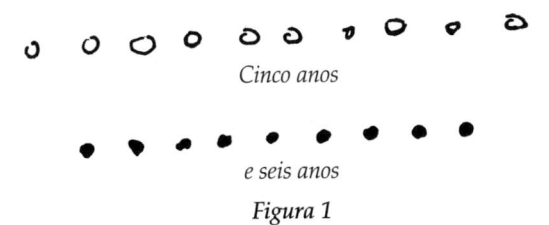

Cinco anos

e seis anos

Figura 1

Por volta dos seis anos o círculo é preenchido, evidenciando-se o caráter pré-conceitual e quase simbólico dessa representação do ponto. De fato, trata-se de um círculo "disfarçado" de ponto, uma conjunção de dois caracteres de configuração intuitivamente descentralizados.

Dos seis aos sete anos, de forma ocasional e mais claramente perto dos oito, a criança faz um ponto que corresponde a um conceito concreto, isto é, a um conceito que provém de uma operação reversível; nesse caso a seriação por tamanhos, o que dá ao ponto seu caráter de mínimo ou "o mais pequenininho que se pode fazer". Vamos recordar a propósito aquela experiência de Piaget, cuja tarefa consiste em fazer o menor quadrado possível dentro de outro de 8 cm por 8 cm: as crianças menores, antes dos seis anos, inscrevem um quadrado dentro do grande, mas não o menor, já que raciocinam por aproximação.

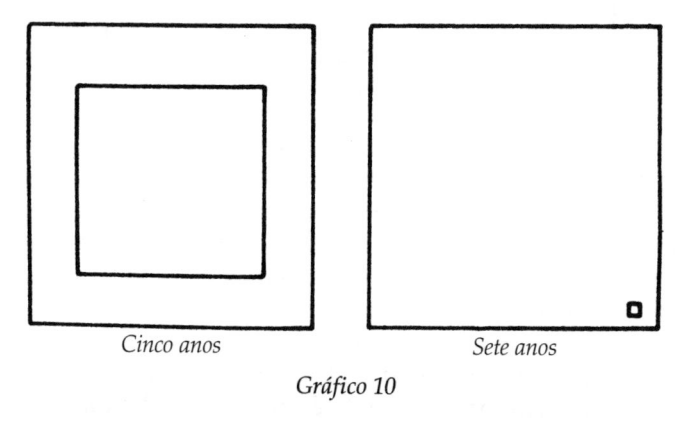

Cinco anos   *Sete anos*

Gráfico 10

Depois dos sete anos, quando podem percorrer internamente e em ambos os sentidos toda a seqüência, conseguirão fazer o menor quadradinho possível sem necessidade dos intermediários (gráfico 10).

Além da análise particular do elemento pontual, a figura 1 nos apresenta o problema do número. Já sabemos que as crianças pequenas confundem quantidade com espaço e que procurarão fazer pontos até ocupar um espaço aproximado ao do modelo, sem prestar atenção ao intervalo entre os pontos. Com o início da escolaridade, as crianças tentam contar os pontos, mas começarão várias vezes pelo princípio, procurando conservar a relação um a um e não conjunto a conjunto, faltando ainda a coordenação entre a classe e a série. A esse respeito lembramos este episódio tão ilustrativo, narrado por P. Gréco em *Structures numériques élémentaires*, em que uma criança de quatro anos, com o propósito de pôr a mesa para quatro pessoas, ia e voltava do armário à mesa colocando os pratos um a um. Um ano mais tarde, podia levar diretamente os quatro pratos em uma viagem, com a segurança da correspondência exata. Contudo, a presença de uma visita a obriga novamente a começar pelo princípio, indo e vindo com cada prato. Um pouco mais tarde, uma nova visita não a pegará de surpresa; leva os pratos para a família e volta para buscar o restante. Aos seis anos, poderão vir até duas visitas: a criança contará os comensais antes de ir ao armário. Na figura de que tratamos, esse processo se cumprirá amplamente aos nove anos. A conduta comum nessa idade é contar os pontos no original e depois realizar em série o conjunto exato, em um único comportamento operatório.

Aos onze anos há preocupação em manter o intervalo estável entre os pontos, embora não seja aquele que por seu tamanho corresponde ao original. Os adolescentes costumam perceber a diferença entre os intervalos, fato que facilita a percepção dos pontos por pares, mas somente a metade dos adultos a observa, razão pela qual não se pode considerar como padrão de maturidade, mas de acuidade perceptiva, dado que a diferença entre o intervalo maior e o menor está no limiar. De qualquer forma, é difícil encontrar pares de pontos antes dos onze anos e isso porque não se trata apenas de observar o dado, mas de organizar a série completa de pontos de acordo com essa nova relação, o que supõe uma coordenação de operações reversíveis e, ela própria, reversível. De fato, pegar uma série de um em um e, conservando-a como conjunto, variar suas relações de dois em dois é uma conduta que a escolaridade estereotipa na verbalização das escalas desde os sete anos, mas sua aplicação e integração aos problemas práticos ocorrem muito mais tarde.

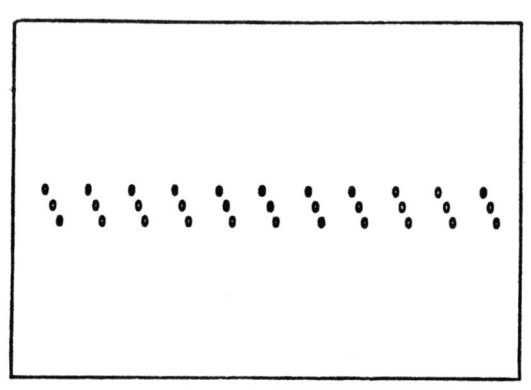

Figura 2

Aos quatro anos a criança realiza duas ou três filas de elementos circulares em sentido horizontal, da esquerda para a direita. Os elementos são grandes, feitos no sentido dos ponteiros do relógio, e seu número escasso, pois a quantidade dos elementos está assimilada ao lugar que ocupam no espaço.

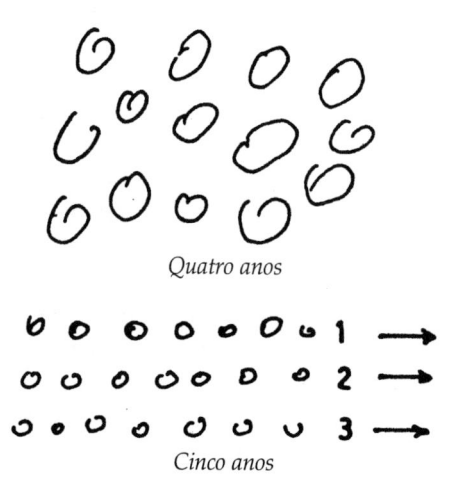

Quatro anos

Cinco anos

Cabe lembrar aqui a famosa experiência de Piaget e Szeminska sobre a conservação das quantidades discretas. Se colocamos sete fichas vermelhas em uma fila, com um intervalo estável entre uma e outra, e estimulamos a criança a realizar a correspondência uma a uma com fichas azuis, ela admitirá precocemente a identidade quantitativa de ambos os conjuntos. Mas se, diante dela, deslocamos as fichas de modo que as azuis ocupem mais espaço, a criança de cinco anos duvidará da conservação da identidade e considerará necessário "contar para saber".

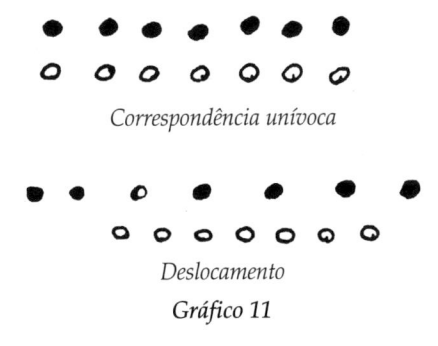

● ● ● ● ● ● ●
○ ○ ○ ○ ○ ○ ○
Correspondência unívoca

● ● ○ ● ● ● ●
○ ○ ○ ○ ○ ○ ○
Deslocamento
Gráfico 11

Assim, aos cinco anos, a criança prestará atenção à correspondência entre os elementos de uma fila e outra, procurando construir simultaneamente linhas e colunas, dando ainda prioridade à horizontal e regulando a distribuição a partir dela, mas descentralizando aos poucos a vertical. Dos seis aos sete anos, a composição vertical dos elementos que estão mais próximos garante à criança ao mesmo tempo a conservação da figura total em três filas, dada a reversibilidade que as possibilidades operatórias imprimem à construção de relações espaciais. Nessa idade, além disso, o sentido é sinistrogiro, uma vez definida a lateralidade e culturalizada a orientação geral da escrita da esquerda para a direita.

Depois a criança tentará fazer as colunas de forma oblíqua. Em um período de transição apenas a primeira coluna ficará oblíqua, pois foi comparada com as margens da folha, mas o paralelismo das demais faz confundir o ponto de referência e serão traçadas verticalmente. As crianças de seis anos explicam sua realização dizendo: "a primeira está torta, mas as outras são todas iguais (e portanto retas)". Aos oito anos a conservação do paralelismo oblíquo torna-se mais eficiente, no sentido de que a criança passa à construção de um espaço euclidiano, no qual toda orientação é relativa a um sistema: no caso da folha de desenho, ao definido pela referência vertical e horizontal das margens. Assim, a criança de oito anos diz: "Se a primeira está torta para esse lado, todas as outras têm que estar tortas do mesmo jeito".

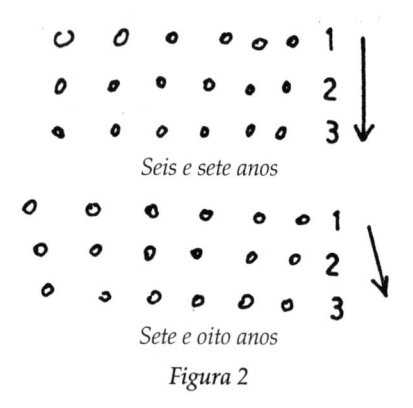

Seis e sete anos

Sete e oito anos

Figura 2

Quanto à conservação do número de elementos, ocorrerá nessa figura um fato importante: as crianças de sete anos contam todos os pontos e não as colunas, o que lhes dificulta notavelmente o controle da tarefa dado que, depois da realização de cada uma, voltam a contar desde o princípio. É evidente que a conservação do todo na multiplicação de linhas por colunas não ocorre nesses casos, mas encontramos a operação claramente adquirida aos nove anos, idade em que conta as colunas e sua execução em três elementos garante a ela a igualdade de todo o conjunto.

Embora o paralelismo na obliqüidade seja uma norma lábil, suscetível de ser perdida durante a própria execução da prova, a atenção à conservação dos intervalos vai melhorar consideravelmente a execução nos púberes, que, ao entrar no último período das operações concretas, prestam atenção em especial às questões de proporção e unidade de medida.

Na figura 3, os elementos pontuais seguem o processo já explicado, mas como passam a fazer parte de uma organização mais complexa, as diferentes aquisições são obtidas com certo atraso em relação às respostas da figura 1. Até os seis anos a criança representa uma variedade mais ou menos confusa sem observar a forma total. De fato, ao supor essa como uma série de conjuntos ordenados, a respectiva imagem suporia uma operação simultânea de classificação e seriação através da qual se poderia interpretar o sentido da configuração. Por isso, a partir dos seis anos, as crianças discriminam quatro grupos verticais, sem denotar, em muitos casos, uma progressão crescente no número dos elementos, norma que caracteriza os sete anos. Essa progressão vai adquirindo a equivalência exata: no início, por contagem conjunto a conjunto; depois, aos nove anos, por realização ininterrupta da série (um, três, cinco, sete), determinada de antemão.

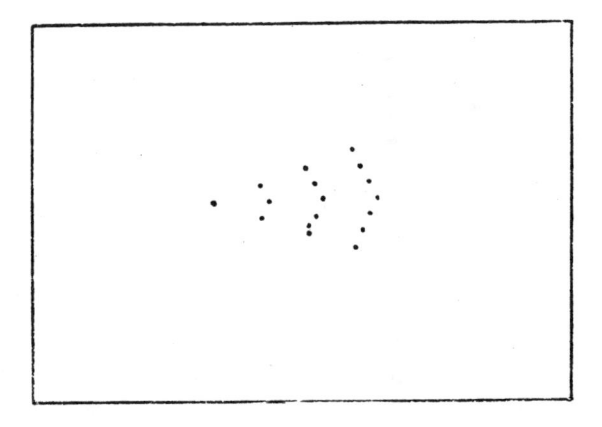

Figura 3

É interessante acompanhar, nessa figura, a evolução da angulação, por tratar-se de um ângulo formado por elementos descontínuos e, dada sua orientação, ser o mais difícil de compor, do ponto de vista da maturidade neuromotora.

Do mesmo modo que, se compararmos a oblíqua na figura A com a oblíqua na figura 2, não encontraremos diferenças genéticas notáveis entre a execução com elementos contínuos ou com descontínuos, justamente porque se trata de uma imagem constituída em um nível operatório, conceitual, e não meramente motor, também a angulação, como mudança de orientação das retas, não apresentará diferenças importantes entre a execução contínua e a discreta, embora essa última torne mais claros os problemas.

De fato, mesmo que a criança pequena esboce a oblíqua, não pode incorporar a mudança de direção. É evidente a reversibilidade necessária para construir um ângulo percorrendo um caminho contrário e simétrico ao dado, e a criança pequena, atuando por aproximação, não poderá fazer isso. Portanto, perto dos sete anos, há tentativas de mudança de direção, embora delas resultem arcos, por deformação dos esquemas perceptivos.

Na realidade, a angulação é definida com a determinação do eixo horizontal da figura e a consideração dos intervalos, tanto entre os elementos de uma mesma fileira, como na que

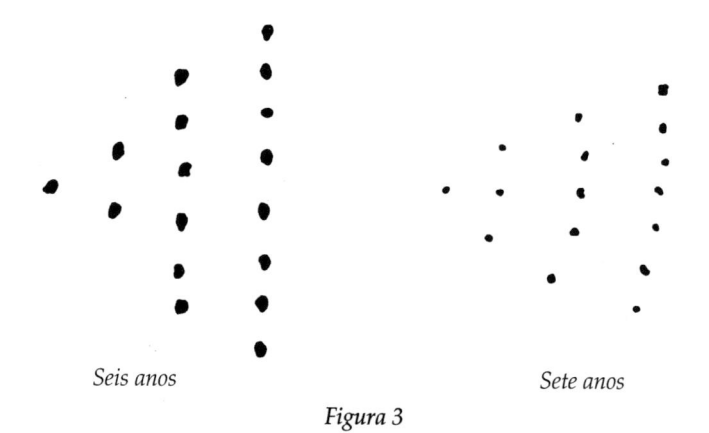

Seis anos   *Sete anos*

Figura 3

separa os pontos centrais formando um eixo. Todos esses aspectos, que supõem uma coordenação simultânea de diversos esquemas, tanto métricos (unidade de intervalo) como infralógicos (simetria), fazem com que essa figura se torne muito rica no diagnóstico de crianças mais velhas e adolescentes.

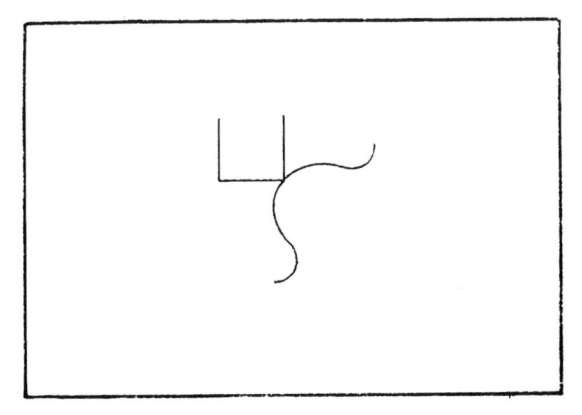

Figura 4

Observando as figuras A e 4, vemos que têm certos elementos comuns, uma figura reta e outra curva em contato; porém, aqui tais figuras não aparecem fechadas, mas abertas, o que é percebido precocemente pela criança e não altera a evolução geral dos padrões com que descrevemos os comportamentos gerais em relação à primeira execução.

De fato, o percurso ocular dos contornos das subformas que o indivíduo deve realizar em duas vezes é assimilado, sem dúvida, de forma imediata a um esquema dual de execução. Quanto à falta de fechamento, "o pedaço restante" é uma regulação perceptiva, parcialmente isomorfa com as verdadeiras subtrações lógicas, tal qual Inhelder descreveu essa filiação, em *La genèse des structures logiques élémentaires*.*

....

* Trad. bras.: *Gênese das estruturas lógicas elementares*, Rio de Janeiro, Zahar, 1971.

Aos cinco anos distingue-se uma configuração composta de retas de outra curva, porque naquela já foram descentralizadas duas possíveis orientações no espaço. Aos seis anos, a criança tentará estabelecer uma síntese por contato entre as duas subformas, que começará a se verificar de forma tangencial a qualquer dos dois lados, já que o vértice ainda não é, para a criança, um ponto de referência, e, além disso, não pode girar obliquamente o sentido do sino.

Dos sete aos oito anos a posição relativa do sino é correta, indicando-nos que a obliqüidade é toda uma construção espacial e não simplesmente uma referência linear. Contudo, ainda não foi alcançada a simetria dos dois lados em relação a um eixo bissetriz, que continuaria de forma imaginária à diagonal do quadrado. Isto supõe a simetria na subforma, que constitui uma operação infralógica não adquirível antes dos dez anos, sobretudo quando se considera o esforço de antecipação requerido para obter a síntese.

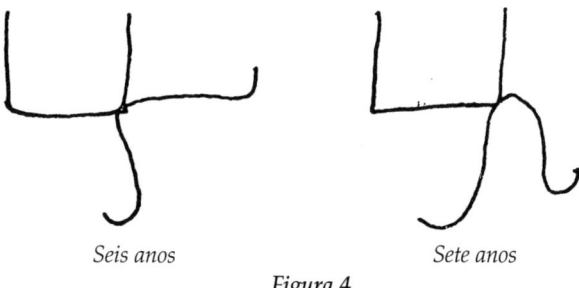

Seis anos   Sete anos

Figura 4

Outro aspecto a ser considerado na cópia do modelo 4 são as ondas que completam o sino, na realidade composto por três curvas de diferente direção. A dificuldade de seu traçado, que analisaremos com mais detalhe na figura 6, é driblada pelas crianças mediante a diminuição do tamanho e da profundidade das ondas pequenas, evitando assim a necessidade de uma mudança na direção do traçado.

Aos onze anos aproximadamente, essa figura é feita corretamente, já que a criança se preocupa com o tamanho relativo das subformas e suas partes, porque graças à coordenação de operações reversíveis pode aplicar relações métricas e proporcionais ao espaço.

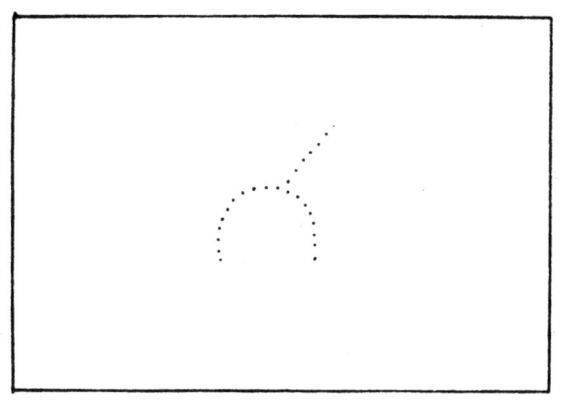

Figura 5

A proximidade dos pontos faz com que, aos quatro anos, a criança construa o desenho mediante duas linhas contínuas, não necessariamente em contato. A freqüência da síntese e sua generalização aos cinco anos permitem concluir que a criança não as considera como duas subformas, mas duas partes da mesma configuração total, que lhe parece a imagem de "uma cuia de chimarrão com sua bombilha"*. Nota-se que, antes de adquirir as operações reversíveis, a criança não representa a conjunção nas figuras, que descreve como compostas de duas subformas (A: "uma bola e um quadradinho"); em compensação, faz isso quando as descreve como participantes de uma configuração com relação de parte para todo (5: "um arco com um pauzinho").

Desde os cinco anos a evolução do elemento pontual é comum nas outras figuras em que intervém, mas sua quantidade facilita a rápida deterioração em períodos de transição;

....

* Esta imagem faz parte do contexto infantil argentino. [N. da T.]

assim, aos sete e oito anos será freqüente ver em um mesmo protocolo, na figura 5, pontos pré-conceituais, conceituais e até pequenos círculos.

Aos sete anos, como vimos, a oblíqua é orientada corretamente, melhorando seu ângulo de intersecção.

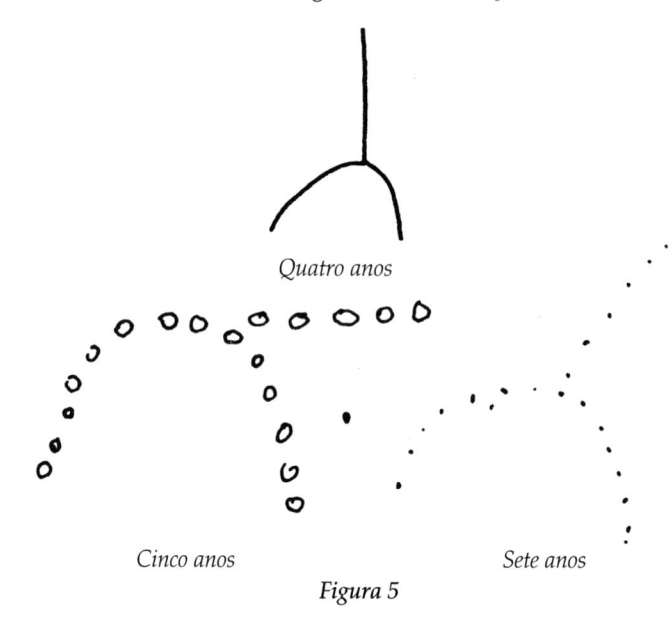

Quatro anos

Cinco anos   *Sete anos*

Figura 5

Aos nove anos, a tentativa de respeitar o número real de pontos costuma alterar a forma dos desenhos, embora rapidamente a criança procure conciliar a quantidade de pontos e o espaço a ser coberto por meio da noção de intervalos entre os pontos. Essa noção de intervalo e sua conservação é uma aquisição definitiva aos onze anos, tanto para o tempo como para o espaço, graças às primeiras coordenações entre operações.

Quanto à figura 6, aos quatro anos a criança percorre com sua vista – obrigatoriamente mediante dois movimentos – as linhas onduladas da figura. Esses movimentos são assimilados a esquemas, por assim dizer, de dualidade e linearidade. Por isso, a representação consistirá em duas linhas paralelas.

Psicometria genética

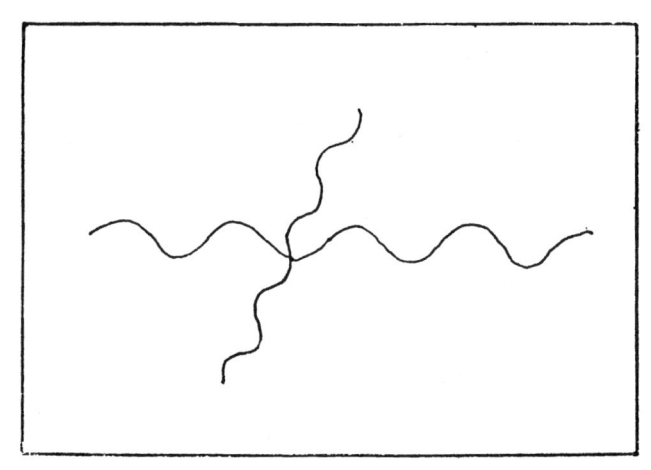

Figura 6

Porém, aos cinco anos são produzidos mecanismos de descentralização intuitiva que permitirão a execução de uma cruz no espacial, podendo a criança traçar uma linha em sentido horizontal e, conservando-a, adotar o sentido oposto. Trata-se ainda de um processo regulador, evidente nas experiências de conservação, como a da massa que se deforma na largura e no comprimento. A resposta pré-lógica, mas já de conservação, procura conciliar o comprido com o "fininho". Desse modo intuitivo e ainda assistemático, a criança de cinco anos pode integrar os dois sentidos na realização da cruz.

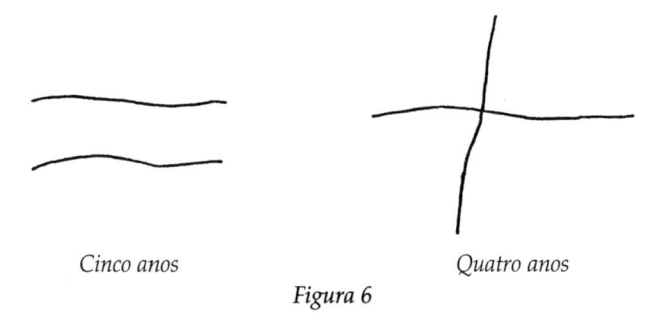

Cinco anos   *Quatro anos*

Figura 6

Aos seis anos encontramos ondas em ponta e ondas leves que não implicam mudanças de direção, mas que, de forma achatada, expressam a imagem da origem sensório-motora da onda. Um pouco mais tarde, começa a tentativa de desenhar de forma oblíqua a ondulação vertical, pelos motivos comentados em outras ocasiões.

Dos sete anos, quando é freqüente a onda em "m", aos dez anos, quando se obtém a onda de modo definitivo, sem necessidade de interromper o traçado para as mudanças de direção, assistimos à lenta conquista dessa possibilidade de passar de um sentido dextrogiro para um sentido sinistrogiro, de uma maneira plástica e harmônica e, dada a característica do modelo, também rítmica.

Onda em "m" ou em "u"
repetição de um
mesmo sentido

Ondas em "r"
transição

Ondas verdadeiras
alternância
de sentido

Gráfico 12

A aquisição da onda no sentido vertical ocorre um ano mais tarde e promove freqüentes rotações posturais ou das folhas do protocolo para melhorar a execução.

Quanto ao número de ondas, essa determinação se evidencia aos nove anos, embora os púberes acabem de levar em consideração em que momento da onda começa o desenho e em qual se realiza o cruzamento, mediante um esforço para coordenar "aquilo que o desenho mostra" com o "estado no qual o mostra". As crianças desenham ondas, mas o púbere tenta desenhar *essas* ondas. É o que se denominou "visão" em desenho ou visualização do modelo como superação da etapa realista, para a qual o modelo é apenas o símbolo de uma representação. É o começo da valorização do possível sobre o real, o que fundamenta a mudança que o adolescente sofre em sua interpretação do mundo; portanto, diante de um modelo gráfico, serão valiosos para ele todos aqueles índices que lhe permitam entender a maneira peculiar – ao passo que há muitas outras possíveis – de essa figura se apresentar.

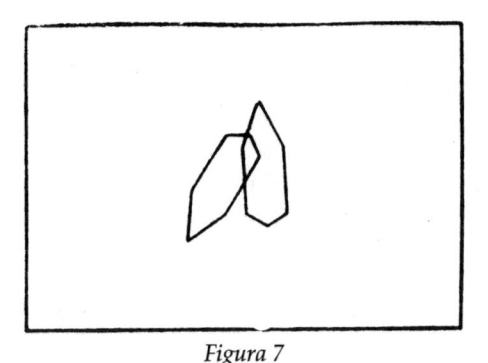

Figura 7

Figura 8

Se observarmos atentamente veremos que a figura 7 e a figura 8 são compostas por subformas idênticas, mas formando em cada caso uma síntese distinta, que, por sua vez, determinará análises bastante diferentes.

No caso da figura 7, aos quatro anos a criança já desenha duas figuras fechadas, circulares e, apesar das diferenças de modelo, a reprodução será parecida com a da figura A. Por outro lado, será extremamente diferente daquela da figura 8, com o que se confirma que o todo percebido leva por sua estruturação particular a certo tipo de análise, e não são as subformas – nesse caso idênticas – que se separam, mas as mais fortes, como, por exemplo, no caso da 8, o losango fechado produto da sobreposição. Piaget corrigiria apenas o sentido da definição de pregnância, destacando seu caráter não-apriorístico, mas resultante das leis probabilísticas do ensaio sensorial ativo.

Aos cinco anos, e pelo domínio crescente do espaço intuitivo, a criança faz ovais orientadas verticalmente, que transforma paulatinamente em multiláteros aos seis anos, enquanto aos sete chega a sobrepô-los quando uma operação reversível lhe permite retornar ao ponto de partida da análise.

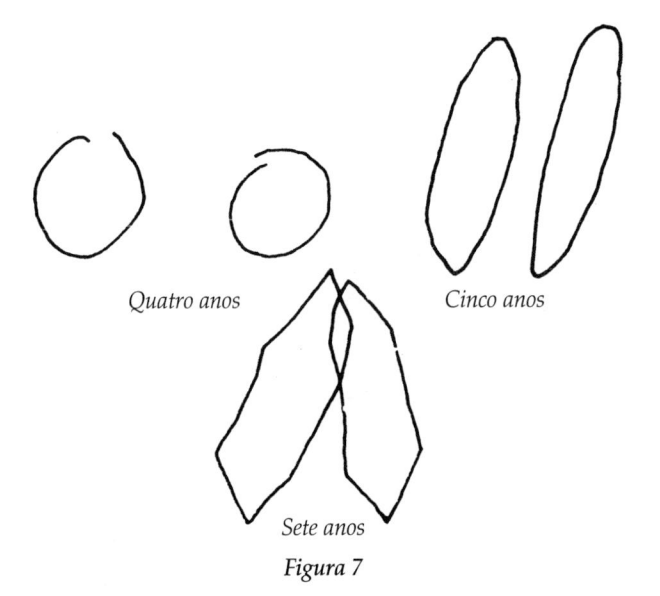

Quatro anos   *Cinco anos*

Sete anos

Figura 7

A partir dessa idade constrói hexágonos, embora os ângulos ainda fiquem arredondados e falte simetria nas subformas, sobretudo nos ângulos obtusos, que tendem a achatar-se por ser menos nítida a mudança de direção. A sobreposição que se inicia aos sete anos não considera no começo que um dos hexágonos é oblíquo, o que logo será evidente. De qualquer modo, não é possível esperar uma sobreposição exata antes dos dez anos, pois requer a coordenação de vários fatores. Assim, a falta de paralelismo entre os lados maiores contribui para deteriorar o desenho em idades menores, enquanto depois dos dez anos a integração de diversos esquemas operatórios e reversíveis, como o paralelismo, a simetria, a proporção, melhora notavelmente o rendimento.

Nessas subformas aparece uma diferença quase mínima entre os lados do ângulo superior e os do inferior, que é percebida pelos adolescentes que procuram, além disso, conservar as proporções do original. Ver página 115.

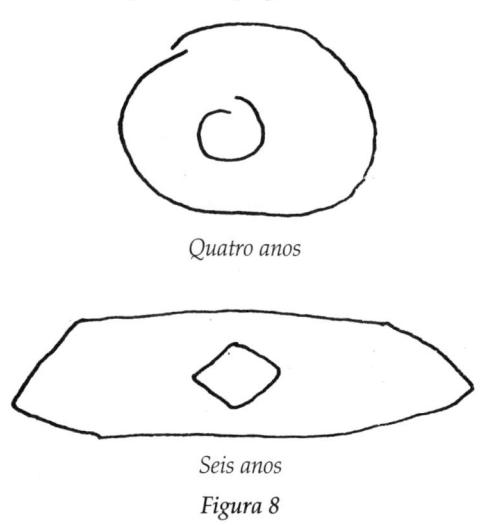

Quatro anos

Seis anos

Figura 8

Aos quatro anos, dando prioridade aos movimentos concêntricos do contorno, a criança desenha, efetivamente, um círculo que inclui outro. Como vemos, a noção topológica de inclusão é muito elementar, pois se organiza a partir de esquemas básicos de constituição de objeto no nível sensório-motor, e sua representação se interioriza por meio de ações de pôr e tirar e da propriedade inclusiva já ocorrida na percepção.

Aos cinco anos, a forma fechada maior adquire sua orientação horizontal porque a criança estabelece comparações entre as duas dimensões descentralizadas. Aos seis anos consegue delinear um multilátero, que se esboça como hexágono irregular um ano mais tarde.

O losango interior aparece desenhado como tal – isto é, com oblíquas – perto dos sete anos e tem contato com os lados mais ou menos paralelos do hexágono na linha média. Os contatos entre as subformas são a reversão ao ponto de partida da análise para recompor o original.

Paulatinamente, os ângulos vão se aperfeiçoando, com o inconveniente de que os obtusos entre paralelas tendem sempre a arredondar-se, dada sua subordinação a uma antecipação reguladora e não-operatória. Apenas aos onze anos, quando os esquemas infralógicos de simetria e paralelismo se coordenam, junto com uma métrica de proporções, a figura realizada pode chegar a representar completamente o modelo.

Resumo dos padrões de maturidade por idade

Procuraremos expor, em linhas gerais, os comportamentos de cópia mais freqüentes para cada idade:

4 anos: nesta idade a criança só consegue concentrar-se em um aspecto parcial da figura, embora essa seja percebida como um todo. O universo gráfico parece conter apenas figuras fechadas e linhas abertas, isto é, círculos e riscos, como esquemas de ação aos quais são assimiladas as mais diversas possibilidades. O duplo movimento de ensaio indica para a criança a presença de duas subformas indiferenciadas, pelo que consideraremos que a aquisição de um esquema de dualidade é uma internalização de ações próximas e não um verdadeiro número.

5 anos: nesta idade, a descentralização intuitiva permite considerar ao mesmo tempo dois sentidos opostos no espaço: o horizontal e o vertical. Assim, comparando os protocolos das crianças de quatro anos com os das de cinco, o que mais chama a atenção é a aproximação das formas às originais no que se refere à tendência de sua orientação; desse modo, embora a representação seja muito rudimentar, não é possível confundi-las.

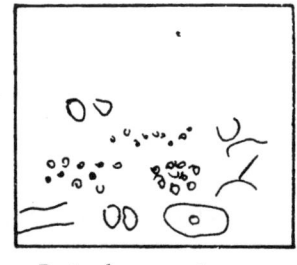

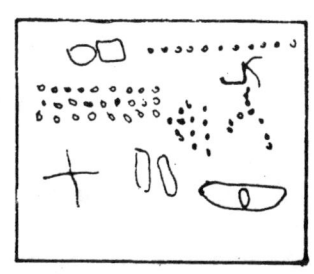

Protocolo aos quatro anos   *Protocolo aos cinco anos*

Gráfico 13

6 anos: não se trata mais de determinar posições alternativas no espaço, mas de esse se tornar um sistema completo que possibilita a oblíqua. Ainda é comum o ponto pré-conceitual, originado por descentralização.

7 anos: A reversibilidade permite a execução de síntese, por contato ou por sobreposição entre as subformas separadas, com a finalidade de analisá-las, e a discriminação de partes. Apenas o equilíbrio operatório garante a conservação do todo alcançando, ao mesmo tempo, a relação entre as partes. Além disso, a operação de seriação permite representar uma noção conceitual de ponto.

8 anos: Nesta idade é importante a coordenação da classificação e da seriação, para determinar a noção equilibrada de número como ordenação progressiva de conjuntos inclusivos, que permite a construção das figuras de múltiplos elementos sem necessidade da contagem repetida.

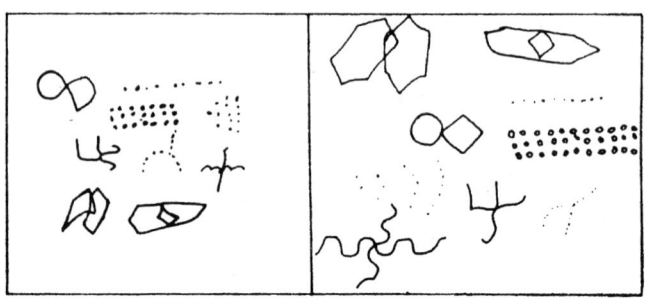

Protocolo aos sete anos   *Protocolo aos nove anos*
Gráfico 14

9 anos: o manejo coordenado das possíveis direções e sentidos no espaço permite uma melhoria notável na execução dos ângulos, bem como as primeiras tentativas nas ondas de direção dupla.

10 anos: a conservação dos intervalos indica a preocupação pela medida que caracteriza esta idade. A atividade destinada a estabelecer relações espaciais estáveis entre as partes das subformas se evidencia na conservação das paralelas e no respeito pelos eixos.

11 anos: nesta idade é alcançada a possibilidade de executar corretamente os ângulos obtusos, cuja dificuldade de reprodução consiste na mudança de direção pouco perceptível. A proporção relativa das figuras, isto é, a preocupação de representar o tamanho das subformas, conservando suas mútuas relações, também é notável na puberdade.

Adultos: não há diferenças fundamentais entre os protocolos aos onze anos e nos adultos. Apenas a freqüente referência à realidade visual leva a uma reprodução mais exata do original e à aproximação de seu verdadeiro tamanho.

Apêndice: características patológicas

Embora algumas das características patológicas não correspondam a uma interpretação genética e decorram diretamente de certas desordens corticais, que alteram a construção de um espaço gráfico coerente, ou de fatores psicogênicos, que afetam a integridade morfológica, faremos um resumo dos mais comuns para completar os dados diagnósticos fornecidos pela prova de Bender:

a) No traçado: a organização da escrita supõe uma série de fatores psiconeurológicos que garantem uma distribuição de energia constante e plasticamente adaptada às particularidades da tarefa. Se o indivíduo deve fazer um círculo de certo tamanho, prevê os recursos de postura e pressão em um esforço de acomodação constante. Porém, quando o indivíduo apresenta rigidez e arritmia o traçado torna-se hipertônico, isto é, fortemente marcado no papel. No caso contrário, quando o lápis mal encosta no papel, podemos falar de labilidade e de traçado hipotônico. Ambas as características podem aparecer no mesmo Protocolo, pois a labilidade cortical e a rigidez se incluem no mesmo quadro. O traçado pode representar também a particularidade de estar reforçado; esse reforço pode ser normal quando constitui um recurso de esboço prévio à figura, mas pode ser um traço confusional quando engrossa o traçado e o deforma. Outro reforço anormal é

Traçado reforçado tangencial   *Traçado entrecortado*

aquele cujas linhas se separam, destruindo a continuidade da escrita, como ocorre nos traçados entrecortados, descontínuos, que adulteram a integridade da figura.

b) Nos ângulos: os ângulos supõem uma mudança antecipada na direção do movimento; portanto, a falta de plasticidade se evidencia muito em sua grafia. Por um lado, temos os ângulos incompletos, cujos lados não chegam a se tocar, que pertencem a uma modalidade lábil de reprodução.

Quando a rigidez provém de uma lesão, nos defrontamos com ângulos em estrela, nos quais se observa a impossibilidade de antecipar a direção do movimento.

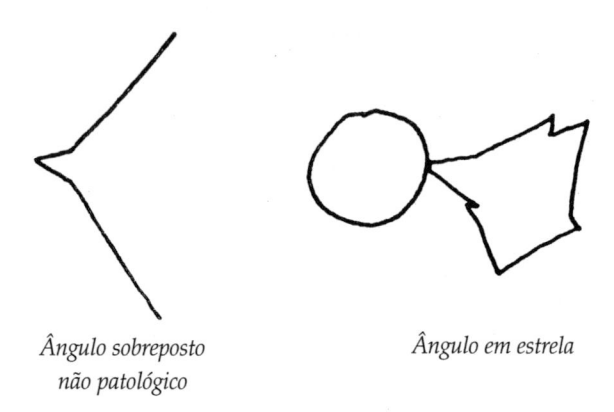

Ângulo sobreposto não patológico

Ângulo em estrela

c) Na onda: é o aspecto mais informativo sobre as modalidades da adequação e dos recursos envolvidos para controlar o traçado. Assim, encontramos ondas em ponta, com mudanças bruscas de direção e ondas achatadas feitas em um único movimento ondulatório. (Ver desenhos de ondas, página 123.)

d) No ponto: é interessante observar em certos quadros, nos quais aparecem traços confusionais e regressivos, uma modificação do ponto em sua expressão pré-conceitual, mas representado por meio de um risquinho.

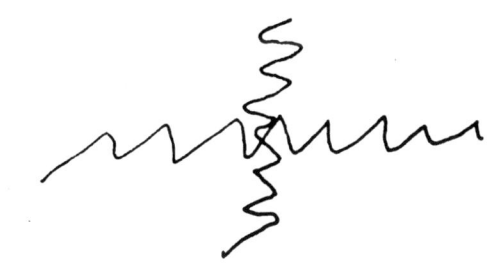

Onda em ponta

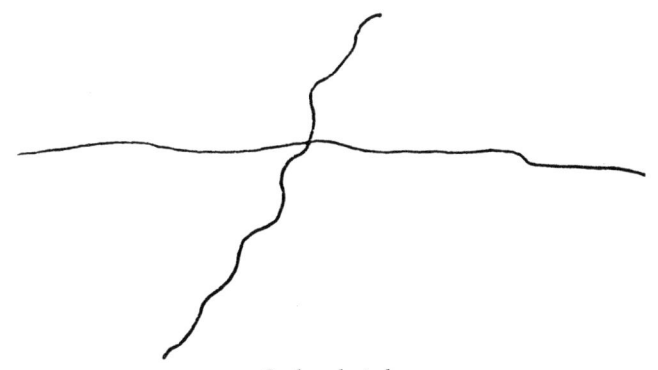

Onda achatada

e) Na síntese: a união das subformas pode ser estranha quando as figuras são unidas arbitrariamente. Pode ocorrer ausência de síntese, não por imaturidade, mas por dissociação, ficando as subformas muito mais separadas e sem continuidade de orientação. Absorções de algumas subformas em outras também aparecem como sinal de estupor.

f) Na forma: sua destruição implica geralmente psicoses orgânicas. No protocolo aparecem as formas abertas, incompletas ou deterioradas com complementos. A forma é conservada nas confabulações, nas quais a figura original passa a integrar outra figura com ou sem sentido. No concretismo, em compensação, o objeto real sugerido pela figura ao paciente é desenhado diretamente.

Forma incompleta
Figura 4

Confabulação
Figura 8

Concretismo
Figura 5

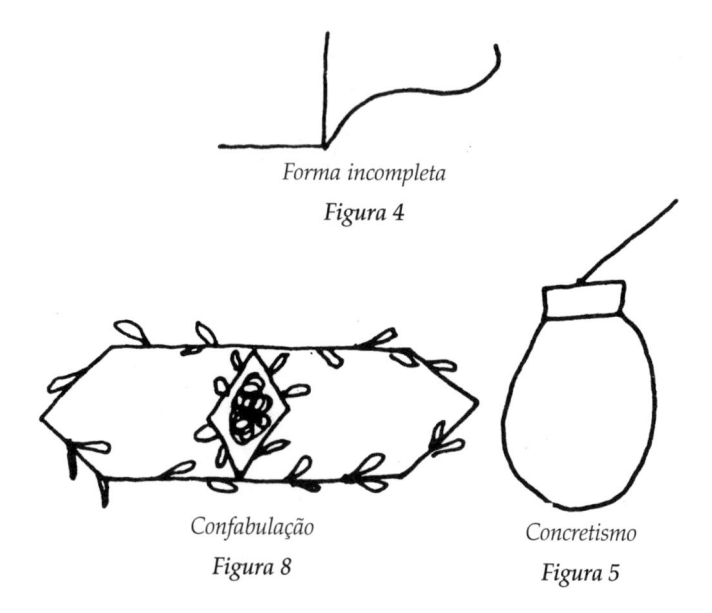

g) Na orientação: a orientação está relacionada com os problemas de lateralidade, isto é, com perturbações causadas pela predominância de um hemisfério cerebral sobre o outro no nível motor e no nível perceptivo, sobretudo ocular. Isso se verifica nas inversões denominadas "em espelho" e nos mecanismos de facilitação em períodos de transição, nos quais a criança gira a figura 1 e a figura 4 em noventa graus, no sentido dos ponteiros do relógio. A rotação das figuras 1 e 2, bem como a da 8, que implica uma alteração da horizontal pela vertical, é mais freqüente nos estados confusionais.

h) No número: fora do âmbito da evolução normal do número, encontramos em certos protocolos uma acentuada tendência à continuação estereotipada da tarefa com a repetição de certos elementos, sobretudo os pontos, de um extremo a outro da folha. Em compensação, em certos estados de estupor com hipoatividade, a tarefa é interrompida depois de desenhar o terceiro elemento.

i) Na distribuição: o tamanho das figuras e sua distribuição na folha estão diretamente relacionados com o manejo que o indivíduo tem de seu corpo e dos objetos e a integração de seu esquema corporal. A interpretação da micro e da macrografia, a localização concentrada das figuras em certas partes da folha, etc., pertencem ao domínio da projeção espacial que a grafologia estuda, entre outras técnicas. Vale acrescentar que somente em estados confusionais pode ocorrer uma aglutinação de figuras, agravando-se o quadro quando se apresentam sobreposições ao desenhar uma figura sobre outra já feita.

Os traços registrados são agrupados para representar sinais de certas patologias. Porém, a maioria das vezes não são o reflexo do próprio déficit ou perturbação, mas os recursos que o indivíduo evidencia para se defender de suas próprias limitações. Assim, o pequeno traço entrecortado é sinal de apraxia, não porque esse tipo de lesão interrompa um traçado contínuo, mas porque se o indivíduo quer conservar a orientação do traçado deve fazer a figura com pequenas antecipações. Esses são os principais sinais patológicos discriminados por L. Bender em seus estudos clínicos da prova:

a) De imaturidade: todos aqueles procedimentos que, realizados por um indivíduo de certa idade, corresponderem a um nível de desenvolvimento mais baixo indicarão imaturidade na adequação perceptivo-motora do indivíduo. De acordo com a dispersão entre a idade cronológica do indivíduo e a que lhe atribuímos por seu rendimento na prova, essa imaturidade poderá ser leve (85%), limítrofe (75%), acentuada (65%), grave (menos de 50%). Se não aparecerem no protocolo outros sinais patológicos, poderemos atribuir imaturidade simples em quadros de oligofrenia, mas se houver padrões de outras idades, poderemos supor de preferência uma oligotimia.

b) De regressão: quando um protocolo apresenta certas estruturas bem organizadas junto com outras de idades anteriores, dizemos que se nota uma tendência à regressão. Por exemplo, quando são feitos pontos definidos diante da figura 1 e logo são executados como bolinhas nessa figura ou em outra.

c) De confusão: as mais graves, de origem orgânica, adulteram a integridade da forma, dissociam suas partes, não têm a síntese, aparecem despedaçadas. Os estados confusionais psicogênicos caracterizam-se preferencialmente por confabulações, rotações e reforços compulsivos.

d) De rigidez: o protocolo caracteriza-se por traçados hipertônicos, ondas em ângulo, vértices mal orientados, ângulos assimétricos, círculos sem fechar, etc. É característico dos epilépticos.

e) De lesão: o traço mais notável é constituído pela execução dos ângulos, especialmente os do losango, em estrela. Aparecem também rotações em espelho e perturbações na conservação dos eixos horizontais. O indivíduo costuma girar freqüentemente a folha para adequar-se aos modelos.

f) De labilidade: caracterizam-se por traçados muito leves, que com freqüência são perdidos antes de concluir a figura. Aparecem então ângulos sem fechar e ondas achatadas. Porém onde melhor se observa a labilidade – especificamente, em disrítmicos sem manifestações clínicas – é na falta de conservação das paralelas, da orientação e de padrões já adquiridos.

g) De expansividade: ocorre em todos os estados compulsivos. O detalhe predominante é a macrografia, especialmente na figura 6.

h) De estereotipia: acontece em todos os quadros de deterioração, incluindo as oligofrenias. Caracterizam-se pela repetição dos elementos de uma figura ou na repetição de toda a figura várias vezes.

i) De perseveração: distingue-se da estereotipia porque não aparece tão mecânica e compulsivamente, mas em estados de ansiedade intensa. Caracteriza-se pelo reforço dos mesmos traçados e pelo uso dos elementos dos modelos anteriores.

Capítulo 6
O desenho da figura humana. A prova de Goodenough

O desenho da figura humana é um dado que aparece em quase todos os diagnósticos psicológicos, seja com o objetivo de determinar o nível intelectual do indivíduo, seja para estabelecer a relação que ele tem com seu próprio corpo e, portanto, com os objetos em geral. Embora se suponha que esse último plano seja claramente projetivo, no sentido de que cada um dos traços alude simbolicamente a um conteúdo consciente ou inconsciente do Eu, é evidente que os determinantes evolutivos da personalidade influem na transformação dos padrões de realização do desenho, de tal modo que seu significado psicopatológico varia de acordo com a idade do indivíduo.

Realizar uma análise projetiva do desenho da figura humana, sobretudo em crianças, sem considerar a gênese da representação dos diversos traços, é correr o risco de confundir patologia com adequação ao objeto. Poderíamos salientar aqui um aspecto considerado por Piaget ao analisar o simbolismo inconsciente, segundo o qual os conteúdos e os processos inconscientes não seriam apenas patrimônio da vida emocional, mas que a maior parte da atividade cognitiva é igualmente inconsciente e só percebemos, na maioria dos casos, os resultados de tais processos. Portanto, será impossível na representação de uma figura separar um simbolismo afetivo de um simbolismo cognitivo, toda vez que os traços empregados estiverem integrados em esquemas que, por sua vez, são constituídos pela coordenação de esquemas mais simples provenientes da própria atividade do indivíduo sobre os objetos. Assim, em certa idade uma criança desenha seu pai como nada mais que dois círculos com quatro riscos e, no entanto, coloca nele um chapéu. É evidente que esse chapéu é o símbolo da masculinidade adulta e convém a uma definição funcional, egocêntrica e configurada da determinação intuitiva da diferença sexual. O uso do chapéu no desenho do adulto normal não teria esse mesmo valor, mas poderia ser interpretado como recorrência a um sistema intuitivo de expressão.

Em suma, consideramos que a interpretação de uma representação simbólica deve abranger o aspecto genético prévio a toda consideração das experiências pessoais que se articularam com os esquemas básicos de funcionamento da mente infantil.

Apesar da freqüência da presença da figura humana na prática clínica de diagnóstico, é escassa e ambígua a bibliografia que trata do tema da constituição e da representação gráfica do chamado esquema corporal. Paul Schilder diz que a imagem do corpo humano é a representação que formamos mentalmente de nosso próprio corpo, e isso através de múltiplas sensações que encontram sua unidade por meio da experiência imediata do esquema corporal. Esse esquema se fortaleceria pela conservação de uma identidade através da multiplicidade de posturas, que estaria garantida pelos impulsos eferentes intencionais e pelo auto-erotismo. Talvez valesse a pena esclarecer o enfoque genético desse problema, diferenciar a origem da subjetividade, que ocorre durante todo o decurso da etapa sensório-motora, do nascimento da imagem que acontece apenas com o início da função semiótica, a partir dos dois anos de idade. Do mesmo modo conviria destacar o papel limitado que os dados perceptivos ou sensações podem ter como tais na formação das imagens. De fato, como observamos em várias oportunidades, a subjetividade organiza-se ao mesmo tempo que se discrimina o objeto como algo que se conserva e se desloca com movimento independente ao do indivíduo. No princípio, não se distingue a mão "do outro" da própria mão, ambas assimiladas ao mesmo esquema de ação pelo qual só a visão do movimento da mão "alheia" desencadeia no bebê o de sua própria mão.

É graças à eficiência prática dos próprios movimentos que o bebê não só se diferencia dos objetos, como também diferencia as próprias partes de seu corpo. Assim, no começo, a criança se mexe indiscriminadamente para tocar os chocalhos que estão dependurados em seu berço e que só seus pés alcançam. Apenas muito mais tarde inibirá o movimento dos braços e da cabeça por uma discriminação de tipo pré-causal entre o som e a parte de seu corpo que o produz.

Quando o período sensório-motor termina, a criança reconhece várias partes de seu corpo, enquanto as não-visíveis puderam ser determinadas por coordenação dos esquemas, tal como o tátil, conforme a narração clássica da localização da orelha no episódio protagonizado pela filha de Piaget. Então, a conservação ou identidade subjetiva está assimilada ao mesmo esquema que garante a conservação dos objetos.

Evidentemente, as sensações e a percepção fornecem importantes índices para a constituição das noções corporais, mas apenas por sua assimilação a esquemas de ação fora dos quais ocorrem como momentos estáticos que mal poderiam derivar em uma continuidade espaço-temporal como é a do corpo.

Mas existe uma diferença fundamental entre a constituição da subjetividade e a representação do corpo humano, se considerarmos esse corpo como um objeto que é, ao mesmo tempo, alheio e próprio. De fato, poderíamos nos perguntar se existe uma imagem do próprio corpo humano diferente da imagem do corpo alheio. Se pensarmos que até a idade de sete anos nem sequer as referências de posição relativa como a esquerda e a direita são discriminadas para si e para o outro, deduziremos a impossibilidade de determinar representativamente um corpo que provenha da pura identidade do Eu corporal. Vemos assim que a criança pequena quando desenha a família usa um mesmo boneco tosco para representar cada um de seus membros, pelo que podemos concluir que a imagem do esquema corporal é uma só e constitui uma integração de referências simbólicas das diversas partes do corpo. A contínua coordenação e integração dessas partes e sua inclusão em sistemas de referência dinâmicos e reversíveis proporcionarão uma representação cada vez mais rica e mais integrada do ser humano.

Quando uma pessoa quer desenhar a si mesma, opta por olhar-se no espelho ou encontrar em si algum detalhe que lhe permita distinguir-se; a tal ponto de o próprio corpo ser tratado como alheio na representação.

Em suma, é necessário separar as noções de esquema do próprio corpo, que se integra durante os dois primeiros anos de vida, e a imagem de esquema corporal, que se refere à representação simbólica do objeto corpo.

Segundo F. Goodenough, a criança começa desenhando o que sabe e essa etapa da representação gráfica recebe o nome de ideoplástica para Verworn e de realismo lógico para Luquet. Na realidade, a criança desenha o que sabe, mas não tudo o que sabe; assim, uma criança de quatro anos indica perfeitamente o joelho, mas não o inclui no desenho até os onze anos. De fato, a alusão ao objeto ou a parte do objeto é puramente denotativa, enquanto a representação gráfica é uma descrição e supõe, portanto, uma antecipação que integra as partes intuitivamente, por regulação de proximidade ou por descentralização, ou incluindo-se em uma sistematização infralógica, que supõe uma hierarquização que possa incluir a articulação entre partes de um mesmo membro.

Esses autores que citamos descrevem, depois de um realismo lógico, um realismo visual ou físico-plástico pelo qual o corpo é representado tal qual se vê, sem incorrer em erros de transparência, falta de perspectiva e aparecimento de partes ocultas a partir de um determinado ponto de vista. Esse realismo visual corresponderia à construção do espaço projetivo, no qual o objeto deixa de ter uma configuração absoluta e passa a depender de uma série de referências que se transformam de acordo com uma combinatória de todas as possibilidades de disposição de um objeto com todas as possibilidades de disposição da focalização.

Vamos verificar, a seguir, item por item a Escala de Goodenough para tentar determinar, em termos genéticos, o nível da representação em cada traço e a justificação de seu aparecimento nas diversas etapas do desenvolvimento da criança.

1. Presença de cabeça

O rabisco é uma tarefa sensório-motora no sentido de que o movimento imita o do adulto que escreve, mas sem intenção representativa. Quando o movimento circular é controlado, a criança o usa como representação de todo continente fechado, nesse caso a cabeça.

2. Presença de pernas

Já observamos em Bender a aquisição precoce da imagem de continentes cruzados e de linha aberta, bem como da dualidade como esquema ao qual se assimilam os correspondentes movimentos de ensaio. Assim, aparecem as pernas indicadas primeiramente como duas linhas simples. Algumas vezes, os braços e as pernas aparecem indiscriminados em "homens polvo", e outras, a junção entre as pernas e o corpo não é observada, porém tudo isso ocorre antes dos quatro anos.

3. Presença de braços

Os braços também devem estar em número de dois, mesmo que, em um primeiro momento, sua articulação com a figura possa ser arbitrária. É preciso prestar atenção à ordem de execução para distinguir o par de pernas do par de braços, pois seu tamanho relativo não é respeitado até muito mais tarde. É necessário um começo de descentralização para que a distribuição topológica acima-abaixo se coordene com a indicação simbólica de braços e pernas.

4a. Tronco

O tronco pode ser indicado como um continente ou como uma linha que sustenta a cabeça. Em nenhum caso a criança chama essa linha de pescoço e sua representação de tronco é quase sempre aprendida culturalmente a partir do tosco boneco clássico.

Se em uma forma ovóide vertical são incluídos os traços faciais na parte superior, pode-se considerar que o tronco está diferenciado, ainda que dentro de um mesmo continente.

A diferenciação do tronco e da cabeça poderá ser relacionada com uma possibilidade de descentralização morfológica, que capacita a criança a integrar diversas coleções agrupadas de acordo com seus respectivos continentes. Assim apareceria a cabeça com suas "coisas": (olhos, nariz, boca) e o tronco com as "suas" (botões, umbigo, etc.).

4b. Tronco mais comprido do que largo

A descentralização das duas dimensões do espaço determina dos quatro aos cinco anos o desenho orientado e corretamente proporcional na altura e na largura, o que explicaria a correta disposição do tronco.

4c. Ombros perfeitamente indicados

A representação do ombro não é simplesmente a junção adequada do braço com o tronco. A criança considera que os dois lados do braço, o interno e o externo, têm o mesmo comprimento, mas, no entanto, ao representar a inserção do braço no tronco, o lado interno do braço liga-se diretamente com a cava, enquanto o externo deve estender-se para chegar a se unir na linha horizontal que indica o término do tronco. Essa coordenação, que supõe graficamente a sobreposição do ombro e do braço, não pode ser generalizada antes dos dez anos. Goodenough, entretanto, credita um ponto a esse item, ainda que um corte indique a separação total do braço, se, contudo, estiverem indicadas as ombreiras.

Goodenough 4c. 1 ponto

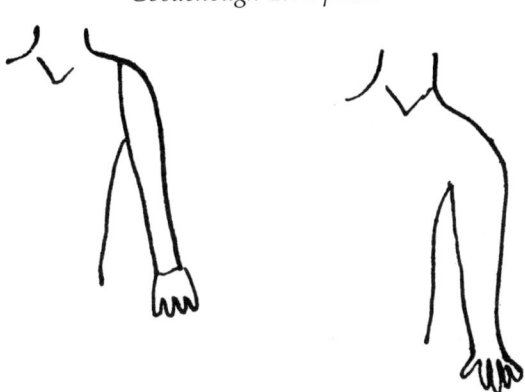

Ombro que implica capacidade operatória lógica
Gráfico 14

No perfil, o ombro poderá ser considerado como tal toda vez que se localizar abaixo do pescoço, e a origem estiver indicada entre o peito e as costas. Essa determinação supõe a posição relativa de um objeto anterior e outro posterior e, portanto, pertence a um espaço projetivo que ordena as referências interobjetais em função do foco.

5a. Braços e pernas unidos ao tronco

Goodenough trata a junção dos braços e das pernas ao tronco como um único item. Trata-se aqui de uma coleção funcional que garantiria a correta união a partir dos quatro anos e meio; porém para o 5b, no qual os membros têm que estar unidos ao tronco na posição correta, a união é feita com análise prévia e a junção supõe então a reversão desta.

6a. Pescoço

6b. Contorno do pescoço como continuação da cabeça, do tronco ou de ambos

A distinção do 6a e do 6b é uma distinção entre uma transição e uma aquisição. No primeiro caso, o pescoço apareceria diferenciado como uma terceira parte entre o tronco e a cabeça. O conhecimento configurado que não admite subclasses, mas partes, levaria a esse tipo de desenho montado como um quebra-cabeça. Em compensação, a integração conceitual de um esquema corporal com divisões subgrupais como rede não obriga à desintegração partitiva, mas, pelo contrário, admite a inclusão sistemática, verificada graficamente, nesse contorno total capaz de incluir as diversas partes.

7a. Olhos

Conforme expusemos insistentemente, a dualidade é uma das primeiras aquisições que acontecem a partir dos três anos e meio, como primeira tentativa de configurar numericamente "um" e "muitos". Por conseguinte, a partir dessa idade as crianças indicam dois olhos, representados por grandes círculos, em geral dispostos de forma horizontal, certamente assimilando-os a aberturas. Paulatinamente, o tamanho dos olhos se tornará proporcional ao do rosto, e aos quatro anos e meio os encontraremos colocados nitidamente na metade superior do rosto e em uma mesma linha horizontal.

7b. Nariz

7c. Boca

O nariz será representado de forma perpendicular à boca desde os quatro anos e meio por descentralização de ambas as direções. Até esse momento poderão ser encontrados traços fechados ou, com mais freqüência, como linhas que representam boca e nariz em número de dois, mas não em sua orientação real.

7d. Boca e nariz em duas dimensões

No item 7d são considerados dois aspectos distintos. Por um lado, a representação da boca como união de seus dois lábios, o que supõe a possibilidade de certa classificação de traços em subtraços. Por outro lado, a representação do nariz, tanto por um triângulo como por um ângulo, refere-se a uma tentativa de incluir a terceira dimensão, supondo um ponto de vista exterior ao objeto que entenderia como protuberância a indicação em ângulo.

A aquisição faz então a codificação do espaço, que permite o desenho em projeção. A socialização, que supõe o desenho a partir de um observador situado em um ponto de vista, determina o uso desse recurso no púbere, embora possa ser adotado antes por crianças treinadas em desenho.

7e. Orifícios do nariz

O item 7e não é representativo de nenhuma idade em especial e é possível desde os quatro anos e meio.

8a. Cabelos

8b. Cabelos que não ultrapassem a circunferência da cabeça, melhor que um simples rabisco e não transparentes

A diferença entre 8a e 8b baseia-se, na verdade, na distinção entre o desenho da cabeça feito de início como uma totalidade, na qual serão aplicados o cabelo, os olhos, etc., e a diferenciação muito mais avançada entre rosto e cabeça, pela qual a criança indicará por um lado o contorno do cabelo para completar a semicircunferência com que ficaria delineado o rosto.

Portanto, não podemos esperar uma distinção entre cabeça e rosto anterior à clara determinação da cintura, por exemplo, como divisão entre tórax e abdome.

9a. Roupas

A presença de vestimenta aparece primitivamente por uma coloração do tronco ou pela presença de botões na barriga, isto é, por uma relação de parte para o todo. Algumas vezes a presença do chapéu, desde os seis anos, constituiria um recurso de diferenciação sexual.

Se o boneco tosco é o esquema corporal simplificado, arquétipo de qualquer pessoa, a roupa vai servir para a criança distinguir classes de pessoas por seu sexo, por sua idade (bermuda), por sua profissão, etc. Por outro lado, a roupa oferece mais possibilidades de ser geometrizada em uma análise do que a figura humana, proporcionando múltiplos pontos de correção; assim, é muito mais fácil indicar que há pescoço representando o decote, ou que há cintura indicando o cinto, do que desenhando os respectivos estreitamentos no contorno da figura. É compreensível que os sapatos sejam muito mais fáceis de desenhar do que os pés.

Para Goodenough, as peças de roupa mais importantes para a pontuação são aquelas que não revelam transparência, pois esta denotaria (além das conotações patológicas, quando é observada em idades posteriores) uma transição em que, realizada a descentralização, não se registra a resultante visual, mas se sobrepõem as referências simbólicas.

10a. Dedos

A indicação de dedos é sumamente precoce, às vezes anterior à indicação do tronco pois, sem dúvida, sua inclusão não provém de uma classificação, mas de uma derivação por aproximação. Em compensação, o número correto dos dedos é uma aquisição bastante tardia – em torno dos nove anos –, o que sem dúvida se perde quando os padrões de reprodução visual superam os do conhecimento.

Aos oito anos encontramos a representação de todos os dedos em sua superfície, embora a proporção do comprimento e da largura seja mais tardia. A exigência de diminuição dos ângulos entre os dedos refere-se à visualização, porém principalmente ao fato de que mediante o traçado não é representado apenas um órgão individual, mas sua relação com os demais, processo cognitivo do qual a visualização, de que trata Luquet, seria um efeito e não uma causa.

Embora o 10c, ou seja, a representação da mão como algo distinto dos dedos ou do braço, dê um ponto à criança, é comum observar que as crianças maiores, ao perceberem as dificuldades que aparecem quando se quer discriminar a palma da mão, apresentam a figura em tal posição que não é necessário mostrar as mãos, por ficarem ocultas atrás do corpo ou nos bolsos. Em compensação, nas crianças menores costuma-se discriminar uma palma de forma circular na qual são inseridos os dedos tratados como linhas. Então esse item pode nos interessar, não tanto como execução, mas como estratégia diante de uma dificuldade.

11a. Articulação do braço

11b. Articulação da perna

Os itens 11a e 11b referem-se às articulações, tanto de cotovelo como de ombro ou joelhos, e têm relação com a dinâmica do desenho, pois pressupõem não só a indicação gráfica dessas partes, mas também a posição das que conseqüentemente se mexem em virtude delas. Assim, o cotovelo deverá ser mostrado pela flexão do braço, com os problemas que a conservação das paralelas em ângulo traz (nove anos).

12a.b.c.d.e.

Dos itens referentes à proporção, um é dedicado à representação em duas dimensões de braços e pernas, o que supõe um nível de reversibilidade; mas a proporção relativa de cabeça, braços, pernas e pés é muito mais tardia; depois de um primeiro estágio, no qual se subestima notavelmente o tamanho do tronco, embora essa subestimação continue de forma menos evidente, está presente em quase todas as idades, pelo que certamente Goodenough exige apenas que a cabeça seja menor que a metade do tronco.

13. Saltos de sapato

Embora constituam uma parte de uma vestimenta, não podem ser considerados adorno, pois contribuem para uma melhor postura da figura e supõem a distinção do calcanhar como subinfraclasse.

14a.b.c.d.e.f.

Todos esses itens referem-se à coordenação motora entendida como controle na execução dos traços, mas se tornam negativos se as formas às quais se assimilam o corpo e a cabeça forem primitivas. Considera-se especialmente o fato de que pernas e braços não se afinem ao unir-se com o corpo, pois isso significaria que a superfície entre duas linhas paralelas não é representada por uma operação reversível. Quanto ao item (f), diz respeito à distribuição das feições e sua proporção mútua, que aparece contemporaneamente às noções gerais de medida.

15a.b.

Relaciona-se com a presença das orelhas no desenho, que é muito mais tardia que a dos olhos e menos freqüente, pois elas não são bem visualizadas na imagem frontal do corpo. As crianças pequenas as desenham tal qual são vistas de perfil, dentro do esquema denominado realista por Luquet.

16a.b.c.d.

Esse item alude aos detalhes do olho: presença de íris, cílios, sobrancelhas. Todos esses traços referem-se a uma determinação de partes configuradas e funcionais, constituindo o olhar uma expressão da socialização da criança, como superação da simples simbolização de uma parte.

17a.b.

A representação do queixo na figura de frente supõe um alto grau de visualização, já que se trata da projeção de uma saliência e da sombra ou relevo que determina. A indicação desse traço aparece nos púberes que começam a construir um sistema de referências de sobreposições no espaço.

18a.b.

Wallon e Luçart estudaram em detalhe o problema da representação de perfil. De acordo com eles, para construir o arquétipo a criança escolherá aquele ponto de vista que lhe proporcionará a maior quantidade possível de índices: por isso desenha primeiro o homem de frente e o animal de perfil. O perfil supõe um desenvolvimento maior da ordenação sucessiva de um na frente e um atrás, a que a criança recorre mais precocemente, aos sete anos, se a instrução for desenhar um homem sentado. Os autores afirmam que o perfil supõe a abstração de uma parte do corpo como representação do conjunto, que fica assim mais bem representado porque se imagina que a parte não visível é idêntica, enquanto na figura de frente omite-se diretamente a parte de trás do corpo.

Os traços de perfil são incorporados sucessivamente ao passo que sua configuração é mais facilmente representável. Assim, os pés de perfil são incorporados desde o princípio à figura de frente e os braços aparecem também com a mão toda aberta, tal como surgem na visão de lado. O corpo é o último a ser desenhado de perfil por causa das dificuldades que provoca no nível das articulações. Apenas um sistema projetivo permite a sobreposição de membros, descartando a transparência como recurso de transição.

Tendo visto os diferentes traços considerados por Goodenough como diferenciais para a determinação de uma idade mental, procuraremos analisar cinco protocolos pertencentes a idades distintas com o objetivo de justificar a diferença entre as execuções.

O primeiro é um protocolo avaliado em quatro pontos de acordo com a técnica de Goodenough, pois são positivos os itens 1, 2, 5a e 7a; corresponde a uma idade mental de quatro anos.

Observamos a distinção, entre figuras fechadas e abertas. O corpo e a cabeça, assimilados a um único continente, contêm o cabelo representado por riscos e os olhos por círculos. Os esquemas imaginários são muito pobres, mas bastam para registrar simbolicamente o corpo. Os braços são omitidos porque entram mais facilmente no corpo e, além disso, porque a determinação de diferentes sínteses obrigaria a uma descentralização a que a criança ainda não chegou. Em compensação, a dualidade das pernas é um dado fornecido pelos mesmos esquemas de ação. Dualidade e distinção entre morfemas fechados e abertos são os únicos recursos da criança de quatro anos para representar o corpo, do qual tem, contudo, suficiente informação, já que é capaz de mostrar diversas partes dele que o desenho omite.

Desenho de quatro anos
Gráfico 15

O segundo é um protocolo avaliado pela escala de Goodenough com 15 pontos no total, já que são positivos os itens 1, 2, 3, 4a, 4b, 5a, 7a, 7b, 7c, 9a, 10a, 12a, 12c, 15a, 17a; corresponde a uma idade mental de seis anos e nove meses.

A descentralização é completa, pois percebemos nítida diferença entre tronco e cabeça e porque as pernas mostram pés como subforma e os braços um esboço de mão. As feições do rosto aparecem todas simbolizadas e distribuídas corretamente, menos as orelhas, que são referenciais, já que estão de frente. A manipulação de infraclasses é o que possibilita a dicotomização de cada uma das referências, enquanto a organização da localização topológica permite a adequação das sínteses.

Desenho de seis anos
Gráfico 16

O terceiro é um protocolo que, conforme a técnica de cômputo de Goodenough, merece uma contagem bruta de 20 pontos, que são transformados em oito anos de idade mental de acordo com respectiva escala. Os itens considerados positivos são 1, 2, 3, 4a, 5a, 7a, 7b, 7c, 7e, 8a, 9a, 10a, 10c, 11b, 12a, 12c, 12d, 12e, 13, 16a.

As dicotomias assinaladas no nível anterior admitem progressivos níveis hierárquicos; assim observamos que os olhos têm cílios, as mãos, dedos, e o corpo é dividido em abdome e tórax. A classificação infralógica permite uma inclusão sistemática de infraclasses. O corpo perdeu sua forma oblonga e os ombros começam a ser encaixados, isto é, a possibilidade de novos determinantes espaciais permite fazer representações simbólicas mais adequadas da abertura das pernas, da posição dos braços mais próxima ao corpo, etc. Além disso, braços e pernas aparecem em duas dimensões e a superfície é, por definição, uma multiplicação, já que a operação reversível é que permite estabelecer uma correspondência ponto a ponto entre as duas linhas.

Desenho de oito anos
Gráfico 17

Aparecem também na figura os sapatos vistos de frente, embora nessa idade não seja comum uma tentativa de acomodação visual.

O quarto desenho apresenta os seguintes pontos positivos: 1, 2, 3, 4a, 4b, 4c, 5a, 5b, 6a, 6b, 7a, 7b, 7c, 8a, 9a, 9d, 10a, 12a, 12c, 12d, 12e, 13, 14a, 15a, 15b, 16a, 17a. A contagem total é de 31 pontos e corresponde a uma idade mental de dez anos e meio.

O aspecto mais notável é a inserção dos braços no tronco – por meio de um ombro que aparece como uma verdadeira sobreposição sem cortes –, os quais dão prioridade a uma direção; o pescoço visível é definido como parte entre partes. As mãos também aparecem com palma e dedos definidos em número e em comprimento relativo. A separação entre corpo e roupa é de transição, pois aparece uma acentuada transparên-

Desenho de dez anos
Gráfico 18

cia que define o caráter ainda simbólico dos traços, e não a integração em uma aparência possível. O tipo de nariz supõe uma intenção projetiva, embora ainda muito fraca.

O último desenho merece uma pontuação de 44, que corresponde a uma idade mental de treze anos. A posição dos braços indica uma boa projeção de meio perfil, e não admite nenhuma transparência, constituindo um nítido primeiro plano. O olho e a orelha também correspondem a uma esquematização visual do objeto representado. Aqui se observa mais a pintura de um personagem, que deixa de ser "todos os homens" para se transformar em "um homem possível".

Em suma, podemos considerar que a evolução na representação da figura humana obedece ao aparecimento de su-

Desenho de doze anos

cessivas estratégias na simbolização do corpo, suas partes e suas articulações, que dependem fundamentalmente do nível de integração das imagens em estruturas cada vez mais equilibradas. Dessa maneira, os protocolos analisados nos sugerem cinco momentos nessa evolução:

etapa	recursos	estágio	representação
I (4 anos)	formas fechadas e abertas dualidade	imagens estáticas acomodação motora interiorizada	cabeça/corpo pernas filiformes olhos
II (6 anos)	dicotomia de referências	descentralização intuitiva	cabeça/corpo pernas/pé braços/mãos olhos/boca
III (8 anos)	pluralidade de referências construção de superfícies oblíquas	determinação de infraclasses reversibilidade imagens de antecipação	braços e pernas duplas corpo subdividido em tórax/abdome braços e pernas inseridos em ângulo agudo
IV (10 anos)	determinação de partes por contorno (sem cortes) proporção	capacidade operatória lógica: multiplicação e adição métrica	ombros e pescoço distinção roupa/corpo mãos completas detalhes de adorno boca dupla
V (12 anos)	representação da posição relativa: sobreposição sem transparências	imagens projetivas: espaço coordenado	perfil completo

Capítulo 7
A medida da inteligência na criança: revisão Terman das provas de Binet

De todas as provas que analisamos, talvez os itens da revisão Terman de Binet-Simon sejam os que podem fornecer mais dados sobre os processos mentais. Embora o contexto de aplicação psicométrica não nos permita desenvolver um exame clínico, a natureza da estimulação apresentada é tamanha e tão variada que, para nós, as estratégias usadas e os distintos níveis de resolução de cada problema manifestam-se claramente.

Por outro lado, como para cada período cronológico de seis meses ou de um ano são apresentadas seis provas muito diferentes, a comparação dos diversos rendimentos perante distintas instruções nos dá a oportunidade de analisar melhor os fatores básicos de estrutura que possibilitam à criança a superação de tantas situações diferentes, em lapsos evolutivos relativamente pequenos. Além disso, certo tipo de conduta, como a repetição de números, é revisto em idades distintas proporcionando-nos interessantes descrições genéticas.

Ademais, como a prova engloba idades muito amplas, partindo dos dezoito meses e chegando até o adulto, podemos acompanhar de perto cada momento dessa descrição escalonada do comportamento inteligente que, embora sofra certas falhas como instrumento de medida, que a tornam estatisticamente inoperante depois dos onze anos, em compensação continua sendo uma genial construção experimental em psicologia evolutiva.

Mas ainda há outra razão para que possamos tentar um exame do ponto de vista da psicologia genética sobre o material de Binet. Tal razão é que do ponto de vista teórico – e consideremos que Binet nasceu quarenta anos antes de Piaget – há certa coincidência de posicionamento perante importantes problemas básicos. Em primeiro lugar, a consideração feita por Binet da imagem como prescindível para certo tipo de pensamento é retomada por Piaget, sobretudo porque considera seu aparecimento depois que o bebê construiu o espaço prático. Em segundo lugar, Piaget cita em várias oportunidades uma frase de Binet, que diz: "o pensamento é uma atividade inconsciente do espírito", com o objetivo de enfraquecer as fronteiras entre pensamento, afetividade e ação. Porém talvez seja esta categórica declaração de Binet, de 1908, que o transforma em mestre de Piaget: "a psicologia chegou a ser a ciência da ação". Ambos procuraram construir uma psicologia com base experimental e conseguir que essa experimentação estudasse a atividade dos indivíduos diante de situações, em primeiro lugar para organizar esses comportamentos e ordená-los de acordo com uma cronologia mental; em segundo lugar, para averiguar sobre os esquemas de ação que servissem de base para uma epistemologia científica.

Análise de itens

As primeiras provas, que nos permitem completar os dois anos e que portanto medem teoricamente o último semestre do segundo ano de vida da criança, corresponderiam a um período de transição durante o qual, com o grupo de deslocamentos no nível sensório-motor já completamente construído, a criança tenta as primeiras referências simbólicas.

II,2   Esse último aspecto é visto a partir de três perspectivas. Na prova II,2, que consiste em uma pequena base na qual estão fixadas miniaturas de objetos usuais, a criança deve identificá-las por seus nomes, apontando-as após a instrução: "onde está...?". Estando presentes tanto o nome como o objeto, a assimilação é imediata e não supõe uma clara representação interna, mesmo quando os vínculos entre significante e significado começam a ser interiorizados.

II,3   No item II,3 e com instrução semelhante, também se trata de indicar partes importantes do corpo no desenho de um boneco. A diferença entre este e o anterior é que não estão em causa aqui objetos totais, mas partes de um objeto; partes cujo conhecimento e distribuição se originaram na atividade indagativa da criança sobre seu próprio corpo e sobre a confrontação dos esquemas assim construídos com a atividade da criança sobre o corpo do outro, atividade que não se esgota na visão, dado que a criança não vê a maioria de suas partes. Se lembrarmos o exemplo notável descrito por Piaget, no qual logo que a menina toca a orelha do pai pode imitar seu gesto de tocar a própria orelha – porque só pelo tato a reconhece como tal –, entenderemos melhor a origem perceptivo-motora da organização topológica do próprio espaço e a do outro. Então, quando uma criança indica a boca no boneco não é porque possa indicar a sua própria, mas porque assimila ambas a um mesmo esquema que supõe tanto o visual como o tátil, já que, obviamente, a criança não vê sua própria boca.

    Um tipo de atividade que poderia ser o reverso desses dois modos de identificação pelo nome de ob-
II,5   jetos ou partes deles seria o incluído nas provas II,5 e II,6. Na primeira delas, a criança deve denominar dois dos 18 cartões do vocabulário ilustrado. De modo que, nessa prova, um único elemento dos relacionados está presente e o processo de semiose, como referência ou assimilação de um signo verbal a um sig-

nificado, adiantou-se um passo em direção à internalização completa.

II,6   Esse aspecto é mais realçado em II,6, já que exige que a criança combine espontaneamente dois substantivos na conversação, sem necessidade da presença dos objetos mencionados, embora solicitado pela presente situação. Qualquer combinação de palavras supõe a alusão a uma relação entre os objetos mencionados, ainda que esteja expressa sincreticamente pela simples justaposição das respectivas referências verbais.

Em suma, temos aqui as três possibilidades transicionais de semiose: quando o objeto e seu nome estão presentes na percepção, quando só o objeto está presente e quando ambos estão ausentes, embora assimilados à situação.

Outra prova desse período, o tabuleiro vazado, servirá para determinar a passagem da etapa sensório-motora para a representativa. Em II,1, há imitação

II,1   posterior com predomínio da acomodação, já que a criança deve repetir o movimento realizado pelo examinador revertendo o sentido desse movimento, ação que se verifica graças ao grupo prático de deslocamentos constituído no período sensório-motor. É por essa estrutura de grupo que a criança sabe que fazendo o movimento contrário voltará ao ponto de partida (zero do deslocamento) e não porque considere a forma das peças, já que fracassa quando o tabuleiro de encaixe é girado em cento e oitenta graus. Na pro-

II,6,4   va II,6,4, em que a criança é estimulada a colocar as peças depois que o tabuleiro de encaixe foi invertido, observa-se uma assimilação reguladora de forma no plano perceptivo, que permite a comparação de cada cavidade com cada peça. Entretanto, ainda não há manipulação interna das áreas, conforme se evidencia pelo contínuo ensaio prático para encaixar as peças, particularmente o triângulo, que é o que mais se deforma pela inversão.

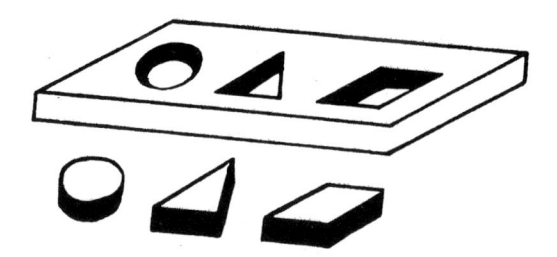

Tabuleiro de encaixe de formas geométricas da prova de Terman e Merrill, II,1; II,6,4.

Gráfico 19

          Resta-nos analisar a prova II,4 para os dois anos, cujo material são cubos de construção de dois centímetros e meio de lado, o mesmo que é usado na III,3. Em ambos os casos, trata-se da imitação de um modelo que é realizado diante da criança; portanto haverá um esforço efetivo de imitação por parte da criança.

II,4

III, 3
          No primeiro caso, como se trata de uma torre, supõe-se certa antecipação perceptivamente regulada da posição sucessiva dos cubos, aplicando relações espaciais topológicas (em cima de) por aproximação. No segundo caso, trata-se de construir uma ponte, e, portanto, acontece uma série de relações entre os cubos que só podem ser interpretadas no nível representativo. Se nesse nível a manipulação de áreas for correta, não haverá ensaio na construção, já que o ensaio indica imaturidade na internalização de imagens de manipulação de áreas. A dificuldade dessa prova é a separação que deve ocorrer entre os cubos da base e que propõe uma relação imaginável.

II,6,1
          As provas verbais de II,6 superam a identificação substantiva para entrar no campo da própria função semiótica. Isso ocorre na prova II,6,1, na qual procura-se identificar objetos, que estão fixados sobre uma base, por seu uso. As perguntas são, por exemplo:

"com o que podemos comprar balas?"*. A resposta supõe a aquisição de esquemas instrumentais com um objeto funcional discriminado (comprar-dinheiro). Nesse caso são usadas alternativas que só nos permitem apreciar distinções grosseiras. Talvez não tivéssemos a mesma resposta positiva se ao perguntar "o que a mamãe usa para passar roupas?" houvesse, além do ferro, uma camisa ou uma bacia. Porém nessa idade só há distinção global dos objetos adequados, começando a ser construídas as coleções.

II,6,3   A II,6,3, que inverte a instrução, já que é a criança quem deve denominar o objeto quando se pergunta "como se chama isso?", apresenta alguns objetos que supõem uma discriminação dentro de um conjunto, como, por exemplo, o garfo, algumas vezes chamado de colher. Algumas crianças respondem justamente pela função, "esse (garfo) para comer", o que é considerado negativo, pois o esquema a que se refere a criança é muito amplo e inclui o garfo e muitos outros objetos. É pois escassamente discriminativo.

Assim, aos dois anos e meio encontramos três tipos de situações de semiose, quer se trate de objetos desenhados – como ocorre no item denominado
II,6,4   "vocabulário ilustrado" (II,6,4), no qual deve nomear nove dos objetos gráficos, todos eles comuns na vida cotidiana da criança pequena –, miniaturas concretas do objeto a ser denominado ou a ser reconhecido por seu uso ou contexto de ação. Os diversos processos de assimilação e acomodação, a que a estimulação diferente obriga, determinam distintos rendimentos. De fato, vamos lembrar que nesse estágio a semiose refere-se a um significado simbólico, isto é, a um protótipo do objeto nascido da experiência pessoal da criança. A identificação está longe de ser inclusiva e o

....

* No Brasil usa-se "bala", no singular, ao aplicar a prova à criança. [N. da R.T.]

objeto é simplesmente nomeado por sua semelhança com aquele protótipo. Desse modo, quando a criança nomeia "o garfo", não se refere ao talher que espeta, mas ao utensílio que ela utiliza para comer e que se chama garfo; reconhece-o porque é *como* o seu garfo, ou seja, esse tipo de assimilação é eminentemente simbólica. Nesse processo também há acomodação, dado que, embora o signo verbal seja estável, os estímulos gráficos e lúdicos não são, e é necessário que o esquema se modifique para aceitar a respectiva representação.

II,6,5 Para completar as provas de II,6, falta analisar o quinto item desse conjunto, cuja instrução diz textualmente: "Escute, diga: 2... agora diga: 5-8... etc.". Trata-se portanto da repetição de uma seqüência de dois algarismos, isto é, deve ocorrer uma imitação posterior com organização temporal por aproximação. A tarefa é, por enquanto, eminentemente de acomodação, mas durante o teste vamos encontrar, várias vezes, provas com instrução semelhante, com um progresso na quantidade de dígitos que se deve repetir e será necessária, então, uma integração adaptativa da assimilação e da acomodação. A prova aparece como uma medida da memória imediata e é evidente que problemas de labilidade da atenção, ritmo e lateralidade influem em sua superação, mas não é menos correto que com o mero esforço da atenção não se pode conseguir um rendimento positivo. Não podemos dizer que seja a maior atenção de uma criança de quatro anos e meio em relação à de uma de três anos e meio o que determina que a primeira possa repetir quatro algarismos, e a segunda, apenas três. Acontece que essa repetição supõe, desde já, um processo de organização no nível representativo. Assim, em um primeiro nível, a criança repete dois elementos por aproximação: o esquema de relação por pares começa a se internalizar. A inclusão de um terceiro elemento exige um maior esforço de regulação, favorecida pelo elemento médio que coordena o conjunto. Somente quando a criança puder descentralizar ou dicotomizar a série conseguirá repetir quatro algarismos, e fará isso denominando os números de dois em dois, que é, por outro lado, a modalidade que todos adotamos para lembrar quatro algarismos. Veremos mais tarde como a repetição de mais de quatro dígitos supõe a construção de uma seqüência, na qual o valor de cada número permite sua localização relativa referente aos outros.

Outras provas correspondentes ao segundo semestre do terceiro ano de vida dedicam-se a verificar a acomodação como possibilidade de antecipação, no nível da adequação perceptivo-motora. Assim, a III,1 avalia a possibilidade da criança para enfiar contas de tamanho regular em um cadarço em função do tempo, já que lhe são dados dois minutos para enfiar quatro contas. A realização supõe a coordenação de ambas as mãos em uma tarefa não simétrica e a exigência de uma representação prévia e antecipada do deslocamento do fio suficiente para que a criança o abandone e o recupere do outro lado. O III,5, em compensação, considera essa adequação perceptivo-motora em um enfoque de cópia gráfica. Por meio de coordenações acomodadoras no nível oculomotor, a criança conseguiu internalizar um esquema do círculo ou "forma redonda", que é uma imagem à qual é assimilado o movimento de ensaio, pelo qual reconhece a figura e o movimento que a imita. Ambas as provas, contudo, supõem gestos internalizados como imagens, que levam a uma ação efetiva e controlada.

Por outro lado, interessa confrontar a prova III,4, que é denominada memória para gravuras, com a prova III,6,1, que consiste em obedecer a ordens simples.

Trata-se, em geral, de compreender uma situação, reconhecê-la e conservá-la com o objetivo de cumprir a instrução. Na memória para gravuras não se trata simplesmente do reconhecimento posterior de um desenho, mas de uma referência ao significado a que tal desenho alude, já que as alternativas são outros animais e não o mesmo animal em posturas diferentes, por exemplo, pois nesse último caso o aspecto de configuração estaria mais comprometido. Como destacou Piaget, nesse período da vida infantil a aprendizagem espontânea depende dessa possibilidade de empreender ações posteriores que obrigam a internalizar aquilo que se tenta reter em forma de imagem.

III,6,1 Quando a criança obedece à instrução de "ponha a colher dentro da xícara", também reconhece os objetos indicados, assim como a relação que se estabelece entre eles, formando um esquema único de ação que é desenvolvido a seguir. Certamente trata-se de ordens que compõem o contexto cotidiano da atividade da criança, dado que nessa idade não há distinção entre meios e fins, nem entre agente ativo e passivo.

III,6,2
IV,1 A prova III,6,2 é outra vez vocabulário ilustrado, que se repetirá por fim, constituindo o item IV,1. A dificuldade crescente desta prova é produzida, em parte, porque os objetos representados estão cada vez mais afastados da experiência cotidiana, mas também porque as últimas figuras mostram partes de totalidades às quais a criança as assimila. Assim quando se mostra para ela a folha, com freqüência responde "árvore" ou chama ambos de "flor". A elaboração das coleções figurais, que serão a base de toda "classificação" funcional, dependerá da possibilidade de discriminar as partes do todo.

III,6,6 Encontramos como prova verbal no nível dos três anos e meio a prova de compreensão, cuja intenção é medir a adequação de meios a fins no sentido de que apresenta o uso da partícula "Para quê?". Assim, por exemplo, pergunta-se: "O que você faz quando está com sede?", questão que se volta para a compreensão de para que tomamos água. Na realidade, o pensamento pré-causal baseia-se nesse para quê, às vezes substituído, mas não em seu sentido, pelo repetido "Por quê?" infantil, e ambas as conjunções verbalizam a preocupação animista e finalista da criança. No entanto, esta atitude promove em termos imediatos uma boa adaptação e uso dos recursos em função das situações cotidianas. Talvez seja interessante destacar a esse respeito que, embora o bebê já peça água quando tem sede, é por volta dos três anos e meio que a criança pode representar essa ação.

III,6,5   A aplicação do item III,6,5 desenvolve-se sobre um material de miniaturas de objetos cotidianos e reverte o sentido do anterior, pois pergunta diretamente o nome do objeto ou meio utilizado para o fim exposto na instrução. Justamente uma das questões é "o que usamos para beber?", estando presente, entre outras coisas, uma xícara.

III,6,4   A III,6,4 é igualmente verbal e consiste em comentários da criança diante de gravuras que representam uma casa holandesa, uma embarcação em um rio caudaloso e uma agência de Correios, com seus personagens, objetos e ações típicas. Embora essas cenas pareçam atualmente anacrônicas e muito pouco familiares à experiência de nossas crianças, sua intenção original era determinar a possibilidade de enumerar fatos incluídos em uma situação muito estruturada. É interessante observar se a criança descreve a ilustração como uma configuração total, se tenta relacionar as partes ou se as discrimina desconsiderando o sentido da situação. Claro que nessa idade, carente de reversibilidade, a criança se limitará a indicar alguns objetos e no máximo estabelecerá relações por aproximação entre eles.

III,6,3 Restaria analisar uma única prova dos três anos e meio, a terceira, na qual é preciso comparar dois pauzinhos; essa é uma das poucas provas do teste de Terman que inclui um problema em que aparecem aplicados esquemas de relação não recíproca ou seriações. Nesse caso, trata-se de uma comparação por regulação perceptiva, já que supõe apenas duas instâncias e a criança avalia pelo topo de ambos os pauzinhos sem considerar a posição das bases como ponto de partida. Consiste simplesmente em determinar se a criança possui o esquema de comparação internalizado, toda vez que compreende o que quer dizer "maior" e "menor".

IV,2 A segunda das provas dos quatro anos é interessante porque supõe um conjunto de objetos que consiste em três miniaturas diferentes (por exemplo, carro-cachorro-sapato), que pode aparecer ao mesmo tempo como uma seqüência. Como a prova consiste em esconder um dos objetos sem que a criança veja e depois de tê-los mostrado a ela para que os nomeie, ocorre uma subtração intuitiva, já que deve determinar de um todo o que "falta". Ela pode fazer isso considerando o conjunto de objetos ou ainda o lugar que o objeto ausente ocupava no sentido de ordem, porém não necessita integrar de modo operatório ambas as considerações para resolver o problema. Por se tratar apenas de três elementos, a resolução se dá por controle de aproximação.

IV,3 A prova seguinte é encontrada também em V,1 e consiste em completar o desenho do homem. É semelhante à tarefa anterior no sentido de que o examinando deve observar uma carência, não de um conjunto imediatamente percebido, mas de uma configuração que a criança deve ter internalizado como imagem corporal. Já insistimos sobre a evolução da representação gráfica dessa imagem e podemos ver a diferença que ocorre, na idade de quatro anos, entre o desenho espontâneo cabeça-corpo e esse, que oferece à criança uma estrutura bastante integrada que é necessário completar acrescentando-lhe apenas uma perna, os braços e os traços do rosto, embora, nessa idade, com um único desses dados seja positivo. O caráter pouco equilibrado do nível representativo fica assim em evidência se compararmos essa prova com aquela em que a criança, quase bebê, indica as mesmas partes no boneco percebido.

Modelo reduzido de Completar Figura: homem
Terman L, IV,3; V,1

Gráfico 20

V,1   Há, além disso, um esforço de coordenação perceptivo-motora para determinar a orientação dos traços (vertical para a perna, por exemplo) e sua síntese com a figura central de acordo com uma localização mais ou menos precisa. Isso marca a diferença entre uma idade e outra, já que aos cinco anos a descentralização permite a integração, embora sucessiva, das diferentes partes do corpo representado.

IV,4   Na prova seguinte, a IV,4, na instrução são dadas à criança definições funcionais pré-conceituais, como "mostre-me o que usamos quando chove", para que indique os respectivos objetos representados graficamente em um cartão. O manual insiste que não é suficiente a criança denominar os objetos que complementam a definição, devendo também indicá-los, pois pode acontecer que, embora a criança saiba que é o gato que caça os ratos, aponte o coelho; nesse item trata-se justamente de verificar o conteúdo do significado e não uma semiose que, nessa idade, pode ser um estereótipo verbal sem clara representação.

IV,5   A prova IV,5 é chamada de discriminação de formas; consiste na discriminação de figuras desenhadas em cartõezinhos e distribuídas sobre um cartão de amostra. O processo de experimentação em torno dos diferentes perímetros evidencia-se nos erros comuns nessa prova, que são a confusão entre hexágono e círculo e entre trapézio e quadrado; de fato, tais movimentos são facilmente assimiláveis entre si. Algumas crianças também confundem o losango e o triângulo, aos quais identificam "porque têm ponta", e como já não se trata aqui de uma assimilação sensório-motora, mas de uma determinação configurada, só a descentralização pode garantir a integração das duas pontas do losango na mesma figura, e dizemos duas porque a criança o descreve precisamente assim: "essa tem uma ponta em cima e outra embaixo". A precocidade da discriminação de formas (quatro positivas em 10 aos quatro anos) em relação às possibilidades de representação gráfica na mesma idade nos mostra como a regulação perceptiva, baseada nos índices construídos no período sensório-motor, ajuda na verificação analógica por aproximação, que não ocorre quando tal verificação é feita com as respectivas imagens, que são a origem da cópia e que ainda não estão suficientemente estruturadas. Assim, a criança reconhece "a ponta", mas não é capaz de desenhá-la – para Terman a cópia é um padrão de sete anos.

IV,6   A última prova, a IV,6, é a segunda de compreensão, mas o âmbito do "para quê" não se centraliza tanto no indivíduo, mas procura observar na criança certa abertura quanto a seu egocentrismo. Se anteriormente foi perguntado "o que você deve fazer quando está com sede?", agora a questão é "para que temos livros?". Alguns respondem "para escrevê-los", demonstrado pelo inquérito mais detalhado que não se trata apenas de uma assimilação a um esquema pouco discriminado de atividades escolares, mas que constitui uma resposta artificial "para que um homem o escreva (?). O homem que escreve os contos".

Para terminar esse período, no qual a criança baseia seu pensamento em índices perceptivos referentes a configurações reguladas, incluiremos também a IV,6,1   prova IV,6,1 na qual é preciso comparar um par de desenhos humanos indicando qual é mais bonito. Sem dúvida, há aqui uma influência cultural que valoriza certa harmonia dos traços que evidentemente não é universal. Porém, trata-se de observar se a criança internalizou os padrões de uma configuração estética que a sociedade impõe a ela como "bonita": simetria, nariz reto, cabelos penteados, atitude amável. Logo tudo isso é percebido e conhecido, mas não representado, no sentido da possibilidade que a criança tem de desenhar esteticamente nessa idade.

Até agora o comportamento inteligente da criança baseou-se na adequação perceptivo-motora com processos de assimilação e acomodação parciais, sempre mobilizados pelos índices perceptivos. A partir dos quatro anos e seis meses acompanhamos a descentralização intuitiva e a determinação de uma série de funções constituintes (de identificação, de negação, de repetição e de substituição), que permitirão uma manipulação mais oportuna dos dados no nível da representação, que prepara o início das operações.

IV,6,2   Já vimos como na IV,6,2 a repetição de quatro algarismos supõe uma descentralização por pares relacionados por aproximação, que facilita a imitação posterior da seqüência no tempo. Na IV,6,3 a própria instrução já supõe uma descentralização, pois a criança deve observar, ao mesmo tempo, as semelhanças e diferenças entre certos desenhos. Os primeiros, que são justamente os que devem ser superados nessa idade, correspondem às primeiras classificações configurais.

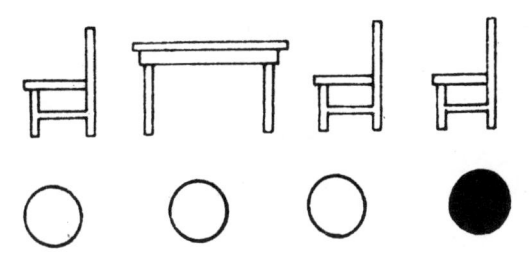

IV,6,3

Semelhanças e diferenças entre desenhos. Terman L, IV,6,3
Cartões 2 e 4 (em cinco)
Gráfico 21

Cada série apresenta um elemento invariante e um fator (cor, forma) de discriminação. Estes dois fatores podem ser manipulados independentemente uma vez que tenham sido descentralizados; caso contrário, a criança responde "todos redondos", e, se ainda se insiste com ela em que um é preto, ela continua afirmando "mas é redondo", confundindo a parte com o todo (ver VI,5).

IV,6,4   Regulação intuitiva semelhante ocorre também na prova seguinte, apesar da diferença na instrução, que solicita à criança que diga de que são feitos uma cadeira, uma roupa e um sapato. Em primeiro lugar, a criança deve conceber a existência independente do material do objeto, antes que esse tenha tomado sua forma atual. Isso é muito difícil para a criança pequena que responde "uma cadeira é feita de... cadeira, de pés". Para responder "de madeira", a criança deve poder pensar na madeira antes de ser cadeira e, portanto, supor certa transformação no tempo que prepara o pensamento causal. Por enquanto há uma descentralização de um antes e um depois, entre os quais intervém uma transformação. Esse tipo de pergunta exige, além disso, uma informação que as torna muito suscetíveis ao ambiente cultural e educacional no qual o indivíduo se desenvolve.

IV,6,5   Embora pareça à primeira vista muito diferente, a prova das três incumbências solicitadas em uma única instrução, que vem depois da que acabamos de analisar, nos permitirá determinar a organização de uma seqüência temporal representada e desempenhada. Porém se aquela nos informava sobre a aquisição de uma noção pré-causal, essa se refere a uma coordenação das atividades por acomodação. Uma ordem no tempo é representada de vários modos, tanto por assimilação como por acomodação à realidade da instrução.

IV,6,6   As provas de quatro anos e meio terminam com a de analogias opostas que supõe, nesse nível de exigência, uma dupla descentralização intuitiva. A instrução para essa idade é "um irmão é um menino, uma irmã é...". Não há pois implicação verdadeira. O pensamento simbólico, assimilativo, que funciona sobre a relação de "como", pode supri-la atuando pelas coleções não figurais de irmãos/irmãs, meninos/meninas, que se sobrepõem totalmente, duas a duas. É interessante comparar o rendimento na mesma prova em VII,5, quando a operação de classificação já está adquirida.

V,4   Aos cinco anos temos uma prova sobre possibilidade de adequação visomotora, na qual é preciso copiar um quadrado. A separação intuitiva de uma ordem ou sentido vertical e outro horizontal permite um manejo mais coordenado do espaço e da representação das mudanças de direção.

V,2   No aspecto da manipulação de áreas, encontramos uma prova muito interessante, que é a de dobradura de papel, cuja execução é realizada previamente pelo examinador, que constrói um "guardanapinho" pelas diagonais. Assim realiza diante da criança uma série de movimentos coordenados, que devem ser assimilados a imagens de ação e, de forma posterior, mas imediata, executados por uma acomodação adaptativa do esquema prévio. O interessante dessa prova é que o examinando não deve repetir apenas uma série de movimentos, mas entender a relação entre os distintos movimentos e as resultantes que eles provocam, isto é, deve perceber que o examinador dobra o papel, prestando atenção ao mesmo tempo às partes do objeto que se relacionam ou que se juntam com essa dobra. Na execução da criança observa-se claramente se ela prestou atenção à dimensão ativa e objetiva da situação, pois, se só imita os movimentos do examinador, realizará uma dobradura muito diferente da que foi solicitada pela instrução.

V,3   Entre as provas verbais encontra-se a V,3, que é de definições e na qual se exige a determinação funcional de um pré-conceito. Não se trata de uma verdadeira definição lógica, simplesmente considera se há possibilidade de se referir verbalmente a objetos muito comuns, sem dúvida conhecidos pela criança. São, então, respostas positivas para bola: "para jogar", "redonda", "para fazer gol", que indicam uso ou fator de reconhecimento, como a forma.

V,5   Em "memória para sentenças" deve haver retenção imediata de uma seqüência com sentido. O fato de que se trata de memorizar uma frase pode facilitar, para certas crianças, o rendimento em comparação com a repetição de dígitos, mas se a assimilação predomina, é provável que o assunto prevaleça sobre a ordem e o texto seja repetido por aproximação ou com acréscimos inventados. Essa prova é interessante para medir condições para a aprendizagem, já que uma boa organização das seqüências é básica para esse processo.

V,6   A prova seguinte também se relaciona com a aprendizagem; é a V,6 e tem como tarefa contar quatro objetos. Nessa prova, não basta determinar a relação unívoca entre a série numérica e os respectivos objetos, pois há algumas crianças que, "contando" bem, não chegam a compreender que o último número da série contada indica a quantidade de unidades incluídas no conjunto. Portanto, para considerar o item aprovado deve-se insistir para que a criança diga quantos objetos há no total.

     Aos seis anos entramos em um novo período que se caracteriza pelas operações reversíveis, que estão na origem de todas as classificações e seriações, bem como de uma maior socialização; é claro que nos itens que vão determinar os seis anos logo constataremos uma transição e aos sete a consolidação de novas estruturas.

V1,1   A prova de vocabulário, que inicia os seis anos, consta de quarenta e cinco palavras e também é aplicada aos oito anos, aos dez e assim sucessivamente até a prova para adultos. Aos seis anos, são exigidos cinco acertos, o que supõe um conhecimento de palavras tais como: laranja, envelope, camisola, poça e torneira. São consideradas positivas as respostas que incluem a classe de referência em uma superior; assim, para laranja, "fruta", embora não esteja designada a diferença específica, "cítrica", "alaranjada", "com caldo", etc. Contudo, também são consideradas positivas as alusões "para comer de sobremesa, com casca", que simplesmente supõem conhecimento do objeto. Por outro lado, são negativas aquelas respostas que denotam confusão do objeto com outros, ainda que estes se incluam na mesma classe, por exemplo, quando se diz que a laranja é "como um limão". Embora não se exija um nível nitidamente classificatório para responder às provas de vocabulário, supõe-se a possibilidade de classificar, já que as palavras são consideradas não tanto denominações de um objeto, mas como signos de uma classe. O nível conceitual da criança se evidenciará em sua tendência para tentar incluir esta classe em uma superior ou em dar uma diferença específica, considerando implícita a classe superior; em compensação, os exemplos e as referências de uso, de tipo funcional, levam a pré-conceitos muito ligados ainda ao objeto prototípico.

VI,2 Consiste na cópia de uma fieira de contas que são enfiadas de acordo com determinada alternância. Embora haja imitação posterior de uma seqüência, esta não poderia ocorrer sem a captação, durante a demonstração, da relação de série alternada, que, por sua vez, será compreendida se a criança aplicar uma estrutura que supõe, por um lado, classificação (de contas cilíndricas, cúbicas e esféricas) e, por outro, seriação alternada. Esta prova é particularmente interessante como prognóstico de aquisição da aritmética básica, pois o número provém da integração de classes e seriações.

VI,4 O conceito de número aparece igualmente na VI,4, na qual deve ser verificada a determinação simultânea da série e da classe, pois se solicita à criança que delimite um conjunto dígito. Em relação à prova V,6, observa-se maior complexidade, pois naquele caso tratava-se de denominar um conjunto já limitado, enquanto no caso que examinamos deve-se limitá-lo através da contagem e isso só é possível com integração.

VI,5 É muito interessante também comparar a exigência da IV,6,3, em relação à VI,5, na prova de semelhanças e diferenças entre figuras (ver gráfico). Se observarmos o tipo de elementos que integram as séries que possibilitam a superação desta prova aos seis anos, veremos que eles fazem parte de uma classe superior (coisas para tomar leite, móveis) que, em uma criança de quatro anos e meio, são assimilados ao mesmo esquema. Apenas quando se distinguem classes e, portanto, subclasses dentro delas (xícaras e pratos incluídos em louças), a criança poderá determinar o objeto diferente.

VI,3 Se isso ocorre no nível das classes hierárquicas, também é observado no nível das configurações, como acontece na VI,3, que consiste em completar desenhos nos quais o que falta é mais ou menos essencial, como a roda do carro, o cabo da chaleira ou o dedo de uma luva. Trata-se aqui de determinar uma parte significativa do todo configurado, que se torna mais difícil quanto mais integrada estiver ao esquema configurado; como a representação total e ao mesmo tempo funcional do objeto está intimamente ligada à sua forma, é natural que as faltas ou carências identificadas com mais facilidade sejam a roda e o cabo como partes praticamente separáveis do objeto; em compensação, uma luva de quatro dedos é dificilmente discriminável da representação total se a contagem direcionada pelo conhecimento que se tem do objeto não interferir.

VI,6 Para encerrar os seis anos aparece a prova de percorrer um labirinto, que supõe uma manipulação de áreas que permite a previsão das distâncias. As mudanças de direção e, sobretudo, a presença das oblíquas perturbam a possibilidade de regular os movimentos oculares destinados a medir e comparar as distâncias, pois consideremos que, para a criança pequena, a menor distância entre dois pontos na oblíqua não é a linha que os une, e que a aproximação a essa orientação é feita por ensaios sucessivos e mais tarde por uma construção reversível do espaço. Nessa prova mede-se também a adequação perceptivo-motora, apropriada o bastante para não ultrapassar os limites do labirinto, exigência que se torna menos superável nos ângulos agudos.

Aos sete anos todas as provas supõem a aquisição de operações reversíveis e uma conseqüente socialização progressiva. De fato, a primeira e a quarta referem-se à possibilidade de captar leis e normas.

Gráfico 22

VII,1   No item VII,1, os desenhos absurdos sugerem uma situação gráfica com a presença de um elemento que perturba as relações causais do conjunto. O sucesso nessa prova implica que a criança compreenda o sentido geral da ação ou da situação, mas sobretudo que determine a causa eficiente dela. Na figura em que um tronco aparece cortado por uma serra que está invertida, ou seja, com os dentes para cima, a criança pequena tende a encontrar uma causa mágica ou animista para explicar esse fenômeno, rejeitada completamente por ser impossível pela criança maior de sete anos, para a qual a relação ente corte e serra é de causa eficiente ou única.

VII,4 Da mesma maneira, na prova de *Compreensão*, procura-se observar se a criança pode colocar-se no ponto de vista dos outros, desligando-se das reações espontâneas centralizadas nela própria para se ater às normas que convêm a todos. Uma das questões, cuja instrução diz "O que você deve fazer se outro menino bate em você sem querer?", levanta um problema que preocupou Piaget nos primeiros anos de sua pesquisa psicológica, o da moralidade em função da intenção da ação e não de seus efeitos.

VII,2 Outras duas provas são dedicadas a verificar o nível da conceituação. Na VII,2 é preciso encontrar a semelhança entre duas coisas, o que supõe a determinação de uma classe na qual elas sejam incluídas. No entanto, nem todas as respostas consideradas positivas têm o mesmo valor, pois, por exemplo, para madeira e carvão a resposta "são combustíveis" pode ser manifestada funcionalmente: "os dois queimam, esquentam, etc.". O importante é a manutenção de uma hierarquia inclusiva que supõe a operação de classificação.

É comum nessa prova a tendência de sugerir a diferença em função de uma propriedade, por exemplo, "em que o carvão é preto e há madeira preta", porque, de fato, o raciocínio pré-conceitual é desencadeado por propriedades que se comportam como funções discriminativas e por isso não podem ser estabelecidas hierarquias a partir delas, pois formam relações por aproximação. O fato de muitas crianças definirem o ser igual sob a forma "se parecem porque" nos mostra como o pensamento pré-conceitual é estático.

VII,5 Analogias opostas, que já vimos no IV,6, também exigem nesse ponto um pensamento reversível. De fato, aos quatro anos é dito ao examinando "uma mesa é de madeira, um copo é de...", e a partícula "de" dá a ele a direção da resposta. Em compensação, diante da instrução "um passarinho voa, um peixe...", é o examinando quem deve discriminar não só qual é a ação que corresponde no peixe à habilidade do passarinho, mas também que se trata precisamente de uma ação locomotora que deve incluir tanto nadar como voar.

As outras duas provas referem-se à organização representativa espacial e temporal. Quanto à espacial, a VII,3 estabelece a tarefa de copiar um losango;
VII,3 mede então a adequação percepto-motora em uma figura em que aparecem mudanças de orientação que também fazem referência à maturidade neurológica. Porém o que interessa especialmente é a determinação das oblíquas, que supõe um espaço euclidiano liberado das determinações horizontais e verticais absolutas.

VII,6 Quanto à temporal, a prova VII,6 estimula a repetição de cinco algarismos, pela qual já não é dada a possibilidade de regular os dados intuitivamente. A ordem surge de uma estruturação melódica que considere os valores dos algarismos, comparando-os em uma única organização além do valor individual de suas partes.

Aos oito anos, encontramos provas que supõem operações no nível da classificação, como a de vocabulário e a de semelhanças e diferenças.

VIII,4   Sem dúvida, a coordenação da reversibilidade, que possibilita simultaneamente a determinação de uma classe inclusiva e a das complementares sob o mesmo conceito, supõe um princípio de quantificação de classes que leva o pensamento lógico concreto a uma melhor equilibração. Assim, a criança que inclui bola e laranja entre as coisas redondas e manifesta ao mesmo tempo suas diferenças poderá determinar que há mais coisas redondas do que essas frutas, pois algumas são brinquedos. Essa prova mede as condições para a quantificação de classes, cuja importância foi acentuada por Inhelder e Piaget, em *Genèse des structures logiques élémentaires**, com aquele material clássico das bolinhas de madeira, muitas pretas e poucas brancas, que fazia os indivíduos pequenos dizerem: "há mais pretas do que de madeira, porque há poucas brancas". Trata-se de verificar então a relação "todos", "alguns", entre classes inclusivas.

VIII,1   No vocabulário, as palavras que devem ser respondidas aproximadamente nesta idade também supõem certa discriminação diferencial de subclasses; assim, por exemplo, "cílios", como parte do olho que tem pêlos e diferente de "sobrancelhas". Outros, como "Marta", supõem informação, e os demais, como "olhar", "tolerar", remetem a situações que os incluem e supõem a experiência verbal.

VIII,3   As provas que supõem a causalidade eficiente também são duas: a VIII,3 expõe de forma verbal situações que são absurdas, isto é, que apresentam uma relação entre os termos do contexto que não corresponde à legalidade das circunstâncias dele. Não se trata de postulações ilógicas em sua exposição, mas impossíveis do ponto de vista empírico. A compreen-

....

* Trad. bras.: *Gênese das estruturas lógicas elementares*, Rio de Janeiro, Zahar, 1971.

são dessa impossibilidade é um traço de socialização, porque o indivíduo percebe a lei do objeto. Ocorrem casos em que o indivíduo compreende que a situação é absurda, e até ri pelo descompasso, mas não acerta em descrever o porquê causal que torna o fato impossível. É porque há um nível regulador do absurdo, a percepção de que "há algo de errado" e um nível conceitual dele, que permite à criança encontrar a relação impossível. Por isso, absurdos gráficos são mais fáceis porque há sinais perceptíveis que podem ser assimilados rapidamente aos esquemas de ação eficiente, por exemplo, o do guarda-chuva para se proteger da chuva.

VIII,5   A VIII,5 é uma das provas chamadas "de compreensão", a primeira das quais seria mais bem denominada "de explicação", pois questiona "o que movimenta um barco a vela?". Para a criança pequena, encontrar uma causa alheia ao próprio barco ou ao elemento água, ao qual quase sempre o relaciona, fica muito difícil, já que sua atitude de egocentrismo é projetada nos objetos como animismo. E nesse sentido as explicações animistas do movimento são as últimas a desaparecer.

As outras tarefas desse mesmo item referem-se a normas que evidenciam a possibilidade plástica do indivíduo para considerar as condições de uma situação e adequar-se a ela. Assim, para a pergunta "o que você deve fazer se alguém lhe pergunta sobre um endereço em uma cidade que você não conhece?",* responder "eu lhe digo" significa não ter compreendido a instância de que se trata de uma localidade desconhecida e a norma que decorre disso. A criança conhece uma norma "que se deve responder quando

....

* Texto brasileiro: "o que você deve dizer quando está numa cidade estranha e alguém pergunta a você como achar um determinado endereço?". [N. da R.T.]

alguém pergunta", e a aplica sem discriminação enquanto não pode acomodá-la às peculiaridades das circunstâncias expostas na instrução.

VIII,6 Entre as provas dos oito anos aparecem duas sobre memória. A anterior é de "memória para sentenças", e a segunda consiste em um questionário a respeito de um conto impresso, imediatamente depois que a criança o lê em voz alta. No primeiro caso trata-se de memória imediata dificultada pela inclusão de elementos supérfluos ao sentido geral da frase. No segundo caso, pelo contrário, é sobretudo a compreensão do sentido da seqüência temporal, o que facilita a estruturação de uma situação complexa, em que cada momento é antecedente de uma conseqüência.

A falta de socialização, dependente com freqüência de um prolongamento da etapa de assimilação lúdica, fará com que o indivíduo altere o conto com apreciações próprias, evidenciando a inadaptação por preponderância assimilativa. A comparação de ambas as provas de organização de estímulos ordenados para sua repetição imediata tem um valor diferencial nos problemas de aprendizagem.

As provas dos nove anos nos indicam que nessa idade, embora não seja produzida uma mudança de estruturas, essas adquirem uma coordenação e plasticidade que permitirá à criança relacionar séries e classificações entre si por operações multiplicativas, que possibilitarão antecipações cada vez mais corretas, diminuindo a experimetação.

IX,1 Duas provas evidenciam essa antecipação no nível da representação. Em uma delas o examinador dobra um papel, primeiro em duas, depois em quatro partes, faz um corte, e o indivíduo deve desenhar como ficaria o resultado desdobrado, situando as dobras e o buraco resultante do corte. Para fazer isso corretamente, o indivíduo deve reverter o processo da ação observada, de tal maneira que certas partes sejam conservadas e outras transformadas. Há uma verdadeira projeção da transformação no papel dobrado ao papel desdobrado, que podemos equiparar a outras similares no estudo da geometria do espaço, do que Piaget conclui que não é a intuição que pode explicar tais comportamentos, mas a coordenação de operações, isto é, de ações imaginadas nesse caso e transformações produzidas.

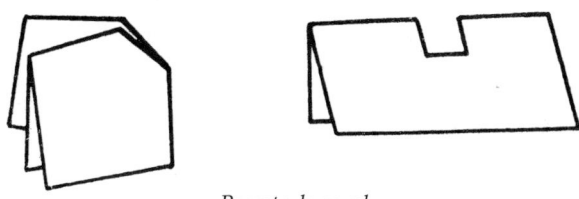

Recorte de papel
Terman L, IX,I (demonstração da dobra recortada)
Gráfico 23

IX,3   Na memória para desenhos é preciso reproduzir uma figura complexa onde ocorrem múltiplas relações topológicas (inclusão, simetria), e operatórias (identidade, proporção), cuja organização formal exige a coordenação simultânea de vários fatores envolvidos. Como não se trata de cópia mas de memória, torna-se evidente como essa única coordenação operatória garante a conservação da configuração. Essa operação é de caráter infralógico enquanto relaciona partes com o todo.

IX,4   A prova IX,4 também se baseia em índices perceptivos, mas de tipo acústico, pois propõe à criança encontrar rimas para certas palavras, referindo-se à classe em que deve ser incluída como signo. Então, a resposta deve cumprir uma condição dupla (multiplicação), a primeira morfológica, que supõe a análise da palavra em sílabas e a determinação da última delas (ordem) para estabelecer a identidade, e a segunda, semântica, justaposta a ela. Por exemplo, com a instrução "que animal rima com calção?", a sobreposição lógica da classe dos nomes terminados em "ão" com a classe dos "animais" daria uma subclasse com vocábulos tais como leão, camaleão, leitão, etc.

IX,6 A prova IX,6 refere-se à repetição de algarismos, mas dessa vez na ordem inversa. A conservação acontece então como seqüência, e a transformação consiste na inversão de sentido dessa seqüência no tempo. Nesse caso também, como em outros nessa idade, ocorre uma coordenação entre as ações internalizadas ou imagens e as operações exercidas sobre elas.

IX,5 Assim, com a mesma estrutura, mas em outro nível, encontramos no item IX,5 um problema aritmético do seguinte teor: "para comprar uma borracha de R$ 2,00, dou R$ 5,00 para o vendedor; quanto ele deve me dar de troco?"*. A necessidade de um pensamento reversível para compreender o mecanismo da troca evidencia-se na própria instrução, já que a conservação dos R$ 5,00 deve ser assegurada através da transformação em borracha e troco.

IX,2 Para completar os nove anos, temos a prova de absurdos verbais. A dificuldade deste item, em relação ao anterior do mesmo tipo, é a presença de elementos supérfluos e de relações mais complexas que as solicitadas anteriormente. Por exemplo, se aos oito anos exige-se uma noção de ordem de ocorrência para achar absurdo um segundo tiro que não provoca muito dano, depois de um primeiro que mata, aqui a relação temporal ocorre em um contexto mais complicado onde "é descoberta em um lugar da Espanha

....

* Texto brasileiro: "se você fosse comprar R$ 12,00 de bala e desse R$ 15,00 para o vendedor, quanto receberia de troco?".

a caravela de Colombo quando tinha dez anos"*. No primeiro caso é uma impossibilidade evidente em nível prático, mas no segundo é necessário ter a noção temporal construída como dimensão contínua, porque a criança pequena considera com razão que Colombo tinha uma caravela aos dez anos, não compreendendo a transformação dela no tempo.

A partir dos nove anos, o conteúdo das provas se repete com leves variações ligadas especialmente à possibilidade de experiência e informação. Conseqüentemente com as razões estatísticas, que justificam plenamente a crítica que D. Wechsler, entre outros, fizera à noção de quociente intelectual como relação entre idade mental e idade cronológica, também as provas que procuram discriminar a diferença de nível, quando não aparecem novas estruturas que possam justificar uma mudança acentuada, só se justificam por acumulação quantitativa.

Apenas alguns itens, que analisaremos em detalhe, parecem supor um nível de formalização que os diferencia qualitativamente dos comportamentos expostos até aqui.

XII,6   Assim, o item XII,6 apresenta uma prova idealizada por Minkus, na qual é necessário unir uma frase primária a uma secundária por meio de conjunções tais como: *e, embora, mas,* etc., que têm um valor lógico relacionado não com a lógica intraproposicional, mas com a interproposicional, que nos aproxima da possibilidade de formalização do pensamento. Assim, por exemplo, na frase "os rios estão secos... tem chovido muito pouco", a partícula "porque" ou similar denota a implicação suposta entre os dois fatos.

....

* Texto brasileiro: "num velho cemitério da Espanha descobriram um pequeno crânio que se supõe ser o de Cristovão Colombo, quando ele tinha mais ou menos dez anos". [N. da R. T.]

XIII,5   De maneira semelhante, a ordenação de frases em desordem supõe certo grau de formalização da linguagem, em um nível ao mesmo tempo sintático e semântico. Para construir uma frase com sentido a partir desse conjunto de palavras *"as – pedi – lição – minha – professor – corrigir – meu – para – eu"*, é necessário ser dotado de um modelo prévio de estrutura idiomática quanto à ordem (pronome, verbo, objeto direto, etc.) funcional.

XIII,2   Aos catorze anos aparecem três provas novas, mas que vão se repetir daí em diante, o que nos indica que mais ou menos nessa idade é produzida a finalização de uma nova estrutura nos comportamentos inteligentes. A segunda prova é chamada precisamente de indução e trata-se de pedir ao examinando a elaboração de um princípio que explique o fato da multiplicação dos buracos feitos numa folha de papel que vai sendo dobrada sucessivamente. Não é o número de buracos que o indivíduo deve prever, pois nesse caso voltaríamos aos nove anos, mas uma regra aplicável a um número qualquer de dobras.

    A passagem da experiência para a regra generalizada supõe um procedimento lógico-dedutivo, que para Piaget corresponde a uma estrutura de grupo formal na qual o indivíduo não coordena as ações exercidas sobre os objetos, como ocorre no nível concreto, mas é capaz de coordenar as próprias ações como conteúdos do pensamento. Como o indivíduo pode verificar suas previsões até a quinta dobra, pode corrigir suas próprias hipóteses arriscando outras implicações a serem comprovadas.

XIV,4   A quarta prova tem um título surpreendente, denomina-se Engenhosidade, e, segundo Terman, essa engenhosidade provém de um lampejo intuitivo pelo qual a solução é reconhecida, depois de várias tentativas que seriam outras tantas estratégias. Por esse motivo é uma prova à qual é dado certo limite de tempo e que começa com uma solicitação mais simplificada que orienta a solução das seguintes. A prova consiste em solucionar a seguinte situação: "uma mãe mandou seu filho ao rio para buscar exatamente três litros de água. Ela lhe deu uma lata de sete litros e outra de quatro litros. Como fará o menino para cumprir essa tarefa?". A solução do problema não parece contudo obra de um súbito *insight*, mas supõe a tentativa mental de várias ações possíveis: "se encho A, logo...; se encho B...; etc.". Vamos lembrar a esse respeito aquela frase com que Piaget diferencia o pensamento adolescente do pensamento infantil e que se refere à tendência de formalização que subordina o possível ao real: "Em que o possível se manifesta simplesmente em forma de um prolongamento do real em sua ação executada sobre a realidade, pelo contrário, o real se subordina ao possível."

XIV,5 Em um nível de operações infralógicas também encontramos uma prova que nos indica a possibilidade de integrar dois sistemas de referência na orientação espacial, como os pontos cardeais e a direita-esquerda. Trata-se de uma série de situações expostas assim: "Suponha que você vai indo para o oeste e vira para a direita, em que direção você vai agora?"

A análise das provas escolhidas por Terman para a confecção de seu teste e discriminadas pela razão estatística de terem sido superadas por 50% dos indivíduos de uma determinada idade permite um diagnóstico mais preciso do comportamento infantil, geral e individual. De fato, embora, como vimos, a cada período de idade correspondam diversas estruturas básicas de pensamento ou graus de coordenação particular dentro delas, o indivíduo pode responder com um distinto nível de rendimento a diferentes estímulações, pois enquanto alguns são favorecidos perante índices perceptivos ou representações morfológicas, outros se beneficiarão com a solicitação verbal da situação. Enquanto alguns operam com maior facilidade no infralógico, outros exibem melhor rendimento em formação de conceitos, e outros ainda desenvolvem-se no âmbito da casualidade, ou seja, da socialização. Nos limites da organização da realidade para cada idade encontramos então as diferenças individuais, originadas em uma multiplicidade de fatores constitucionais, ambientais, afetivos, etc., que incidem na dispersão de seu rendimento.

Capítulo 8
Medida multifatorial das habilidades primárias: o SRA de Thurstone

Escolhemos especialmente para analisar a prova de Thurstone, "SRA, Habilidades Mentais Primárias, de cinco a sete anos", por seu caráter multifatorial. Nela foram discriminadas quatro habilidades ou fatores de grupo que são o verbal, o perceptivo, o quantitativo e o espacial. Do ponto de vista estatístico, pela própria natureza do tratamento fatorial, não caberia encontrar nenhuma correlação entre o grupo e o grupo de provas, uma vez que, ao discriminar cada fator ou habilidade, a matriz residual na qual se opera para determinar um novo fator já é considerada vazia do fator anteriormente descartado.

Portanto, Thurstone considera que tais habilidades, integradas no indivíduo de modo que esse possa se adaptar mais ou menos inteligentemente às exigências do meio, são independentes entre si. De fato, do ponto de vista sincrônico podemos considerar que os diversos aspectos promovem um nível de comportamento distinto de acordo com o indivíduo, já que se verificam perante estímulos diferentes e obedecem a instruções distintas. Dessa maneira, para a mesma nota que soma os pontos ponderados, e que permite obter uma idade mental global, diferentes indivíduos apresentarão perfis muito díspares quanto à distribuição relativa dos rendimentos parciais em cada habilidade.

Porém, do ponto de vista diacrônico, que é o que nos interessa em particular, não podemos deixar de constatar que a evolução das condutas em cada área pode ser explicada pela aquisição sucessiva de certos esquemas que não são exclusivos de cada habilidade, mas são comuns a todas elas. Então, os resultados obtidos pela análise fatorial se justificam enquanto envolvem processos de acordo com o tipo de estímulo empregado – sejam signos, índices ou sinais – e o tipo de problema a ser resolvido – sejam de identificação, designação, comparação –, mas podem ser completados com uma análise de como essas diferenças são articuladas por assimilação a esquemas estruturantes da realidade que variam com a idade da criança.

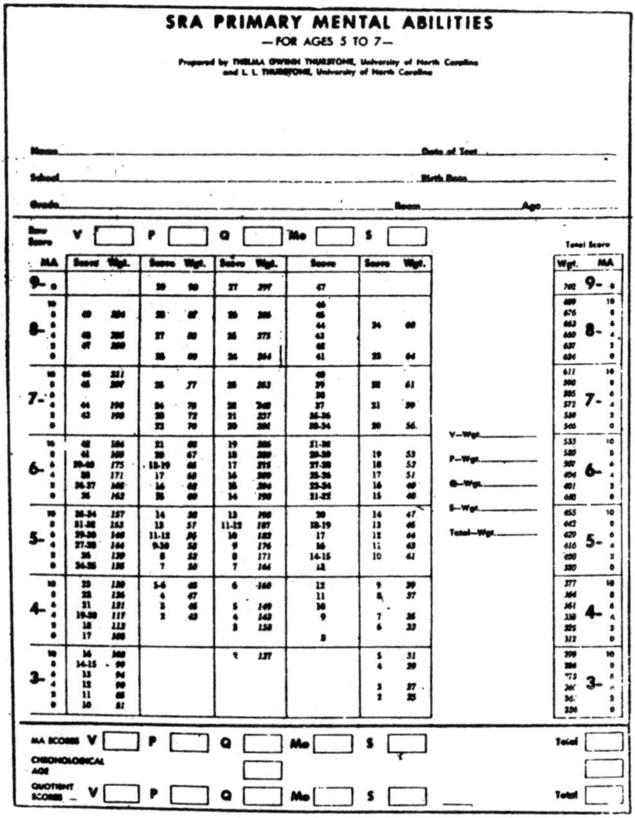

Reprodução do protocolo de Thurstone, cópia do original
Gráfico 24

E isso é viável porque a prova foi elaborada considerando distintos níveis de idade cronológica, dividida em intervalos muito pequenos de dois meses. Thurstone nos permite observar no protocolo o peso de cada rendimento no total, já que a distribuição dos pontos brutos não está reduzida a seu valor normalizado, mas apresenta precisamente seu valor relativo quanto a um rendimento global previsível para cada idade.

Se para simplificar pegarmos os pontos ponderados parciais que equivalem respectivamente a um total de 624 e de 468, correspondentes em média às idades mentais de oito e seis anos e determinarmos sua diferença:

	Verbal	*Perceptivo*	*Quantitativo*	*Espacial*	*Total*
8 anos	216	80	264	64	624
6 anos	162	60	198	48	468
diferença	054	20	066	16	156

concluiremos que a habilidade quantitativa e a verbal revelam mais a inteligência do indivíduo do que a perceptiva e a espacial. De fato, se relacionarmos os pontos ponderados com os pontos brutos, ou seja, a quantidade de itens superados no mesmo período, obteremos:

	Verbal	*Perceptivo*	*Quantitativo*	*Espacial*
8 anos	47	26	24	23
6 anos	35	15	14	15
diferença	12	11	10	08

o que significa que no nível verbal cada item correto aumenta em seis pontos a contagem ponderada; em compensação, no nível espacial se beneficia apenas com mais dois pontos. Por fim, para demonstrar um nível de inteligência superior parece mais importante ter um bom rendimento quantitativo que um bom rendimento espacial, por exemplo. E isso não deve nos surpreender, pois os tipos de comportamentos envolvidos nas provas verbais e de manipulação de quantidades indicam mais uma estrutura operatória do que as outras.

Por outro lado, esse teste nos interessa especialmente porque se situa em um período de transição entre o pensamento pré-operatório e o operatório, lógico e reversível. Poderemos destacar, então, o limite preciso em que uma tarefa deixa de ser resolvida num nível intuitivo, configurado, e só pode ser assimilada a uma estrutura mais equilibrada do pensamento.

Habilidade verbal

De acordo com o manual, trata-se da habilidade de compreender idéias expressas com palavras. Na realidade, a prova consiste em relacionar dois significantes, um signo e um símbolo gráfico, a um mesmo significado e, desse ponto de vista, trata-se de medir o nível da função semiótica. Porém já sabemos que essa função, que se constrói no estágio da representação, integra-se às estruturas operatórias, pelas quais a criança começa a hierarquizar e classificar seus conceitos, de tal modo que aqueles significados, que antes dos seis anos são intuições baseadas em arquétipos quase-simbólicos, transformam-se em verdadeiros conceitos.

Analisaremos em detalhe os itens que supõem uma mudança de critério em sua construção; o número indica a ordem da folha de prova que se computa, e a letra, a ordem do exercício nessa folha.

1a
Instrução: "marquem a fruta" (coletivo), "mostre a fruta", "ponha o dedo sobre a fruta":

3.1

Das quatro categorias apresentadas, três são comestíveis; portanto, embora se trate de uma denominação substantiva, as coleções não-figurais devem estar construídas. "Fruta", apesar de ser um nome genérico, não é entendida aqui como uma classe, mas como um conjunto de objetos, tanto é que a representação é feita através de um monte delas. Piaget refere-se à precocidade das noções genéricas que são originadas por hábitos verbais, já que a criança considera como "fruta" diversas frutas, antes mesmo de especificá-las. Mas tais noções não conservam nem a definição – já que as crianças antes dos seis anos dizem que a laranja é "para comer" e dificilmente "uma fruta" –, nem a quantificação, pois diante de oito laranjas e duas maçãs dizem que "tem mais laranjas do que frutas, porque tem pouquinha maçã". Em suma, a criança indica aqui uma coleção e não uma classe, esgotando-se sua compreensão na figuração e na funcionalidade de seus membros individuais.

Os objetos subseqüentes, embora sejam designados por substantivos, estão mais distantes da experiência imediata da criança, como "coroa" e "flecha"; mas as alternativas não perturbam a escolha. Em compensação, para indicar "o cisne", a criança deve conhecer uma característica específica dessa ave, como, por exemplo, que não voa, pois uma alternativa mostra um pato voando. No item seguinte supõe-se uma definição pela classe superior, dado que solicita que se indique "a fera" e a figura correspondente mostra um leão, porém, de certa maneira, o leão também simboliza as feras, pelo que poderíamos falar aqui de uma transição entre símbolo e conceito. No último item da página, a instrução é "indique o artista", mas as alternativas supõem a compreensão do agente da ação:

3g

Tal agente deve ser distinguido do fim e dos meios, dentro de um esquema comum ao qual podem estar assimilados os diferentes objetos.

Na página seguinte são dados outros tipos de instrução; assim, para o primeiro item é: "O que você poderia ganhar no Natal? Mostre-me."

4a

As quatro categorias apresentadas têm relação com as festividades do Natal; portanto, trata-se de saber se a criança discrimina funcionalmente, dentro do esquema global, o que se menciona. Os itens subseqüentes complicam a tarefa, não só porque as instruções supõem uma dupla condição, mas porque as alternativas favorecem uma assimilação egocêntrica. Assim, "mandar uma carta" é assimilado diretamente com carteiro, sem considerar a condição de "o mais rápido possível", que supõe, além disso, a ordenação dos objetos apresentados conforme sua velocidade, mesmo que essa possa ser realizada por aproximação como transição. O quarto item dessa página mostra:

4d

Com a instrução: "Mostre o que é que ajuda um senhor velhinho, que não enxerga bem, a ler seu livro." A criança pequena indica em geral o livro, por ser a palavra citada diretamente assimilada à imagem. A cadeira de rodas também é apontada por compartilhar o esquema de "senhor velhinho". Para poder considerar a modalidade da situação supõe-se na criança certa socialização paralela a uma descentralização que lhe permita levar em conta mais de uma perspectiva ao mesmo tempo. O penúltimo item nos permite observar como a criança não consegue aceitar uma informação até não dinamizar seus esquemas a ponto de integrá-la. Assim, apesar de reconhecer a medalha e saber que medalhas são dadas "a alguém muito valente", mostra os bombons diante da seguinte ilustração:

4f

cuja instrução é "indique o que deram a um soldado que foi muito valente".

Na página cinco não se trata de distinguir modalidades de uma mesma situação para verificar a mobilidade dos esquemas, mas de discriminar esquemas entre si. Os primeiros itens referem-se à distinção dos meios para conseguir um fim e os objetos são definidos por sua funcionalidade: para saber quanto frio faz, para abrir uma porta. Em seguida, destinam-se mais a verificar o agente efetivo de uma ação, por exemplo:

5d

com a instrução: "mostre quem cultiva aquilo que nós comemos". O pensamento egocêntrico, restrito à experiência imediata e mágico-fenomenista, considera que a mãe fornece tudo aquilo que se come ou, quando muito, o quitandeiro "da esquina". O fato de que os alimentos devam ser plantados é por si só uma noção estranha para uma criança da cidade, que os imagina sempre no estado em que os vê. A outra alternativa verifica o alcance da ação de plantar, como modo específico de fornecer alimentos, tarefa que o pescador também cumpre.

O item seguinte pergunta: "Qual é o animal mais forte? Mostre-o." É surpreendente encontrar, em um nível verbal, uma nítida prova de seriação, a menos que a entendamos como a informação que o indivíduo tem sobre essa aptidão nos animais, base para a ordenação efetiva. Em compensação, a última, que mostra três frutas e uma cenoura, é preponderantemente informativa, pois pede que se indique "qual cresce debaixo da terra".

Na página seis a instrução é dada de tal modo que a criança deve completar o pensamento que se sugere. Assim o primeiro item

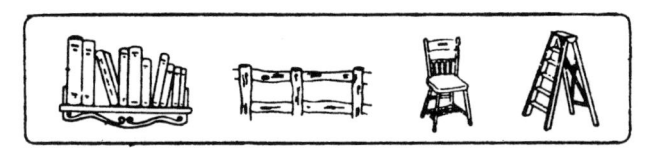

6a

tem por instrução "mostre a figura que completa esta história: se você tem que pegar um livro em uma estante e não tem uma escada, pode usar...". Em primeiro lugar, a criança deve determinar a diferença entre meio e fim, para não escolher a estante. Essa possibilidade, que começa a se esboçar no último estágio sensório-motor do bebê por eficiência das próprias ações, é ainda mais determinada na etapa representativa, visto que é possível antecipar a ação. Apesar disso, a criança costuma indicar a escada por não ter incluído na situação o fato de que devia prescindir dela; isso ocorre quando os índices perceptivos são mais fortes ainda que a reconstrução imaginária, que, nesse caso, deve conotar uma classe, já que a negação "não-escada" implica uma subtração entre os "objetos para alcançar". Pelos esquemas motores que envolve, podemos falar ainda de transição entre configurações e conceitos. Em outras situações propostas deve-se considerar "que é inverno" ou "que se trata de um menino grande", o que sempre supõe subclasses dentro de classes. Um exemplo mais evidente do que dizemos talvez seja o penúltimo exercício, no qual diante de um cofrinho, uma caixa registradora e uma carteira de mulher, o indivíduo deve completar "quando o dono do armazém me deu o troco, eu vi o dinheiro que ele tinha em...". Aqui a classe dos objetos nos quais se guarda dinheiro é especificada em várias, de acordo com o agente que o faz.

A verbalização que vimos até agora estava centralizada na compreensão da frase no sentido de estabelecer a modalidade e a circunstância do objeto que se procurava definir. As alternativas verificavam a construção correta de esquemas de ação, coleções e classes e, eventualmente, de classes complementares. Na página sete as alternativas representam momentos de uma seqüência ou história na qual a criança deve determinar a situação que é descrita como atual. Assim, a instrução do primeiro item diz: "depois de lavar o rosto e tomar seu café da manhã, João levou seus livros para o colégio. Indiquem".

7a

A criança deve aceitar que o ato do qual se fala aconteceu depois dos outros; portanto, uma primeira ordenação é imposta de acordo com um antes e um depois, mas de tal modo que essas noções se complementem e se anulem. A seqüência temporal por aproximação é construída no período sensório-motor, ao mesmo tempo que se determinam certas relações muito primitivas de antecedentes e conseqüentes em ações afetivas, no começo assimiladas de forma indiscriminada a um mesmo esquema circular. Porém, para reconhecer um momento em uma seqüência é necessário que uma imagem temporal de ordem imediata tenha sido internalizada.

O quarto item não averigua a discriminação antes-depois, mas, na mesma situação atual, distingue o real do desejável, ou seja, mede o nível de socialização no sentido de que deixa de predominar a assimilação sobre a acomodação e há adaptação completa. O item representa o seguinte:

7d

E a instrução diz: "Luísa parou diante da janela, olhando como chovia lá fora, e desejou poder caminhar pela rua, debaixo do guarda-chuva."

Como se pode observar, nessa prova não é tão importante a instrução e sua resposta, mas a natureza das alternativas que, por sua escolha, nos indicam diretamente o tipo de raciocínio e de confusão que guiou a criança. Assim, no último item, cuja história é "José está carregando folhas em seu carrinho de mão para fazer uma fogueira", se o indivíduo escolhe a representação da criança levando as folhas em uma cesta, confunde o meio; se escolhe a representação da criança vendo a fogueira queimar, confunde a ordenação temporal; se escolhe "José juntando folhas com o rastelo", indica a necessidade da criança de voltar a começar a história desde o princípio, por falta de reversibilidade na ordenação.

A prova verbal seguinte é de caráter muito diferente das que estivemos analisando até agora e seria muito importante adaptá-la ao idioma espanhol*, pois, por suas características,

....
* Este teste não foi publicado no Brasil, embora tenha sido utilizado por alguns psicólogos, conforme se vê em Van Kolck, O. L. "Técnicas de exame psicológico e suas aplicações no Brasil". Petrópolis, Vozes, 1974. [N. da R. T.]

constitui um precioso instrumento de prognóstico para a adequada aquisição da escrita e da leitura no início da vida escolar.

De fato, cada item representa dois objetos, cujos signos, do ponto de vista fonético, diferem muito pouco. Assim, em inglês, *cake* (queik) e *skate* (squeit); depois *bed* e *bread* (bred), etc.; que no idioma espanhol revelam dificuldades de reconhecimento entre palavras, tais como, *hilo* e *hielo*; *capa* e *carpa*; *hombro, hombre*; *calvo, clavo*; etc. Já sabemos que a determinação correta provém de bons esquemas construídos no nível sensório-motor, ou nos quais se coordena um esquema auditivo que compromete o som ouvido e um esquema fonético que compromete o sistema neuromuscular do aparelho fonador e, de certa maneira, também o respiratório. Porém, também aparecem problemas de ordem nas sílabas ou labilidade na construção de sílabas trilíteras (cla-cal), que implicam uma coordenação por imitação acomodadora, já que não são sílabas que aparecem espontaneamente no balbucio. De qualquer forma, esse comportamento compromete sobretudo a percepção, os esquemas sensório-motores e a formação de imagens por imitação, não interessando muito a nosso propósito de observar como se passa do nível intuitivo para o operatório.

Habilidade perceptual

Na verdade, a prova é denominada "velocidade perceptual" e, segundo os autores, mede a habilidade para reconhecer semelhanças e diferenças rapidamente e com segurança. A referência à velocidade é necessária porque através dela compreendemos a estratégia que a criança usa para chegar à solução. Se a tarefa é cumprida por regulação perceptiva e o indivíduo concentra-se sucessivamente em cada parte do modelo e em cada parte de cada alternativa, o ensaio necessário para tal realização permitirá que ele solucione apenas os itens mais simples e em um tempo muito longo. Se por descentralização intuitiva a criança é capaz de determinar ao mesmo tempo várias partes ou pré-infraclasses, poderá diminuir em parte o ensaio enquanto organiza a busca de semelhanças; assim, poderá solucionar outro grupo de problemas que supõem dois fatores envolvidos. Porém, alguns itens exigem uma classificação mais ordenada, pois estão representadas partes de partes, o que supõe uma hierarquização infralógica da configuração que depende de uma estrutura de pensamento operatória.

Para a aplicação individual a instrução geral é a seguinte: "qual destes (e mostra-se a fila de alternativas) é igual a este (e mostra-se o modelo, enquadrado à esquerda). Continuem trabalhando até que eu lhes diga (espera-se um minuto e meio e interrompe-se a tarefa das páginas onze e doze)".

10a

Esse primeiro item não tem resposta positiva enquanto a criança não começar a organizar as primeiras coleções. Antes disso insiste em que "todos são porquinhos" e, por isso mesmo, iguais. Quando discrimina, explica afirmando "porque olham para lá" e mostra também o quarto porquinho. Depois notam que a gola é diferente, estabelecendo a primeira descentralização, que a princípio é sucessiva, já que o indivíduo volta ao modelo para buscar outro indício de reconhecimento, e logo se torna simultânea. Ao organizar infraclasses, como gola, orelhas, orientação e suas especificações, lisa, abaixadas, perfil parcial, a tarefa se equilibra a tal ponto que o reconhecimento poderia ser interpretado como um *insight*.

Os itens subseqüentes aumentam sua dificuldade à medida que um único fator é considerado para a discriminação e que pode ser o de forma ou de orientação, porém tais indícios são cada vez mais confundidos na configuração total, sobretudo se o indivíduo baseia-se apenas neles. Na página onze, o primeiro item combina ambos os critérios, o de forma e o de orientação, tornando obrigatória a descentralização que possibilita o reconhecimento. Outro, no qual aparecem quatro flores, relaciona o centro delas e as pétalas, isto é, dois critérios formais aplicados a duas partes distintas da configuração. Sem dúvida, a coordenação de descentralizações aparece como uma transição para a etapa operatória que ocorre com maior rigor no penúltimo exemplo da página.

11f

Como se pode observar, ocorre uma primeira dicotomia entre árvores com copa e sem copa e, só depois desse descarte, outro que se apóia no critério formal pela divisão dos galhos, por exemplo, ou pela linha marcada na base da árvore. Isto supõe uma operação infralógica, capaz de hierarquizar partes significativas dentro de uma configuração.

Para as páginas doze e treze o tempo limite de execução é de dois minutos, com a mesma instrução para a aplicação individual. Como se observa na gravura que corresponde ao primeiro item, trata-se de uma representação esquematizada de um objeto e as alternativas referem-se ao mesmo objeto total, variando a coloração das partes:

12a

Assim, a operação é obrigatória, ainda mais nesse exemplo em que a distribuição é por metades. Contudo, a dicotomia não é obrigatória porque o quarto desenho é o único que possui cada um dos critérios de escolha. Em compensação, na última gravura a solução é encontrada multiplicando as "curvas na frente" pelas de "olho redondo", visto que as outras opções, determinadas quando se considera um único fator, estão presentes.

12h

Em alguns itens, além de uma primeira dicotomia por forma ou cor, aparece uma comparação posterior de tamanho de algum detalhe ou de sua localização relativa na figura, que leva a criança a assumir certas relações topológicas; por exemplo, a de em cima-embaixo, na penúltima figura da página treze:

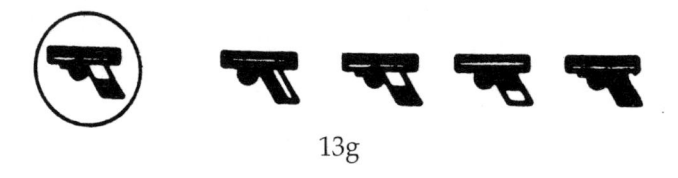

13g

Habilidade quantitativa

Segundo os autores, e falamos no plural porque Thurstone construiu este teste com a colaboração de sua esposa, Thelma Gwinn Thurstone, a capacidade quantitativa supõe comportamentos destinados à compreensão do significado dos números e ao reconhecimento de suas diferenças quantitativas. No entanto, as provas que serviram para isolar o fator quantitativo, nesse caso, tratam não só de relações de quantidade (de mais que, de menos que, e proporcionais), mas de um fator que em provas para adultos já tinha sido definido como distinto e que é o fator numérico, que se refere mais à determinação dos conjuntos cardinais-ordinais e ao estabelecimento de relações de cálculo entre eles, como a adição, a subtração, a multiplicação e a divisão.

Todos os itens da página quinze têm por instrução a delimitação de um conjunto em outro maior, que se apresenta assim: "Risque três tesouras..., risque seis regadores..., etc.", estando as respectivas figuras representadas repetidamente em fileiras contínuas, como a seguir:

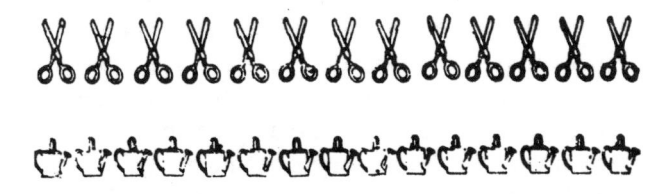

Em primeiro lugar, a tarefa supõe o conhecimento da série numérica; além disso, a capacidade de atribuir a cada número da série um objeto de maneira progressiva e unívoca, e, em último caso, compreender que o último número da série contada designa o conjunto de elementos que o conjunto inclui. Essa integração de série e conjunto é que promove a noção de número a sua classe conceitual e operatória. É evidente que para determinar três coisas não é preciso ter essa noção, já que a quantidade aparece na configuração e, até por meio de contínuas voltas à unidade, a criança poderá representar um conjunto dígito; porém, isso não será possível quando se tratar, por exemplo, de treze objetos, pois a essa altura a criança precisa de um pensamento reversível que garanta a ela a conservação das treze unidades ao ir acrescentando-as uma a uma. Por isso é interessante, nessa prova, não se restringir apenas ao resultado, mas observar a estratégia da criança durante a realização, reparar especialmente se conta os riscos feitos ou se risca e conta toda vez para verificar o número de objetos já marcados. No primeiro caso, a criança age a partir de uma estrutura operatória, no segundo caso, a regulação de sua conduta é intuitiva.

Na página dezesseis a distribuição gráfica da tarefa é semelhante, mas as instruções são muito diferentes. No primeiro item pede-se à criança que risque o primeiro e o último dos peixinhos. É claro que só um pensamento descentralizado pode perceber ambas as relações ao mesmo tempo. O segundo item requer a determinação de conjuntos, mas de maneira que um seja maior que o outro, assim não será necessário contar os elementos, pois os intervalos são iguais; nesse aspecto, não podemos estar convictos de medir a noção de maioria em seu sentido numérico, já que é provável que a criança aceite o índice perceptivo do espaço ocupado para orientar a comparação. Para cumprir a instrução de assinalar o vaso que está perto do último, duas relações devem ser coordenadas, e, embora ocorra de modo configurado, a tarefa supõe uma transição para a reversibilidade que deve acontecer no item seguinte, cuja instrução é: "risque todos os [espanadores] menos três". De fato, a relação entre o todo, o que resta e o que se risca deve constituir um sistema completamente equilibrado. Os últimos exercícios propõem o mesmo problema, mas especificamente na ordenação, ao solicitar, por exemplo, "risque todos os cabritos, menos o segundo". Quanto ao último, supõe uma divisão pela metade que algumas crianças representam riscando a figura pelo meio e outras, com um nível melhor, contam o total, dividem-no por dois e limitam o respectivo conjunto. As menores tentam, de modo regulamentar, estabelecer por comparação dois conjuntos iguais, mas em geral fracassam.

Na página dezessete, os objetos estão distribuídos em fileiras, tal qual vimos no exemplo, porém antes de assinalar, a criança deve resolver um problema; assim, para o primeiro item: "João e Pedro querem retirar a terra, de quantas pás vão precisar?", a criança pode resolver no nível da imaginação antecipando a dupla ação de "uma pá para cada um", mas também pode ser resolvido no nível prático. O problema seguinte, em compensação, é de transição para o nível operatório, pois, para a instrução "todos os carros estavam estacionados, dois foram embora, marque os que ficaram", a criança deve determinar que os que não foram, ficaram, como classes complementares.

O terceiro exercício da página traz um problema que preocupou Piaget quando ele estudou a socialização do pensamento como possibilidade de integrar uma multiplicidade de pontos de vista. Assim, a criança pequena não conta a si mesma como irmão, pois não relativiza essa relação; só depois dos cinco anos é capaz de integrar sua perspectiva como irmão e a de seu irmão em relação a ela. Além desse problema, a situação proposta pela instrução "um ratinho tem duas irmãzinhas e dois irmãozinhos, quantos ratinhos há na família?" obriga a uma adição de termos que ainda pode ser resolvida por aproximação na própria configuração.

Os últimos exercícios, por implicarem uma reversão obrigatória, mostram que o indivíduo que os supera trabalha com os números de maneira lógica e operatória. Assim, diante do enunciado que diz: "as crianças da escola enfeitaram a arvorezinha, os meninos enfeitaram quatro, quantas as meninas enfeitaram?", é necessário que dentro do "todo", "as enfeitadas pelos meninos" e "as enfeitadas pelas meninas", ocorra uma relação que possa ser lida em ambas as direções, conservando-se o todo e as partes apesar das transformações que são exercidas sobre eles pelas respectivas operações de adição e subtração.

Habilidade espacial

A habilidade espacial é considerada pelos autores uma habilidade para visualizar e pensar sobre objetos em duas dimensões. Vamos lembrar brevemente que, para Piaget, a noção de espaço não se constrói a partir da percepção e menos ainda é uma categoria prévia que o ser humano projeta sobre os objetos; para ele, a fonte da noção de espaço é a ação; em primeiro lugar a do próprio corpo do bebê sobre os objetos, que posteriormente e como esquema transforma em uma propriedade dos objetos para acabar coordenando, por integração dos deslocamentos, o grupo prático como estrutura geral e reversível da atividade prática. No nível representativo, as imagens, como internalizações de ações de imitação por acomodação, conservam o aspecto sensório-motor original, integrando-o em uma função semiótica, já que a imagem se constitui em um símbolo figurativo do esquema do objeto. Mas esta imagem é estática e não pode explicar as transformações e, portanto, o espaço como sistema de transformações possíveis, se não se integrar em uma estrutura equilibrante operatória, como as operações infralógicas. Tais operações exercidas sobre um objeto contínuo originam três sistemas progressivos de organização do espaço. Primeiramente o topológico, no qual aparecem relações de "proximidade", "separação", "contorno", etc., que correspondem à geometria intuitiva do objeto. Para passar dessa geometria egocêntrica a uma verdadeira representação do espaço por coordenação de perspectivas, é preciso chegar ao sistema projetivo, que, em um nível muito elementar, permitirá que a criança de sete anos desenhe a oblíqua em qualquer enfoque. Porém, só com a passagem para o espaço euclidiano é garantida a conservação das relações mútuas da orientação dos objetos, apesar das transformações de enfoque, como, por exemplo, na tarefa de colocar pauzinhos-árvores na encosta oblíqua de uma montanha e representar tal situação.

A tarefa que a prova de Thurstone propõe aos indivíduos para medir seus rendimentos na habilidade espacial é de dois tipos, embora incluam operações comuns. Os exercícios que aparecem nas páginas vinte e vinte e um obedecem à instrução "indique qual destas figuras (alternativas) que, com esta (primeira figura da esquerda), completa um quadrado". O primeiro item é o seguinte:

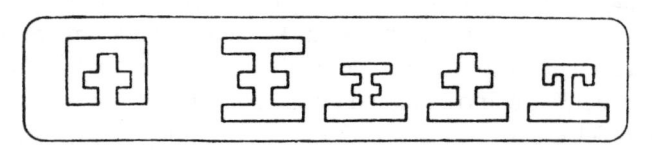

20a

Como se pode observar, trata-se de transportar áreas. Os índices perceptivos, regulados em uma imagem antecipatória, substituem a ação do transporte prático da respectiva peça. A representação é simbólica, já que as crianças pequenas questionadas clinicamente respondem "procurei uma cruzinha", para a pergunta "como você fez para saber qual era?". No quarto exercício comparam o modelo a um vaso, mas a presença de oblíquas obriga a criança a buscar padrões patológicos de referência, assim, afirma "têm que ir para o meio". O modelo seguinte traz uma dificuldade especial, pois a peça que falta deve ser

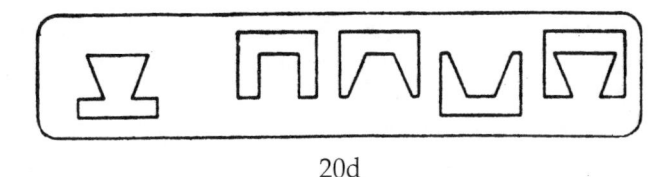

20d

deslocada no sentido contrário ao que é determinado intuitivamente pelo ângulo, embora não haja alternativas para evidenciar a dificuldade que essa coordenação provoca, anterior à sistematização do espaço. Na página seguinte, a prova se complica pois a criança deve considerar vários critérios simultaneamente, estabelecendo infraclasses dentro da configuração. Assim, no caso do quarto item da página vinte e um, algumas crianças procuram "um quadradinho e uma ponta" e

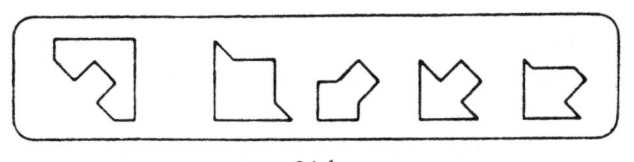

21d

outras marcam ao mesmo tempo a segunda e a terceira figura, não percebendo diferença entre elas. Aos sete anos, em geral passam o dedo pelo que falta, já retirado o quadrado, e opinam que "aqui tem três lados". Podemos observar, então, como é necessária a operação para resolver por antecipação o completamento de configurações complexas, mas como, ao mesmo tempo, a atividade e a imagem conseqüente dirigem e coordenam tais operações.

No segundo tipo de provas espaciais é proposta uma tarefa de adequação percepto-motora e, portanto, não acontece por múltipla escolha. Como no caso anterior, é preciso completar uma figura, mas neste não se vai de duas partes para o todo imaginado, apenas o modelo está presente e uma das partes deve ser reconstruída. Ao descrever a prova já estamos nos referindo a um isomorfismo parcial entre a adição no nível da regulação e no nível lógico; só que a regulação serve para enfoques muito simples e outros não podem ser equilibrados a não ser de modo operatório.

Depois de ter praticado em uma folha de prova que não é considerada, a instrução usada é a seguinte: "complete, desenhe o que falta neste desenho (à direita) para que fique igualzinho a este (à esquerda)". No primeiro item da página vinte e três aparece

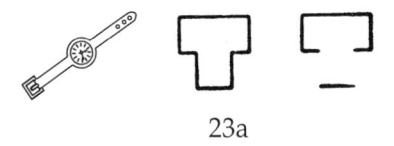

23a

que já exige uma descentralização, pois os traços que faltam são dois e descontínuos. A criança pequena executa essa tarefa em dois momentos, voltando ao modelo para completar a boa forma; a criança de cinco anos constrói diretamente duas paralelas. A dificuldade que as oblíquas impõem à criança é observada na diferença de nível de execução da segunda e da quinta figura, embora nessa última a resposta esteja sugerida.

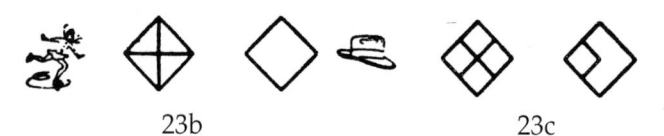

23b   23c

Fica evidente que a imagem antecipatória da rotação provém da ação pela posição que muitas crianças adotam para realizar a tarefa ou pela rotação que elas próprias executam no protocolo para "vê-la de frente".

Na página seguinte há uma necessária capacidade operatória infralógica, que determina as subformas e suas respectivas carências. Assim, no primeiro item, as crianças descrevem sua atividade dizendo "falta um lado do quadradinho e falta este lado do grande"; a tarefa se complica no penúltimo item que a criança vê ou como dois triângulos, ou como "um triângulo em que aparece uma pontinha por baixo".

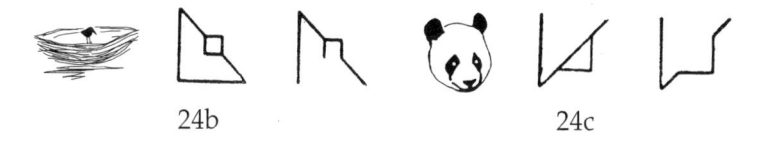

24b   24c

No último item, o aspecto projetivo do desenho se evidencia e o que a criança pretende representar é, justamente, a inter-relação das partes ou "tirinhas" em função de um enfoque, ou ponto de vista possível. Aqui também é possível comprovar a integração das imagens cinéticas ("vai embaixo") e a sistematização operatória ("são três tirinhas"), com aproveitamento dos índices perceptivos interpretados topologicamente ("em cima são marcadas as verticais, embaixo as horizontais").

A análise diacrônica e sincrônica dos comportamentos ocasionados pelas provas criadas pelos Thurstone possibilita um diagnóstico individual da inteligência a partir do nível da aquisição das estruturas gerais e de como são aplicadas, conforme os estímulos que envolvem para resolver os problemas. Sendo o aspecto configurado tão importante na construção geral da prova, convém lembrar a referência feita por Piaget à conveniência de um estudo tipológico da imaginação, que faz com que alguns indivíduos chamados "intuitivos" aproveitem melhor que outros os dados visuais, ou motores, ou auditivos, integrando-os de forma mais dinâmica a seu pensamento.

Capítulo 9
A inteligência no adulto: análise da bateria de provas Wechsler-Bellevue*

Ao contrário do que ocorre com a prova de Terman, derivada de uma revisão do Binet, a medida da inteligência para Wechsler não está relacionada com um critério evolutivo. Principalmente por motivos estatísticos, Wechsler evitou determinar os comportamentos significativos dos indivíduos de uma mesma idade e criticou em especial o uso do quociente intelectual toda vez que o desenvolvimento da inteligência deixa de ser proporcional à progressão da idade cronológica. Ele acentuou a distribuição normal do rendimento dos indivíduos nas mesmas provas, em diferentes idades. Seu quociente intelectual não tem então um valor de relação, mas pode ser considerado como uma contagem convertida, que determina o maior

....

* A Bateria "Wechsler – Bellevue Intelligence Scale (W-B)", apresentada por David Wechsler em 1939, não foi publicada no Brasil. Em nosso país foram publicadas a extensão da escala W-B para crianças, sob o nome de "Wechsler Intelligence Scale for Children (WISC)", apresentada em 1949, bem como a forma II da escala W-B, chamada "Wechsler Adult Intelligence Scale (WAIS)", apresentada pelo autor em 1955. Atualmente estão aprovadas para uso, pelo Conselho Federal de Psicologia, as duas novas formas, adulto e infantil, que aqui receberam os nomes "WAIS-III: Escala de Inteligência Wechsler para Adultos" e "WISC-III: Escala de Inteligência Wechsler para Crianças", na sua terceira edição, com adaptação e padronização de uma amostra brasileira, por Vera Lucia Marques de Figueiredo, 1.ª edição, ambas publicadas pelo Casa do Psicólogo (São Paulo), respectivamente em 2004 e 2002. (N. da R. T.)

ou menor desvio do rendimento de cada indivíduo em relação à média, sempre considerando que 50% da população está compreendida entre o Q.I. 90 e o Q.I. 110.

Porém, na realidade, o que determina o uso de cada um dos critérios em relação ao quociente intelectual não são tanto as diferenças teóricas e sim as diferenças de objetivo. É incontestável que, se a intenção é medir a inteligência no adulto, interessa muito mais compará-lo com indivíduos de sua própria idade do que com os de outras idades. Podemos nos perguntar qual seria a possibilidade de aplicação do modelo genético na conduta inteligente do adulto, pois supõe-se que ele já adquiriu as estruturas de pensamento formal que lhe permitem ter acesso a qualquer tipo de problema criado igualmente por adultos. No entanto, a análise do comportamento médio vai nos mostrar que o nível de conceituação manifestado nem sempre é ótimo e que mesmo os indivíduos normais apresentam dificuldades para a aplicação correta dos recursos intelectuais sob certas condições do estímulo.

Todas as provas pressupõem a aquisição de um esquema de ação com determinada estrutura, mas aparecem certas tendências à regressão, isto é, uma labilidade funcional pela qual o indivíduo responde, em um nível nem sempre correspondente a suas possibilidades reais, em um exame clínico no qual é orientado ou auxiliado a pensar. Por outro lado, costumam ser observadas diferenças significativas entre o rendimento verbal e o de execução de um mesmo indivíduo, inclusive disparidades evidentes em seu perfil pessoal nas diferentes provas. Isso nos mostra que distintos fatores cognitivos perturbam ou facilitam o desenvolvimento das estruturas não só no sentido geral, mas no sentido individual, dado que cada indivíduo tem uma peculiar constituição, experiência, ambiente, etc.

Será interessante, então, a respeito da prova de Wechsler, descrever os processos psicológicos envolvidos na resolução de cada subteste, considerando uma dimensão diacrônica, que nos daria o nível genético das estruturas presentes, e outra sincrônica, que seria a expressão da relação entre os componentes atuais dos diferentes comportamentos.

D. Wechsler divide suas provas em duas áreas principais de comportamento sobre as quais nos fornece dados estatísticos parciais: a verbal e a de execução. A diferença fundamental entre ambas é de natureza semiótica, visto a diferença da captação dos dados no estímulo ou instrução sobre a qual se determina o comportamento. Nas provas verbais o indivíduo trabalha basicamente com signos, isto é, com equivalentes significativos designados socialmente; sua tarefa principal é estabelecer relações entre os significantes verbais compreendidos na instrução e os significados elaborados a partir da aprendizagem e da experiência social, mas graças a estruturas que permitem a organização sistemática do conhecimento. Por outro lado, as respostas verbais exigem que se percorra o caminho contrário, isto é, que se expressem os significados pelos respectivos signos. Vamos lembrar que os signos não esgotam o significado, pois cada noção refere-se também a imagens e representações dos objetos concretos; e se a palavra pode conotar um conceito, não se confunde, no entanto, com o próprio conceito, que não é produto de uma operação reversível capaz de hierarquizar logicamente a realidade concreta. Assim, para Piaget a palavra não é nem imagem nem conceito, mas o significante de um processo que integra ambos os níveis, o da representação e o da conceituação, de acordo com um sistema referencial construído por operações classificatórias.

Quanto à área denominada de execução, os estímulos são concretos, materiais, e as instruções estimulam uma tarefa específica de ordenação desses objetos. Aqui não haveria signos, mas índices perceptivos que nos permitem construir um objeto a partir dos dados ou partes e símbolos gráficos, individuais, de situações ou objetos. As operações envolvidas são infralógicas, isto é, da parte para o todo configurado, e algumas baseiam-se em relações topológicas, mas todas pressupõem uma organização de estratégia, medida, por outro lado, pelo tempo de execução, que se refere a operações claramente lógicas, como a seriação, ou causais.

Testes verbais

Informação

Material: trata-se de uma série de perguntas em número de 25*, da qual damos três exemplos:
 6) Onde se compra açúcar?
15) Por que o óleo flutua na água?
27) O que é um barômetro?

Trata-se então de um questionário composto de perguntas sobre as condições em que acontecem diferentes fatos, condições de certa maneira arbitrárias e convencionais, cuja determinação, por parte do indivíduo, pressupõe uma experiência prévia que o tenha posto em contato com o tema da questão. As perguntas começam por advérbios interrogativos que orientam a resposta, tais como: *para que* (informação sobre o uso), *de que* (informação sobre o gênero), *quem* (informação sobre os agentes da ação), *quando* (informação sobre a localização temporal), *onde* (informação sobre a localização espacial), etc.

Em suma, indagam sobre as relações de tipo causal ou modal que ocorrem nos diversos acontecimentos. Supõe-se que os conhecimentos averiguados são de domínio público ou pelo menos de acesso regular ao adulto alfabetizado com instrução primária. Mede-se, assim, a abertura, a capacidade de integrar fatos, a aprendizagem como incorporação de informação articulada no espaço e no tempo. Certamente todos já lemos ou ouvimos falar alguma vez sobre o que é o Alcorão ou sobre a primeira expedição ao Pólo Norte. A incorporação ou não dessa informação é função da inteligência, assim que esta implicar a captação, organização e integração de dados. É óbvio que há igualmente uma seletividade motivacional que proporciona o aprofundamento em certos campos em detri-

....

* Em algumas provas de Wechsler, os exemplos são numerados, aumentando o número total de questões. (N. da R. T.)

mento da incursão nos diversos aspectos do conhecimento; por isso a prova mede também o nível de abertura do intelecto em questão.

A dificuldade crescente depende da menor redundância com que se propõe o dado na experiência, podendo esta ser provocada pelo ensino sistemático, porém, com mais freqüência, incrementada por atividades cognitivas de busca no indivíduo, o que é denominado, em geral, inquietação para aprender.

Semelhanças

Material: doze pares de palavras; o indivíduo deve dizer em que se parecem, por exemplo: laranja-banana.

A prova de semelhanças mede a possibilidade de estabelecer analogias. Supõe a inclusão de duas classes em outra hierarquicamente superior, que abranja ambas. Portanto, a resolução de um problema do tipo "em que se parecem um cachorro e um leão?" consiste em determinar aquela classe na qual podem ser incluídos todos os cachorros e todos os leões, embora não exclusivamente. A classe "animais" será efetivamente superior, mas em seqüência mediata, portanto será de maior nível a resposta "mamíferos", e com maior razão "carnívoros", porque evidencia a construção de hierarquias mais ricas e reversíveis. Vamos esclarecer que é denominada hierarquia de classes a sua ordenação inclusiva, tal que, enquanto a compreensão diminui (quantidade de características definidoras), aumenta a extensão (quantidade de indivíduos possíveis). Um exemplo: seres/seres vivos/animais/vertebrados/mamíferos/felinos/gatos. É evidente que há menos gatos que animais, porém, sendo gato, são acrescentadas a suas características de gato as de ser felino, de ser mamífero, de ser vertebrado, etc. A resposta "por terem rabo" faria referência à sobreposição das duas coleções de objetos de acordo com suas características configuradas ou partes; uma resposta do tipo "o leão come o cachorro" resultaria da simples assimilação dos objetos denominados a um esquema de ação, de cuja internalização as palavras se tornam símbolos, sempre no nível representativo.

A dificuldade crescente para determinar a classe superior depende do afastamento progressivo dos elementos envolvidos. Desse modo, a classe "animais" é empírica no sentido de que inclusive a criança pequena denomina com esse vocábulo muitos animais antes mesmo de conhecer seus nomes específicos. Assim, por exemplo, no caso do "poema e da estátua", se o indivíduo pode definir cada um em separado como "obras de arte", não terá dificuldades para responder corretamente; porém, se simplesmente chega a uma definição sinônima ou descritiva como "verso", "pedra entalhada", não conseguirá incluir as duas subclasses na hierarquicamente superior. Em outros casos, como o de "...ovo e semente", a referência comum é mais do que conceitual, porque o fato de ser origem de vida poderia ser considerado como causal.

Embora Wechsler aceite as respostas funcionais, considera como contagem zero aquelas que se baseiam em indícios configurados ou que confundem a parte com o todo, como, por exemplo, para "...bicicleta e carro", as respostas "ser de ferro" ou "ter rodas". Insiste bastante no sentido essencial da semelhança, considerando negativo para o item "ovo-semente" que possam ser considerados alimentos, ou para "recompensa-castigo" que possam ser considerados "para se corrigir". Entre as respostas negativas constam também as que fazem analogias entre as partes, como, por exemplo, "que as moscas têm asas e a árvore tem folhas".

Esses resultados nos indicam que os indivíduos adultos, apesar de terem adquirido estruturas hierárquicas através das operações de classificação, são passíveis de apresentar comportamentos regressivos quando os objetos da tarefa escapam à sua experiência.

Compreensão

Material: 10 perguntas, do tipo:
5) Por que os sapatos são feitos de couro?
10) Por que as pessoas que nasceram surdas são incapazes de falar?

    Os problemas expõem situações que são resolvidas pela aplicação tanto de normas éticas como de leis. Outras vezes é diretamente a justificativa do uso de tais normas de comportamento. As respostas positivas pressupõem a superação da etapa egocêntrica e a progressiva socialização, que permite julgar os fatos a partir de uma perspectiva social total como sistema coordenado de pontos de vista.

    A prova mede a disponibilidade de critérios de ação amadurecidos e não a possibilidade de aplicá-los, o que derivaria em um problema de personalidade não controlável pela investigação. De fato, uma pessoa pode responder positivamente que "ao perceber fogo em um local público, procuraria avisar as autoridades da sala", e contudo gritar assustada se o perigo acontecesse realmente.

    A dificuldade crescente dessa prova consiste nos níveis de generalização dos preceitos em questão, passando assim das regras a serem seguidas nas relações domésticas e concretas para as leis jurídicas, que representam a organização da comunidade inteira. Assim, por exemplo, a pergunta seguinte: "por que um terreno na cidade custa mais do que no campo?" pressupõe no indivíduo a capacidade de ponderar os fatores de oferta e de procura envolvidos em ambas as situações, e não buscar uma solução parcial, como, por exemplo, "a cidade tem mais gente". Entretanto, por causa da freqüência desse tipo de respostas, elas são beneficiadas com um ponto de crédito, considerando-se negativas as eminentemente egocêntricas, como "é mais agradável viver na cidade".

    Quanto às normas, há uma pergunta que questiona diretamente a necessidade da lei, considerando-se dignas de dois pontos as respostas que definem a situação social formalmente, e de um ponto quando a compreensão é observada no nível prático: "se não houvesse leis, o povo faria o que quisesse". É notável o egocentrismo ainda evidente em alguns adultos normais que dizem: "as leis são para obedecer", resposta que não merece bônus.

Aritmética

Material: são apresentados 10 problemas, cujos enunciados são, por exemplo:
4) Quantas laranjas você pode comprar com R$ 3,60, se uma laranja custa R$ 0,40?
9) Se um trem percorre 150 m em 10 segundos, quantos decímetros percorre em 1/5 de segundo?

    O problema é formulado por meio de um enunciado que expõe uma situação na qual ocorrem relações quantitativas. Pergunta-se sobre um dado capaz de ser originado por meio de um cálculo definido pela compreensão das relações apresentadas. Assim, por um lado, o indivíduo deve determinar que tipo de relação ocorre entre o conhecido e a incógnita e, por outro, deve efetuar mentalmente o cálculo correto. Tanto a operação como o cálculo supõem basicamente o mesmo nível de operação reversível para integrar de forma recíproca a classificação e a seriação, porém a realização da conta pressupõe certos automatismos de cálculo que podem determinar o fracasso no item, mesmo que tenha havido uma boa compreensão das relações em jogo.

    A dificuldade progressiva dos itens consiste no uso de números maiores na série, o que impossibilita uma referência unívoca com elementos para contar, especialmente os dedos; isso evita que a contagem possa ser feita a partir da unidade, o que constitui uma soma pré-operatória, uma simples junção de coleções. Um adulto médio é capaz de responder a problemas que implicam duas operações consecutivas, das quais a segunda integra os dados da primeira; desse modo, o problema seis é construído conforme esse esquema, e à contagem bruta 6 corresponde a ponderada 7, limite inferior do primeiro desvio.

Há um problema que é interessante, pois implica duas estratégias diferentes, e se apresenta assim: "se 7 kg de ameixas custam R$ 25,00, quantos quilos podem ser comprados com R$ 100,00?". A redução à unidade, que é o estereótipo usado na escola, dificulta a resolução, visto que 25 não é múltiplo de 7; em compensação, a proporcionalidade entre 100 e 25 pode ser rapidamente aplicada à razão 7/x. A compreensão e aplicação das proporções envolvem a capacidade de construir um sistema coordenado, não mais simplesmente de séries (tabelas), mas das próprias operações.

O último problema propõe: "8 operários podem terminar um trabalho em 6 dias, quantos operários são necessários para terminá-lo em meio dia?". É sobretudo a dificuldade para conservar idêntica a quantidade de trabalho em ambos os casos o que determina o fracasso freqüente nas respostas, pois o indivíduo tende a pensar que em meio dia se trabalha menos do que em 6, e, portanto, que se necessitam menos operários. A resposta 24 é freqüente e indica a labilidade da construção operatória que não resiste perante o indicador de metade, usado estereotipadamente. Nesse problema é dado bônus por tempo, já que é possível fazer um cálculo aproximado ante a impossibilidade de dividir 8 por 6; se em vez de 8 fosse usado o número 12, certamente o erro indicado seria muito mais favorecido.

Dígitos

Instrução: "vou dizer alguns números; ouça com atenção e quando eu terminar repita-os exatamente". Para a repetição no sentido inverso, acrescenta-se: "Dessa vez, quando eu terminar, você tem que dizê-los ao contrário."

Há um máximo de nove dígitos na série direta e oito na inversa.

Trata-se da repetição imediata de uma série arbitrária ou seqüência de números.

Por conseguinte, resolve-se por imitação, uma imitação que é organizada em um nível representativo temporal. Quando se trata de dois números, os estímulos são organizados por aproximação, e a própria percepção de três, com seu elemento médio, favorece a regulação. Porém, dados quatro elementos, só a descentralização em pares pode favorecer a solução intuitiva. Depois dessa quantidade, será necessário organizar os estímulos conservando não só os elementos individuais como as relações entre eles, o que implica certa métrica que dará ao conjunto uma "forma" melódica, não apriorística, mas construída. Ter incluído esta prova entre as verbais e não entre as de execução revela justamente esse aspecto conceitual do número.

Vocabulário

O material consiste em uma lista de 42 palavras para definir. Como exemplos:
10) toucinho
11) nitroglicerina
12) lantejoula
13) asséptico

As palavras são signos, isto é, cumprem uma função significante, enquanto indicam significados constituídos por compreensão das respectivas propriedades específicas e as das classes em que estão incluídas. Ao ser pedido o significado de uma palavra, o indivíduo a assimila a um esquema referencial complexo no qual tal conceito é um elemento inter-relacionado. A definição dele é feita, precisamente, tornando explícitas essas relações. Assim, quando se pergunta o que quer dizer "maçã", não se trata de saber se o indivíduo seria capaz de reconhecer uma maçã entre outros objetos, mas de verificar se o objeto está situado em um sistema de referências, ou seja, se tem significado.

Esse sistema de referências pode ser primitivo quando o indivíduo responde "para comê-la", pois a palavra assumiria a representação quase-simbólica do esquema sensório-motor ao qual está assimilado o respectivo objeto. Essa definição instrumental é enriquecida no nível representativo com outros fatores que configuram a situação, mas que nem sempre são essenciais: "se descasca, se dá de sobremesa". No nível conceitual é definida como uma fruta, referindo-se ao conceito superior no qual é incluída como classe e não como uma coleção particular de objetos. O mais adequado é chegar a uma definição que convenha apenas a esse significante e a seus sinônimos, por exemplo, "fruto da macieira".

Na prova de Wechsler, o vocabulário tem contagem de um e meio ponto. Em geral, essa diferença refere-se ao nível de generalização conceitual que as respostas evidenciam. Por exemplo, tratando-se de "diamante", a definição de "pedra preciosa muito dura" recebe todo o crédito, mas se as próprias qualidades são descritas como uma função, por exemplo, "serve para fazer jóias", "serve para cortar vidro", o crédito se reduz à metade.

Certos vocábulos como, por exemplo, "xelim", "cedro", "nitroglicerina", não medem tanto o nível da função semiótica mas a diversidade e a amplitude das classificações sistemáticas, ou seja, o conhecimento verbal. Em compensação, é interessante observar as respostas a uma palavra comum, como "unha", que alguns definem como "extremidade dura do dedo", outros como "serve para se coçar", e, já na qualidade de resposta sem valor, como "para ser pintada". Talvez sejam essas palavras mais simples as que permitem discriminar com maior facilidade a capacidade verbal como disponibilidade operatória. Assim, uma palavra como "beira", que é freqüente no uso, para muitos indivíduos está assimilada à noção de fim ou término, em vez de considerar simplesmente seu significado de limite concreto.

Os últimos termos, de certo modo distantes da experiência cotidiana, permitem destacar certo tipo de confusões, como a definição de um vocábulo pela situação à qual está unido, "estrofe... do Hino", ou por sua semelhança morfológica com outra, por exemplo, para "dilação", "que aumenta seu tamanho" (dilatação).

Em suma, com essa prova procura-se medir a riqueza e a plasticidade dos sistemas de referência significativa e, é claro, a possibilidade de construir classificações.

Testes de execução

Cubos

Material: dezesseis cubos nos quais cada face está pintada de uma cor diferente e nove cartões com os modelos para reproduzir (dois são de demonstração). É aplicada com limite de tempo.

Trata-se da prova clássica de S. Kohs para medir a adequação da manipulação de áreas, ou seja, os deslocamentos e rotações antecipatórios que acontecem no nível representativo a partir da organização dos índices perceptivos. A base de tal organização é o estabelecimento de relações topológicas normais, ou seja, que as referências de "em cima-embaixo", "fora-dentro", etc. não estejam perturbadas por lesões corticais que possam alterar a leitura imediata da realidade, em nosso caso, o modelo e os cubos. Em segundo lugar, ocorrem operações infralógicas de divisão que permitem ao indivíduo a análise do modelo em função do elemento quadrado que vai servir para que ele o reconstrua, isto é, o modelo será dividido em quatro quadrados. Finalmente, por regulação analógica e adição de partes, a síntese original do modelo III poderá ser recomposta:

Cubos de Kohs

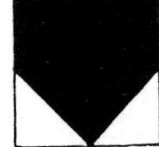

Modelo III   Modelo VI

Quando aparecem diagonais, constata-se um problema de orientação que implica a conservação de certas relações espaciais no todo, que não corresponde à mesma relação na parte. Assim, o que é um triângulo virado para baixo (vermelho) na parte inferior da figura VI, não é o triângulo vermelho invertido de uma face do cubo. Os comportamentos imitativos de maior custo são então aqueles que obrigam à destruição de boas formas, por serem fechadas ou contínuas, com o objetivo de submetê-las a uma análise obrigatória para a reconstrução.

Na verdade, para realizar os últimos modelos em tempo ótimo é preciso ter construído previamente uma matriz espacial de quadrados submetidos a todas as possibilidades de orientação e cor, o que já exige a sistematização dos deslocamentos em uma combinatória de 2 (orientações) por 2 (cores), mais os idênticos, substituídos por faces de uma única cor. Esse comportamento, que exige uma estrutura de formalização, seria refletido em termos de contagens nos valores superiores a 30 pontos brutos, que coincide com a qualificação ponderada de 14.

É, então, principalmente o fator duração que vai nos dar o padrão do nível de atuação, pois por ensaio e erro é provável chegar a representar o modelo, mas isso consome um tempo próximo ao limite. Em termos qualitativos, a duração do comportamento poderá ser traduzida em estratégia e esta em estrutura operatória vigente.

Armar Objetos

O material consiste em peças de madeira que, unidas de maneira conveniente no plano, formam um objeto: um manequim, um perfil e uma das mãos. Essas peças já tinham sido usadas previamente por Pintner-Paterson. A instrução não alude ao objeto de referência e pede: "monte essas peças o mais rápido que puder".

Nessas provas, se a execução for perfeita é dado bônus por tempo, mas também se atribuem pontos por certas uniões bem determinadas dentro de um tempo limite.

Nesse caso também se trata da recomposição de um modelo por manipulação de áreas. Aqui, ao contrário da prova anterior, o modelo não é geométrico, consistindo na representação de um objeto conhecido, tal como um rosto ou uma mão. Além disso, o modelo não está presente para que os índices perceptivos possam ser determinados por identificação reguladora de parte para parte. Por outro lado, as peças não correspondem a partes do objeto com significação própria (exceto, e de certa maneira, o manequim), e sim pedaços dele, contendo por sua vez pedaços de partes. Essa particularidade torna mais difícil a execução, pois o indivíduo deve coordenar dois pedaços para reconstruir uma parte, por exemplo, o olho no perfil:

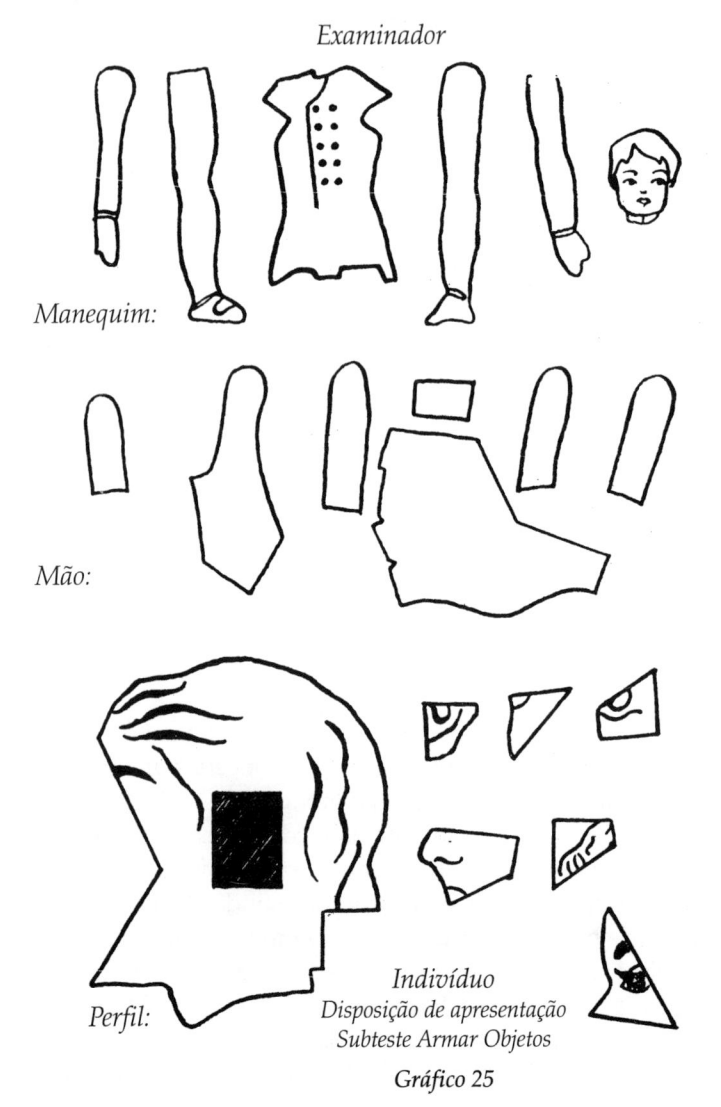

Examinador

Manequim:

Mão:

Perfil:

Indivíduo
Disposição de apresentação
Subteste Armar Objetos

Gráfico 25

Psicometria genética

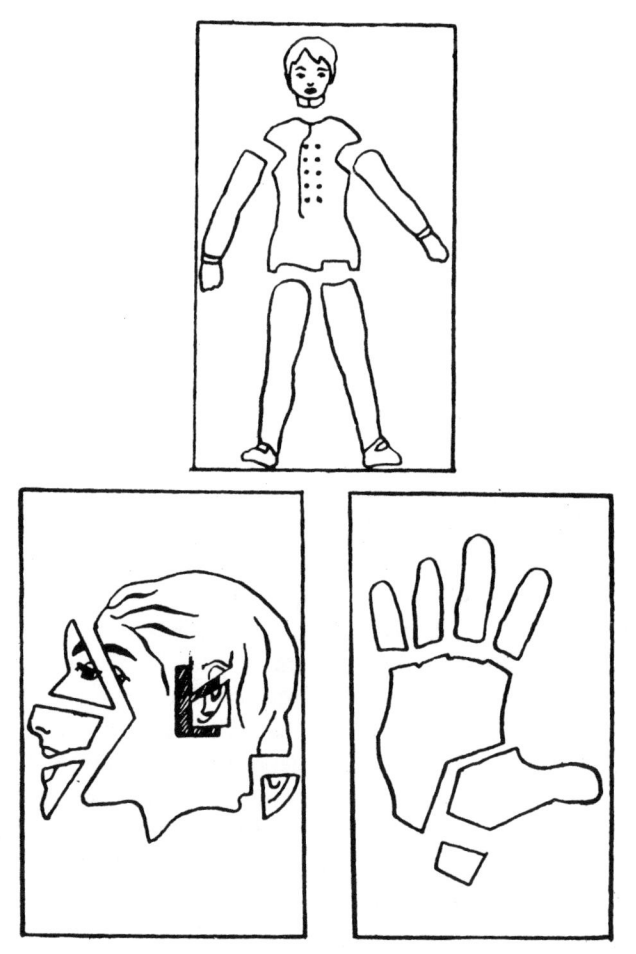

Figuras quase encaixadas
Gráfico 26

Porém, não só a continuidade gráfica permite a construção de um encaixe que corresponde a uma imagem, mas também certas distinções no perímetro das peças, de modo muito notável na reconstrução da orelha do perfil, para a qual é necessário reconstruir o retângulo que aparece vazado. Tanto é assim que é dado um ponto de crédito pela "orelha invertida".

Assim, essa prova mede fundamentalmente adaptação, no sentido de uma integração plástica, da assimilação e da acomodação. Assimilação, na medida em que obriga a coordenar os índices perceptuais com esquemas prévios ou imagens do esquema corporal; e acomodação, na medida em que esse esquema deve ser transformado pelas particularidades das peças que constituem o estímulo. Na realidade, parece que se trata de uma tarefa regressiva, no sentido de que assimila mecanismos básicos, partindo de uma realidade desintegrada da qual obtemos indícios e sinais com escassa intervenção operatória.

E, de fato, se somarmos apenas os pontos básicos atribuídos por Wechsler à montagem correta dos três quebra-cabeças, obtemos uma contagem ponderada de 10, correspondente a uma contagem bruta de 18. Portanto, o que diferencia um rendimento superior à média não é a execução, mas o tempo para efetuá-la, isto é, a estratégia envolvida para enfrentar a tarefa. Essa estratégia pode basear-se no ensaio e erro, ou seja, em uma série de verificações práticas para descartar as uniões que não puderam ser previstas como impossíveis; e essa previsão não pode ser realizada enquanto não se conta com esquemas móveis e completos, pelos quais, diante de cada peça, o indivíduo prevê todas as suas posições e "conveniências" possíveis. Assim, a estratégia que permite uma execução mais rápida será aquela que considera a figura resultante como a integração possível de todas as peças, conforme as particularidades de cada uma. Desse modo, descarta-se a inserção de uma peça com um ângulo reto em qualquer outra configuração que não o inclua. Contudo, é muito notável perceber em muitos indivíduos tal falta de previsão, que os faz testar a introdução de um ângulo agudo no espaço de um reto ou vice-versa. Falta, neste caso, a seriação angular internalizada e seu caráter transitivo, mas nem tanto no sentido estrutural, dada a idade dos indivíduos, e sim na atitude de "experimentar para ver", em vez de integrar o que é visto em um sistema.

Arranjo de Figuras

Trata-se de conjuntos de cartões dispostos em uma ordem estabelecida para que o indivíduo os reordene. De acordo com a instrução: "é preciso ordenar os cartões para que formem uma pequena história com sentido". No WAIS são apresentados seis conjuntos de três a seis cartões e creditados pontos por rapidez na execução positiva; além disso há um limite de tempo após o qual é considerada negativa a execução.

Se Armar Objetos implica uma ordenação espacial, Arranjo de Figuras envolve uma organização semelhante no tempo. Porém, se no primeiro caso as partes tinham uma relação de pertinência com o todo, os elementos de uma seqüência ordenada no tempo mantêm entre si relações de conseqüência e, portanto, são de tipo causal.

Se pegarmos, por exemplo, a reconstrução da historieta denominada "assalto", que é apresentada na seguinte ordem:

Subteste Arranjo de Figuras, série II, "o assalto"
Gráfico 27

o indivíduo deve, a partir dos momentos expostos (correspondentes a momentos especiais), elaborar a temática básica e reportar-se ao conjunto de leis que a rege. Assim, o assalto deve ser anterior à ação policial e esta prévia à ação do juiz, à qual sucederá a punição. As relações "é anterior a" e "sucede a" são reversíveis e transitivas.

Temos, então, um importante esquema operatório para organizar a seqüência, intercalando momentos intermediários e, além disso, a suposição de uma socialização capaz de encarregar-se de um conjunto de leis eficiente entre os diferentes acontecimentos.

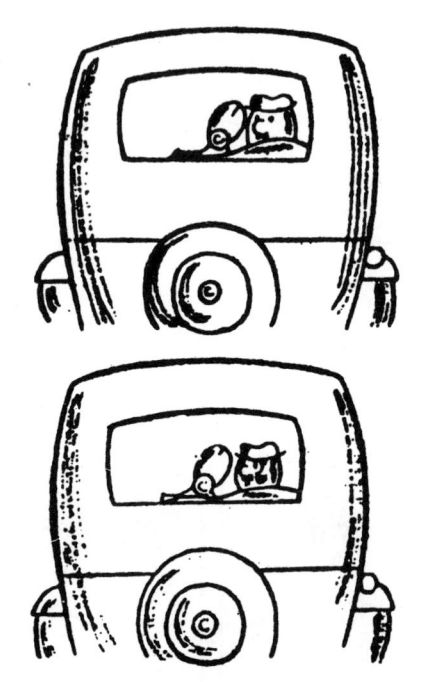

Subteste Arranjo de Figuras, série V, "o táxi"
Figuras 2 e 6 (quarta e quinta)
Gráfico 28

A crescente complexidade da tarefa provém da inclusão progressiva de mais elementos de análise, que determinam a impossibilidade de raciocinar por aproximação. Isso faz com que algumas vezes não seja possível admitir uma única interpretação do acontecimento, considerando-se positivas mais de uma resposta a um mesmo problema.

A prova também é dificultada de modo progressivo pela presença de detalhes entre um momento e outro, pois são sucessivos, dentro do mesmo contexto e da mesma cena. De fato, apenas a expressão do rosto varia na prova do táxi, contendo também certos sinais, como o rubor, valorizados por certas culturas.

Completar Figuras

Trata-se de 15 cartões que apresentam um desenho incompleto, em que falta uma parte.

Cada um dos modelos é uma figura significante, o sinal é transformado em signo, muitas vezes explicitado: "ah! é uma porta", etc. (gráfico 29). Significa que a prova desencadeia-se em um nível de configuração, pois a carência ocorre como falta de uma parte configurada; porém, o conceito também orienta a busca da carência, examinando as propriedades compreendidas no objeto. Um rosto tem sobrancelhas, olhos, boca, etc., trata-se então de comparar esse inventário construído por operações infralógicas de partes para o todo com o desenho do modelo, para determinar a carência também por uma operação infralógica de subtração.

Nas primeiras figuras são omitidas partes essenciais que não permitem o fechamento da figura e são detectadas por simples regulação. Progressivamente vão sendo omitidas partes menos essenciais do ponto de vista morfológico, mas incluídas no conceito a que se refere a figura, tal como o naipe de ouros do baralho.

Subteste de Completar Figuras, figura 8
Gráfico 29

Posteriormente, o que falta é a parte de uma parte, o que supõe uma classificação inclusiva, sempre no nível infralógico, tal como o ponteiro dos segundos do relógio ou as sobrancelhas, muitas vezes não indicadas por sua assimilação ao próprio olho. Outras figuras infringem, por sua carência, as leis causais, como a omissão da sombra do homem diante do sol (gráfico 30), ou o jorro de água entre a jarra e o copo.

Em suma, é uma prova centrada na construção da capacidade operatória infralógica, baseada na configuração, com seu nível pré-conceitual, conceitual e causal.

Subteste de Completar Figuras, figura 15
Gráfico 30

Código

O código do WAIS consiste em uma série numérica de 1 a 9, à qual se atribui de forma unívoca um símbolo arbitrário. Trata-se de uma prova clássica de aprendizagem imediata, pois em um mesmo intervalo de tempo serão realizadas mais traduções quando for possível relacionar todas ou algumas delas como representações internas.

Mas vamos considerar, além disso, que uma das séries, a numérica, é conhecida; portanto, o estabelecimento de uma ordem crescente na outra permitiria a construção de um sistema completo realizado série a série, e não elemento a elemento. Mesmo na limitação do enquadre da prova, respostas rápidas parciais indicam um princípio de organização operatória.

1	2	3	4	5	6	7	8	9
−	И	⊐	L	U	O	∧	×	=

AMOSTRA																							
2	1	3	1	2	4	3	5	3	1	2	1	3	2	1	4	2	3	5	2	3	1	4	6	8

| 1 | 5 | 4 | 2 | 7 | 6 | 3 | 5 | 7 | 2 | 8 | 5 | 4 | 6 | 3 | 7 | 2 | 8 | 1 | 9 | 5 | 8 | 4 | 7 | 3 |

| 6 | 2 | 5 | 1 | 9 | 2 | 8 | 3 | 7 | 4 | 6 | 5 | 9 | 4 | 8 | 3 | 7 | 2 | 6 | 1 | 5 | 4 | 6 | 3 | 7 |

Protocolo do subteste DÍGITOS (Army Test)

Em um minuto e meio o indivíduo médio, ou seja, com contagem ponderada 10, preenche corretamente de 41 a 44 lacunas. Devemos acreditar que, nessa velocidade, o indivíduo sempre recorreu ao controle perceptivo, embora orientando sua busca pelo conhecimento da série; porém, aqueles que demoram aproximadamente três segundos para fazer um símbolo e que o procuram contando os números toda vez a partir do um, como se não soubessem contar, constituem 15% aos 20 anos.

A transformação de todos os pontos brutos em normalizados, de acordo com uma escala comum, permite a construção de um perfil característico para cada protocolo particular. Quando o rendimento nas diversas provas situa-se entre a contagem ponderada 7 e a contagem ponderada 13, podemos considerá-lo adequado, em relação ao da população nessa prova. Os pontos ponderados que ultrapassarem esses limites indicam um mínimo ou um máximo na área correspondente, que pode ser analisado quantitativamente em função do desvio, e qualitativamente em função dos processos mentais que implica. Esse tipo de consideração vale decerto no WISC e no WAIS desde os catorze anos pois, por exemplo, as crianças de dez anos com um Q.I. de 100 mal têm um somatório de pontuação ponderada de 55 pontos brutos, enorme engano que praticamente invalida essa forma em idades menores do que catorze anos. Além disso, interessa apenas em indivíduos cujo Q.I. não implique um déficit grave ou uma inteligência superior, pois nesses casos o diagnóstico geral envolve a participação simultânea de todas as atividades mentais em um nível comum.

Como vimos, os comportamentos inteligentes evidenciados na prova de Wechsler incluem vários aspectos estruturantes e dinâmicos; por isso, é interessante comparar as provas em que o indivíduo obteve um rendimento fora do normal, com o objetivo de determinar os fatores comuns que perturbaram ou favoreceram a atuação nessas provas. Com tal finalidade, vamos comparar as provas por pares, considerando primeiro que ambas sejam afetadas pelo mesmo signo (fator comum) e, depois, que seu signo seja contrário (fatores complementares).

Compreensão-informação: têm em comum a abertura sobre a realidade, uma atitude viva em contato com os signos humanos, boa adaptação ao conhecimento não-sistemático. Diferenciam-se na medida em que a prova de compreensão exige maior socialização em nível normativo e, por outro lado, a de informação põe o indivíduo diante de fatos já determinados, e seu interesse não o compromete (r: .66).

Compreensão-dígitos: seu aspecto comum reside na necessidade de estabelecer relações para construir uma situação global, conservando-a até sua resolução. A divagação é justamente a impossibilidade de manter essa construção interiormente. Porém, enquanto na prova de dígitos os estímulos são percebidos, na de compreensão os percebidos devem ser relacionados com outras noções envolvidas na instrução e que se pressupõem internalizadas (r: .444).

Compreensão-aritmética: em ambos os casos o indivíduo deve coordenar os termos da instrução para compor uma situação e encontrar a atividade que a solucione; porém, na compreensão essa será a aplicação de uma norma e em aritmética será a aplicação de uma operação. A norma implica socialização, a operação, reversibilidade, mas não há uma sem a outra, pois toda socialização envolve uma integração operatória de possíveis pontos de vista (r: .517).

Compreensão-semelhanças: o nível conceitual e o nível normativo são encontrados naqueles comportamentos em que uma organização dos valores é necessária, de modo que os imediatos sejam incluídos nos indiretos, porém enquanto esses justifiquem um maior grau de abrangência na conduta. A diferença consiste em que a conceituação que ocorre em semelhanças considera simultaneamente a extensão e a compreensão das classes; enquanto a normativa, ao hierarquizar, limita as prováveis ações em função das possíveis, à medida que essas são válidas para um maior número de pessoas e este último aspecto requer maturidade na socialização (r: .721).

Compreensão-vocabulário: no nível superior de compreensão, o conhecimento do significado é necessário para a compreensão da instrução. Assim, por exemplo, a pergunta "Para que se solicita o *habeas corpus*?" supõe a própria definição do que é *habeas corpus*; porém, enquanto os vocábulos que entram na compreensão referem-se exclusivamente a normas e leis de ação social, o vocabulário abrange a significação em uma dimensão muito mais ampla, exigindo sobretudo descrições e não determinando finalidades como no caso da compreensão (r: não há dados).

Compreensão-arranjo de figuras: o aspecto comum entre as duas provas reside em que ambas propõem situações nas quais é necessário aplicar um esquema de legalidade, mas na ordenação há uma necessidade temporal e na compreensão uma necessidade social e atemporal (r: .391).

Compreensão e completar figuras: para que certas figuras possam ser completadas de modo adequado, é imprescindível compreender toda a situação; e não exclusivamente no nível de configuração, mas também no que se refere a relações legais como, por exemplo, a falta de sombra. Contudo, há uma grande diferença quanto à estimulação, já que as instruções dadas na compreensão tendem diretamente ao significado verbal da causa, enquanto o que desequilibra o nível de representação do fenômeno figurado é uma carência de configuração (r: .456).

Compreensão-cubos: ambas as provas têm uma alta correlação com o total e por isso não é difícil que sua correlação mútua seja bastante considerável. Decerto porque, apesar da disparidade dos processos que envolvem, a socialização e a construção espacial estão intimamente ligadas como formas paralelas das estruturas de pensamento. Vamos lembrar que, para Piaget, a própria possibilidade de distinguir no espaço a esquerda e a direita individual é uma forma de socialização, uma saída de si mesmo para coordenar a multiplicidade de pontos de vista dos objetos a partir de si.

Sua diferença mais evidente é que, enquanto a prova de cubos não tem nenhuma implicação verbal ou cultural, a compreensão está intimamente ligada a esquemas de ação alheios ao indivíduo e adquiridos em e por uma cultura (r: .465).

Compreensão-código: a prova de atribuição unívoca entre símbolos é a base de qualquer aprendizagem, e justamente a prova de compreensão pressupõe a aquisição prévia de um código, no qual as palavras não só indicam um significado conceitual mas também se constituem em sinais como, por exemplo, a fumaça e o fogo que remetem ao perigo da situação proposta na pergunta 2. Porém, enquanto o código se dedica a determinar as possibilidades de aprendizagem momentânea e imediata, compreensão verifica mais a integração dessas aprendizagens circunstanciais e a estrutura completa da personalidade inteligente (r: .478).

Compreensão-armar-objetos: tanto na composição de objetos como na composição de situações é necessário considerar os elementos e suas relações mútuas, porém, no armar objetos as partes são pedaços do todo; em compensação, na compreensão as partes estão significativamente integradas no todo, dando coerência conceitual à situação. A conveniência do encaixe é configurada, a conveniência da compreensão é normativa, causal (r: .286).

Informação-dígitos: já vimos que a informação pressupõe certa atitude de abertura que se completa com a capacidade de organizar os estímulos de tal modo que esses possam ser integrados. Essa organização momentânea dos estímulos se evidencia em dígitos, mas enquanto a informação implica uma integração prévia em um corpo de conhecimentos gerais, os dígitos restringem-se a uma situação imediata (r: .484).

Informação-aritmética: além de certos problemas propostos na informação implicarem uma apreciação quantitativa da realidade, como, por exemplo, a quantidade de quilos que tem uma tonelada, ou a distância entre Rio de Janeiro e Buenos Aires, o enunciado dos problemas aritméticos pressupõe informação, especialmente sobre grandezas. Essas duas provas implicam uma escolaridade obrigatória para que possam ser superadas, já que alguns dos temas abordados constituem estereótipos no ensino escolar (r: .596).

Informação-semelhanças: para que a informação se integre com a plasticidade suficiente para ser utilizada pelo indivíduo diante das instruções, é indubitável que deve ser organizada de modo conceitual mediante a construção de hierarquias, operação medida explicitamente pela prova de semelhanças. O que a prova de informação não mede é o nível de conceituação, pois em todos os casos é determinado descritiva ou funcionalmente (r: .679).

Informação-vocabulário: essas duas provas abrangem um aspecto similar na função semiótica, mas o vocabulário se restringe mais à adequação do signo com o significado, enquanto a informação requer mais um conhecimento das modalidades do fato sobre o qual se questiona. Seria possível dizer que uma trata dos signos semanticamente, e a outra, dos fatos aos quais os signos se referem, isto é, pragmaticamente (r: não há dados).

Informação-arranjo de figuras: para poder ordenar as histórias, é necessário aproveitar cada um dos dados que as diversas figuras fornecem, com o objetivo de transformar um índice perceptível em uma informação válida para a compreensão de toda a seqüência, e já vimos como a informação mede esse aspecto de aproveitamento da leitura da realidade.

No entanto, o fundamental na ordenação das figuras é a seqüência temporal-causal que apenas alguns itens da *informação* consideram, porque trata em geral de situações singulares, como, por exemplo, o fato de Roma ser capital da Itália ou de Cervantes ter escrito *Dom Quixote* (r: .384).

Informação-completar figuras: em algumas traduções, a prova de completar figuras recebe o nome de "observação", uma vez que pressupõe uma atitude de revisão dinâmica do objeto que esgote todas as suas possibilidades de ocorrer. Essas diversas modalidades estão presentes na informação, visto que essa acumula dados circunstanciais. A diferença baseia-se sobretudo em que os dados de completamento são morfológicos, enquanto os dados informativos são verbais (r: .465).

Informação-cubos: por ser uma tarefa eminentemente morfológica é difícil determinar traços comuns com as demais provas de vocabulário, embora seja evidente que, de um ponto de vista estrutural, a manipulação de áreas está na base de toda compreensão espacial a partir dos dados perceptivos. Apesar de na prova de cubos esses dados serem visuais, as perturbações são com freqüência comuns na coordenação visomotora e na audiomotora (r: .488).

Informação-código: a própria informação pode ser definida em um nível molecular como a capacidade de codificação. Assim, a informação pressupõe o rápido reconhecimento dos signos e sua integração nos mais variados textos. Então, a possibilidade de transformação signo a signo determina certa facilidade para relacionar os diferentes fatores de um mesmo acontecimento; porém, enquanto o código de Wechsler é integrado por fonemas, a informação centraliza-se mais no próprio significado dos signos (r: .561).

Informação-armar objetos: se podemos falar de uma informação verbal, também podemos falar de uma informação morfológica, para a qual o termo tem maior vigência; de fato, a informação seria justamente a imagem prévia do objeto ao qual os pedaços nos levam, mas neste caso a referência é configurada, isto é, as partes não são signos, mas sinais (r: .224).

Dígitos-aritmética: sem dúvida a resolução de problemas pressupõe basicamente a possibilidade de estruturar o enunciado, ao passo que vai sendo ouvido, com o objetivo de intervir nos dados coordenados. A repetição de dígitos mede essa possibilidade básica, permitindo-nos discriminar, no caso de um baixo rendimento em aritmética, a incapacidade de organizar os dados para garantir a conservação momentânea do enunciado. Os dígitos apresentam a dificuldade de que sua organização depende de uma organização no tempo, enquanto o problema aritmético deve ser resolvido mediante a respectiva capacidade operatória (r: .443).

Dígitos-semelhanças: as possibilidades conceituais e de organização seqüencial não parecem ter – exceto os processos fundamentais que constituem a capacidade operatória – maior relação (r: .379).

Dígitos-vocabulário: os dígitos e vocabulário têm uma relação em um nível primário de discriminação adequada na organização de seqüências, por isso talvez essas provas estejam muito mais correlacionadas na infância do que no adulto. Os problemas de dislexia aparecem com freqüência como uma inversão na ordem dos fonemas e surgem evidentes na repetição de seqüências. Porém, no adulto, as confusões são mais raras.

No entanto, é evidente que o enriquecimento do vocabulário se deve em grande parte à leitura, e essa rende mais quanto maior for sua fluência, que depende diretamente de uma boa organização dos signos, fato que os dígitos medem precisamente (r: não há dados).

Dígitos-arranjo de figuras: exceto no sentido da orientação temporal, é pequena a relação existente entre repetir e ordenar, pois essa atividade pressupõe que entre o antecedente e o conseqüente há uma relação necessária, ausente na repetição de dígitos (r: .264).

Dígitos-completar figuras: tal como a correlação encontrada indica, ambas as provas são independentes, à medida que na repetição predomina a acomodação e, no completamento, a assimilação (r: .297).

Dígitos-cubos: tanto para repetir uma série como para copiar um modelo por meio de unidades desiguais, é necessário considerar ao mesmo tempo o todo e a relação mútua de suas partes. Por conseguinte, a simultaneidade analítico-sintética é necessária em ambos os casos, com participação do fator tempo entre unidade e unidade. Os problemas de lateralidade e demais perturbações na organização representativa podem alterar ao mesmo tempo ambos os rendimentos. É claro que a prova de cubos é eminentemente espacial e o modelo está presente durante toda a prova (r: .539).

Dígitos-armar objetos: não há semelhança notória entre os comportamentos inteligentes que correspondem à repetição de dígitos e aqueles evidenciados na prova armar objetos, só que os estímulos se organizam basicamente no nível representativo (r: .155).

Aritmética-semelhanças: como sabemos, o número é a ordenação de conjuntos; portanto, além da seriação, a classificação hierárquica tem uma grande importância para a compreensão das relações quantitativas (r: .600).

Aritmética-vocabulário: não há relações específicas comuns entre a inteligência quando sinaliza e quando quantifica, mas como ambos os níveis são exercitados especialmente na escola, podemos encontrar protocolos em que as duas habilidades apareçam correlacionadas por influência dessa variável ambiental (r: não há dados).

Aritmética-arranjo de figuras: em ambas as provas é necessário estabelecer relações entre várias instâncias, considerando uma seqüência permanente, lógico-matemática em um caso e causal no outro (r: .366).

Aritmética-completar figuras: nos dois casos aparece uma incógnita cuja resolução equilibra um conjunto de relações, mas enquanto em completar figuras esse conjunto é morfológico e a falta é percebida por regulação intuitiva nos casos mais fáceis, em aritmética só uma operação reversível pode equilibrar o sistema indicado pela instrução (r: .403).

Aritmética-cubos: como vimos repetidamente, a prova de cubos pressupõe processos básicos na representação (análise, relações unívocas, rotações, deslocamentos, síntese) que estão presentes em todas as habilidades e na aritmética; logo, pressupõe o estabelecimento de relações de partes para todo. É na captação do problema que se poderia encontrar especialmente certo aspecto comum entre ambas as provas (r: .514).

Aritmética-código: o uso reversível da série numérica facilita o retorno ao símbolo correspondente em dígitos. As provas estarão mais relacionadas no WISC ou nos níveis mais baixos de resolução, pois nos mais altos a aritmética pressupõe processos de equilíbrio ausentes na prova de código (r: .429).

Aritmética-armar objetos: a correlação entre ambas as provas é muito pobre, visto que armar objetos é eminentemente morfológico, de relações espaciais, e a aritmética é operatória, de relações quantitativas (r: .233).

Semelhanças-vocabulário: o nível de conceituação alcançado pelo indivíduo no vocabulário dependerá dos processos evidenciados em semelhanças, enquanto organização hierárquica inclusiva de significados; mas importa muito no vocabulário a experiência vital com os vocábulos designados (r: não há dados).

Semelhanças-arranjo de figuras: embora a primeira seja sobretudo conceitual, e a segunda, temporal-causal, a possibilidade de integrar os momentos em uma mesma classe de acontecimento facilita a compreensão básica do sentido da historinha (r: .488).

Semelhanças-completar figuras: em um nível pré-conceitual, ambas as provas se correlacionam, já que se trata de estabelecer relações de parte para todo, como quando certos indivíduos fazem analogia entre o cachorro e o leão "porque têm rabo"; mas em um nível mais alto de rendimento, os aspectos que cada prova revela são evidentemente diferentes (r: .456).

Semelhanças-cubos: ambas as provas têm uma alta correlação com o total, pois representam dois aspectos básicos da atividade mental: a conceituação e a representação, com operações comuns de inclusão, adição, etc., e outras diferentes, como a classificação e a partição (r: .537).

Semelhanças-código: a codificação está na base de toda classificação verbal efetiva, enquanto as palavras são signos assimilados a um significado peculiar. Porém exige, além disso, uma hierarquização adequada desses significados que código não contempla (r: .508).

Semelhanças-armar objetos: será muito baixa a correlação entre ambas as provas, toda vez que estiverem centralizadas em aspectos muito diferentes do comportamento inteligente; só em níveis baixos de rendimento a coleção pode servir para determinar o objeto de que se trata e sua possível aparência (r: .306).

Arranjo de figuras-completar figuras: em ambas há relação de parte para todo, mas em arranjo de figuras é parte de uma seqüência, enquanto na outra é parte de uma configuração. No entanto, mesmo a captação da diferença entre uma figura e outra em arranjo de figuras contém uma facilidade para os processos regulatórios que constatam as transformações perceptíveis, tal como o completar figuras mede (r: .389).

Arranjo de figuras-cubos: o sentido de cada parte ou quadrado para a composição do modelo é dado pela análise prévia desse e pela manipulação de áreas no nível representativo que antecipam a posição daquelas; em compensação, o sentido de uma parte da seqüência deve ser procurado nas relações de antecedência e conseqüência que mantém com as outras dentro da coerência da seqüência total, da qual será um momento (r: .484).

Arranjo de figuras-código: em ambas as provas o processo ocorre em dependência de uma ordem nos níveis inferiores de execução; a construção e a conservação dessa ordem serão básicas para a realização da tarefa e a correlação será visível sobretudo nos tempos de crédito. (r: .444).

Arranjo de figuras-armar objetos: nos dois casos partimos de dados sem modelo pré-estruturado e, por isso, é importante a fidelidade dos esquemas internos de organização sistemática do tempo e do espaço, respectivamente (r: .273).

Completar figuras-cubos: no completamento de figuras o modelo é interno e constitui uma configuração significativa; em compensação, em cubos o modelo é dado, bem como os elementos de sua reestruturação. Em completar figuras o "elemento" que falta surge também de uma análise partitiva, não espacial, mas de configuração (r: .566).

Completar figuras-código: o código é, de certa maneira, um comportamento binário. A cada símbolo corresponde outro que completa um par. Por outro lado, um rosto tem um conjunto de sinais que não são observados com a mesma freqüência, e os mais redundantes, como o nariz, serão muito mais facilmente notados que os menos freqüentes, como as sobrancelhas. Percebe-se aqui como a parte do olho fica, como sinal, incluída nele (r: .400).

Completar figuras-armar objetos: ambas as provas constituem uma tentativa de integração de configurações com sentido. Em um caso, procura-se encontrar uma parte em relação a um todo apresentado e com uma única carência; no segundo caso, trata-se de pedaços em relação a um todo não presente e, portanto, a exigência de acomodação aqui é maior (r: .439).

Cubos-código: está claro que código deve ter uma alta correlação com todas as tarefas que suponham substituição, sobretudo se intervém o fator duração da execução, como ocorre em cubos, quando é necessário substituir com as faces dos cubos as figuras resultantes da análise do modelo plano (r: .538).

Cubos-armar objetos: trata-se, evidentemente, de provas de construção que pressupõem manipulação de áreas (rotações, deslocamentos, continuidade), mas, no caso de cubos, a representação age sobre um modelo perceptível, enquanto no armar objetos apenas os pedaços o representam. Portanto, o controle da execução ocorre na conveniência morfológica (r: .536).

Código-armar objetos: entre essas duas provas não há muita correlação, visto que pressupõem comportamentos muito diferentes, porém, do ponto de vista semiótico, ambas atuam a partir de sinais; em uma, relacionados entre si, em outra, relacionados com uma imagem prévia do objeto (r: .319).

A análise do perfil individual por comparação dos processos implicados nas provas, que desviam acentuadamente do rendimento normal, permite determinar os fatores específicos que incidem no indivíduo. Essa consideração é muito importante no diagnóstico psicológico geral, feito com um objetivo clínico, pedagógico, ocupacional, vocacional, etc., e sobretudo para enfrentar a orientação de cada caso, modificando na medida do possível os aspectos negativos e aproveitando os positivos.

Assim, por exemplo, se um indivíduo vai à consulta por problemas de aprendizagem, é necessário determinar em primeiro lugar se existem perturbações em níveis básicos de estruturação sensório-motora (dígitos, código), em manipulação de áreas com comprometimento orgânico (cubos, dígitos), na constituição de imagens (armar objetos), na socialização (compreensão, arranjo de figuras); e, em segundo lugar, em que áreas pode atuar melhor, se quando se trata de estruturar algo dado na instrução (aritmética, cubos, dígitos), quando ocorrem relações temporais (dígitos, arranjo de figuras) ou quando é importante a conceituação (semelhanças, completamento), e sempre prestar atenção à natureza das estratégias envolvidas: ensaio, antecipação representativa, organização operatória, formalização das relações implicadas. Dessa maneira, decorrerá um diagnóstico rico, não só no sentido descritivo, mas no sentido explicativo e, portanto, útil para a elaboração de um programa adequado que considere os diferentes aspectos.

Do mesmo modo, é muito eficaz para avaliar o aspecto intelectual do comportamento do indivíduo que requer orientação vocacional. É indubitável que certos ofícios ou profissões, assim como o tipo de estudos que implicam para que possam ser exercidos, acentuam um ou outro aspecto, seja o causal, o conceitual, o de configuração; as relações temporais, espaciais, quantitativas; a abertura para a realidade, a socialização, a manipulação, e outra série de dados que a análise do rendimento nos permite discriminar.

Tratamos aqui do aspecto intelectual do comportamento e de nenhum modo do comportamento intelectual, que só existe para a análise de certos processos intimamente ligados com a estrutura total da personalidade e integrados nela de um forma indissolúvel. Um indivíduo não pensa de uma maneira porque é assim, nem é o que é porque pensa dessa maneira, se interpretarmos esse "porque" em um sentido causal. De preferência vamos considerar que há entre a estrutura de personalidade e a estrutura de pensamento individual uma implicação dialética, a profunda solidariedade que ocorre entre o como se pensa e o que se pensa, entendendo por pensamento toda a atividade, consciente ou inconsciente, sensório-motora, simbólica ou conceitual, que pressupõe processos assimilativos a esquemas de ação prévios e coordenação desses.

Capítulo 10
A medida de uma inteligência "G":
o teste de matrizes progressivas de Raven

A prova de Raven apresenta-se como muito diferente daquelas que abordamos até agora. De fato, enquanto essas envolvem uma série de comportamentos muito distintos a partir de estimulações, situações e instruções variadas, a de Raven apresenta ao indivíduo uma instrução única e um material uniformemente organizado sob a forma de um quadro de dupla entrada, pelo que recebe o nome de teste de matrizes progressivas. Matriz, à medida que cada dado se relaciona com qualquer um dos outros em uma intersecção, e progressiva, visto que sua construção decorre da aplicação de critérios cada vez mais complicados. Como também se trata de uma prova de múltipla escolha, a análise não se esgotará na matriz, mas será possível interpretar a escolha de certas alternativas que representa uma abordagem específica da tarefa.

Como se sabe, Raven elaborou essa prova para destacar a presença de um fator geral, único e comum, que Spearman havia conseguido determinar através da conversão fatorial das correlações entre provas em saturações. Como Spearman adotou uma atitude realista, atribuiu à presença matemática do fator "G" uma entidade descrita como energia mental, capaz de promover atos legitimados pelas chamadas leis neogenéticas. Baseando-se em tais leis, Raven elaborou os itens da prova, já que a resolução deles pressupõe o ensino de relações e de correlatos, além, é óbvio, da própria consciência de agir de modo inteligente.

Vamos considerar, a título de exemplo, a gravura do sexto item da série B:

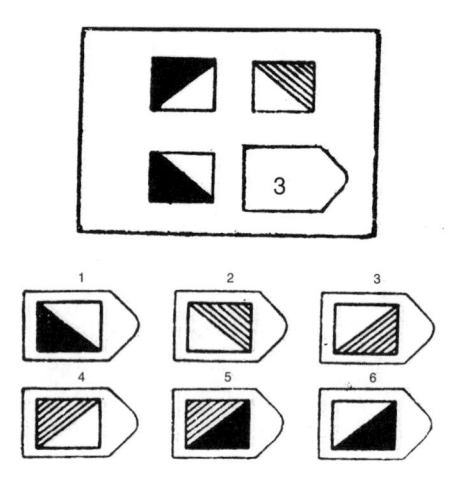

Podemos deduzir as relações apresentadas entre os elementos horizontais: identidade de forma (retângulo dividido na diagonal), simetria e diferença de cor; e outra relação entre verticais: identidade e simetria. O elemento indicado com o número três está correlacionado com ambas as relações, conforme sejam consideradas em sentido vertical ou horizontal.

Porém, uma análise baseada no mecanismo das deduções não nos permite revelar a progressiva dificuldade dos doze itens em cada uma das cinco séries que constituem a prova total; uma análise genética, por outro lado, nos permitirá destacar os diferentes processos envolvidos, que vão da simples regulação perceptiva até o pensamento formal. O fato de se tratar de uma prova não-verbal, na qual o fator cultural representa um valor mínimo, facilitará a tarefa; e são escassas as possibilidades de técnicas de ensaio e erro, como demonstra o pouco proveito que os indivíduos podem tirar da realização da prova com tempo ilimitado de duração.

Um fato muito interessante a considerar é salientado por B. Inhelder em *Gênese das estruturas lógicas elementares*, editado em 1959. A autora afirma que a configuração perceptiva, organizada como matriz, é tão importante que pode não só facilitar, mas também provocar uma solução pré-operatória em um problema que as pessoas se sentiriam tentadas a considerar nitidamente operatório, por exigir uma multiplicação. Poderia parecer que "as próprias condições da classificação operatória multiplicativa já são satisfeitas pela configuração perceptiva da matriz, ... e só resta, para o elemento que deve ser encontrado, prolongar essas propriedades figurais". A solução operatória se diferencia da de configuração pelo fato de as coleções e subcoleções elaboradas de modo intuitivo serem promovidas à categoria de classes e subclasses, e, portanto, as semelhanças e diferenças serem atribuídas aos elementos como tais, independentemente de sua disposição espacial.

A análise dos itens dessa prova nos levará a definir com maior rigor a diferença entre coleção figural, coleção não-figural e classe, bem como o problema da quantificação de classes, a relação entre a multiplicação e a adição e, finalmente, as operações de seriação de relações assimétricas transitivas. Em primeiro lugar, vamos definir as características materiais de cada série, e depois vamos proceder à análise item por item.

Série A

Os itens da série A caracterizam-se por apresentar um fundo contínuo e, portanto, a incógnita não constitui exatamente uma parte que equilibra as relações existentes entre as presentes, mas é um pedaço, e como tal mantém com o todo relações de continuidade e conveniência. A determinação dessas relações pressupõe, em primeiro lugar, uma simples regulação perceptiva e, sucessivamente, intuições pré-operatórias de distribuição de quantidade e descentralizações na horizontal e na vertical. A capacidade operatória inicia-se com a incorporação da oblíqua e a integração multiplicativa de duas progressões de sentido igual e finalmente de sentido contrário.

A-1   Esta primeira prova está verificando, na verdade, a possibilidade de o indivíduo integrar um objeto total por simples assimilação de pertinência, partindo da percepção em um nível sensório-motor. A inclusão de um problema tão elementar serve apenas para a compreensão da instrução e para a confirmação de que o indivíduo possui um mínimo grau de saúde suficiente para assumir a continuação da prova.

A-2   O modelo é parecido com o anterior, mas com apenas duas opções de escolha, uma delas o espaço branco, escolhido em caso de situações de confusão, freqüentemente psicótica.

A-3   A proposta é semelhante à anterior, mas com três opções de escolha, uma delas parcial, índice de transtornos profundos e de possível origem orgânica da personalidade.

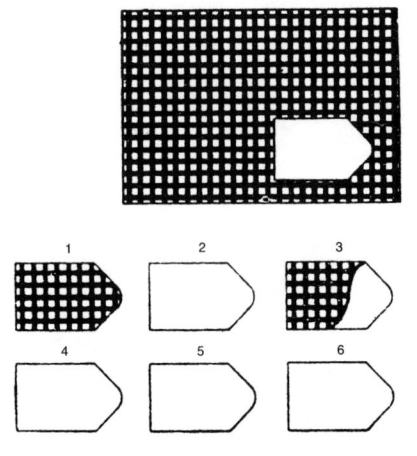

A-4   Embora também apresente o problema de integrar um fundo de modo regulado, os elementos pontuais tornam necessária a discriminação não só da participação do elemento em si, mas dos intervalos que os separam e que são o padrão da distribuição. Há três das seis alternativas que indicam pontos, uma é a positiva, outra constitui uma boa forma composta por quatro pontos, selecionada quando não se considera a distribuição; a escolha de um único ponto pertence a quadros de confusão, assim como a dos riscos, por constituírem abstrações parciais do elemento e da distribuição, respectivamente.

A-5 A proposição é semelhante à anterior, embora os elementos apresentados sejam menos claros. O fato de apresentar uma alternativa com um reticulado semelhante, porém mais reduzido, introduz um problema de comparação, efetuado por regulação simples, dado que a diferença é muito evidente.

A-6 Para solucionar esse item deve ser conservada, no nível representativo, a direção horizontal do deslocamento perceptivo nessa direção que o desenho exige. Duas alternativas são indicativas: a que implica uma inversão de sentido – seja por labilidade, seja por confusão – e a que envolve uma inversão figura-fundo em situações de deterioração.

A-7 Nesse caso o deslocamento ocorre em sentido vertical e horizontal e pressupõe, então, a descentralização sucessiva dos esquemas aos quais são assimilados os movimentos perceptivos em ambas as direções e sua integração intuitiva em uma única imagem em cruz. Já observamos, em várias oportunidades, as experiências de conservação da quantidade, da massa, etc., nas quais as crianças em um estágio pré-operatório conciliam dois fatores separados por descentralização e compensação sucessiva.

As opções de escolha nos permitem avaliar erros por falta de descentralização, isto é, há centralização em uma única direção (1 e 2), por perturbações forma-fundo (3), ou por confusão no intervalo comprometido (4).

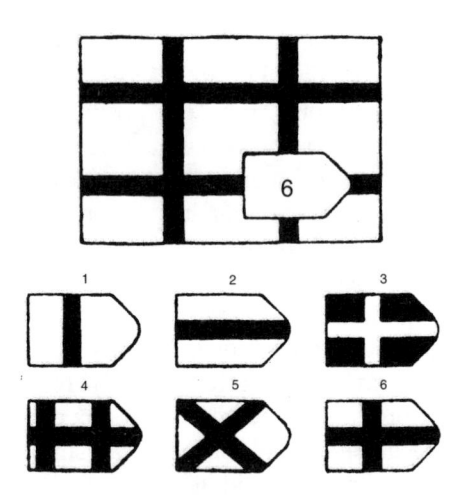

A-8 A inclusão da dualidade como elemento a ser integrado indica que a solução pode acontecer por intervenção de uma operação reversível, já que a descentralização horizontal/vertical deve ser coordenada à relação singular/dual. A intersecção de duas relações é uma multiplicação lógica, exposta graficamente nessa matriz de dupla entrada. Podemos dizer que, de certa maneira, esse é um item de transição no sentido de que a imagem simboliza de modo configurado a operação, facilitando sua resolução em um nível intuitivo. Porém as alternativas medem esse limite, já que, em tal nível, seria difícil evitar a (1) ou a (6).

Note-se que nesse item a alternativa (5) corresponde à solução correta do item anterior e sua escolha poderá ser interpretada como um comportamento estereotipado.

A-9 Esse item propõe uma ordenação sucessiva e complementar por espessura em sentido vertical. A possibilidade de retomar a série pela metade nos indica a reversibilidade da operação de seriação. De fato, vamos lembrar as múltiplas experiências de Piaget sobre tamanhos seriados e a dificuldade apresentada sistematicamente pelas crianças para conseguir incluir um elemento intermediário, se ainda não adquiriram uma estrutura reversível da capacidade operatória. Nesse caso, as alternativas não se referem a essa dificuldade, mas sim às diferenças de orientação (5) ou a alterações figura-fundo (5).

A-10 Nesse caso a progressão é contínua e também complementar em sentido horizontal. A maior dificuldade consiste na obliqüidade do deslocamento, que dificulta a solução intuitiva e obriga à conceitualização. Isso ocorre sobretudo ao se tornar necessária a consideração simultânea de que a superfície branca aumenta, enquanto a preta diminui, e essa relação é reversível. É comum nesse item a escolha errônea (6), que resulta da inversão de cor, e mais adequada do ponto de vista intuitivo, por ser uma parte já dada do conjunto.

A-11 Há progressão na abertura dos ângulos, tanto em sentido vertical como em sentido horizontal. Trata-se de determinar um entrecruzamento ou multiplicação de progressões. Não basta simplesmente entrecruzar a continuação do que já foi figurado, visto que a intersecção ocorre como uma superfície, evitada na alternativa (1). Também aparecem inversões de sentido (3), sempre ligadas a problemas de lateralidade.

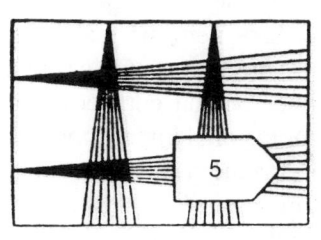

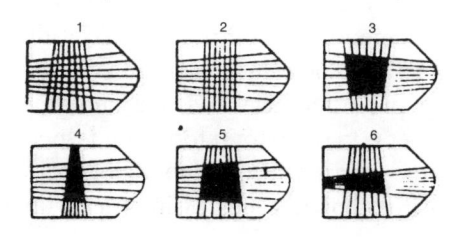

A-12 Consiste em coordenar dois deslocamentos em ondas complementares, já que se aproximam e se afastam regularmente com o fator cor, que difere conforme o sentido. A dificuldade está em integrar as alternativas quando elas se sobrepõem com sentido contrário. Em termos lógicos, trata-se de uma multiplicação de alternativas complementares.

Série B

A relação apresentada pelas outras séries acontece entre elementos discretos. Na série B, a situação apresenta três figuras distribuídas em um quadro de dupla entrada, duas a duas, em sentido vertical e em sentido horizontal. O quarto elemento deve cumprir as relações vigentes para ambos os pares ao mesmo tempo. A metade dos itens que abrange é resolvida no próprio plano da configuração, mas a classificação é imperativa para responder positivamente aos demais.

B-1 A relação analógica entre os elementos idênticos é feita por simples regulação perceptiva de comparação por aproximação. Esse item, na realidade, representa uma transição entre fundo contínuo e conjunto de elementos discretos. Uma escolha equivocada nesse item supõe um estado confusional intenso, pois sua única intenção é colocar o indivíduo na pista da tarefa.

B-2 O problema proposto é igual ao anterior, mas a acomodação na escolha pode ser dificultada pela variação de tamanho nas alternativas. A determinação pode ser verificada perceptivamente por regulação de proximidade, pois se trata de estabelecer uma diferença de tamanho, por pré-inferência, baseada nas próprias figuras. Já num período operatório torna-se desnecessário comparar cada alternativa com o modelo, pois, dado o caráter transitivo das relações assimétricas, uma vez ordenadas as alternativas determina-se a correspondente de modo simultâneo.

B-3 Observa-se uma relação de igualdade de forma, cor e orientação na vertical; e na horizontal, identidade de forma e cor, mas as figuras estão orientadas em sentido oposto, percebido como uma simetria. Inclui-se aqui, então, uma relação topológica que pressupõe uma manipulação correta de áreas no nível representativo. A descentralização é imprescindível para considerar, simultaneamente, ambos os sentidos no espaço. A escolha equivocada (2) pode ser causada por um problema de lateralidade. A alternativa (5) supõe uma confusão entre

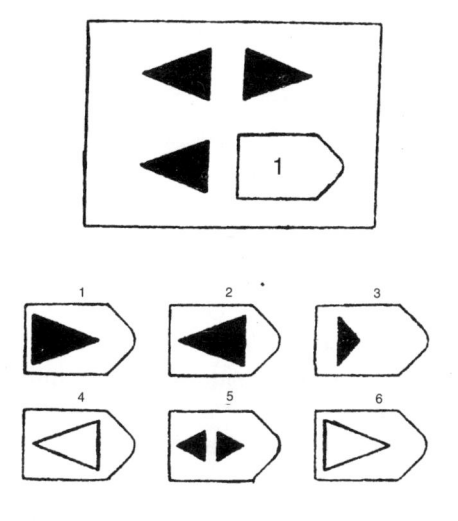

a solução e o processo que leva a ela; vamos encontrar uma forma similar de escolha em outros itens como índice de estados psicóticos. As outras alternativas indicam a não-integração do fator tamanho (3) ou do fator cor (4) e (6).

B-4 Nessa matriz influi a assimilação dos dados a um esquema de "forma boa" circular por reversão do movimento de deslocamento das partes. No entanto, a escolha correta pressupõe uma nova análise para determinar correções que permitam evitar erros de representação, por isso a escolha comum (3), em indivíduos que verbalizam, contudo, "falta um para completar o círculo".

B-5 Também aqui se pressupõe como deslocadas partes de uma "boa forma", porém nela se torna necessária uma subclassificação entre curvas e retas. A indeterminação dessa distinção evidencia-se na escolha (2) ou (4), e a escolha certa, embora sem considerar as referências de configuração, leva à opção (5). Como vemos, ocorrem simultaneamente operações infralógicas e lógicas, isto é, de partes e de classes.

B-6 A consideração da matriz total como uma única figura dividida em quatro partes torna-se aqui mais difícil, pois implica a divisão de uma "boa forma" central (losango) e a determinação da parte pelo sentido da oblíqua e a da cor do triângulo correspondente. Uma única dessas considerações isolada leva aos erros (4) e (6), respectivamente (ver exemplo).

B-7 Propõe um problema semelhante ao anterior, com simetria em ambos os eixos, o que determina uma configuração forte, difícil de analisar. A presença da oblíqua, sem as referências retas, apresenta uma nova dificuldade superável pela consideração dos diferentes elementos topológicos e de cor, considerados como critérios de subclassificação vicariante. As alternativas (1) e (6) nos fornecem dados sobre o erro na manipulação de áreas, seja "em espelho", ou por inversão completa, se for escolhida a complementar.

B-8 Dentro da série B, os quatro itens restantes constituem um subgrupo, pois deixam de aparecer os problemas de simetria e manipulação de áreas que tornavam relevante a configuração total. Esse item apresenta problemas de classes, pois se trata de uma classe superior caracterizada por "figuras coloridas na parte inferior com duas subclasses, a dos círculos e a dos quadrados; sendo a vertical uma relação de igualdade, e a horizontal, de correspondência complementar, a solução é constatada". A inversão (2) é muito comum e indica justamente a ignorância da classe superior.

B-9 Nesse caso aparece uma identidade de forma na horizontal, entendendo por forma também a orientação no espaço, pois se trata sempre de quadrados e diferença de cor. Na vertical, identidade de cor e diferença de formas. Trata-se da distribuição vicariante de cor e forma como subclasses. As alternativas supõem identificações parciais, pois a falta de capacidade operatória não permite a sistematização das sobreposições.

B-10 A dificuldade, nesse caso, é determinar as relações entre o quadrado e o quadrado com o ponto na vertical, já que não se trata de uma diferença qualitativa, mas de um elemento sobreposto que, principalmente nas crianças, não modifica a figura como classe. Assim, o losango da figura anterior é definido como "losango preto", e esse como "losango com um ponto". Do ponto de vista figural, o losango branco simboliza uma coleção na qual o losango com o ponto seria uma subcoleção; do ponto de vista operatório, ambos são subclasses complementares dos losangos possíveis, não figurados. A inferência para obter a solução é muito mais equilibrada quando se classifica, pois a intuição leva com freqüência à escolha equivocada (1).

B-11 A proposta é semelhante à anterior, mas no sentido geral do raciocínio da esquerda para a direita na horizontal o elemento não é acrescentado, mas subtraído. Além disso, é difícil não tratar os elementos como classes singulares, pois a cruz é menos separável da figura que o ponto. Por conseguinte, trata-se de determinar a complementar de uma classe pela relação de subtração.

B-12 Eis aqui um problema muito interessante de composição de classes. Trata-se de determinar em primeiro lugar a classe hierarquicamente superior que inclui as demais:

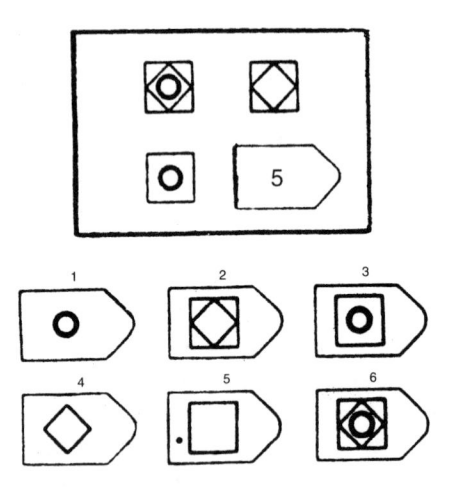

na horizontal superior temos as duas subclasses complementares da classe "quadrado com losango inscrito"; na vertical esquerda temos as duas subclasses complementares da classe "quadrado com círculo". Ambas são ao mesmo tempo subclasses da classe superior "quadrado", à qual se chega por uma composição de subtrações, que é evidentemente a divisão, inversa da multiplicação, como composição de somas. Uma vez terminada a aplicação completa da prova, vale a pena perguntar ao indivíduo o motivo da escolha no item, para considerar a estratégia seguida e o grau de reversibilidade dos esquemas. É importante que o indivíduo veja na solução (5) uma subclasse de todos os quadrados possíveis, e não o símbolo do quadrado.

Série C

Os itens da série C caracterizam-se principalmente por consistirem em tabelas de dupla entrada, três por três, e apresentar oito opções na múltipla escolha, em vez de seis. Quase todos apresentam relações de seqüência, seja de progressão quantitativa, contínua ou numérica, seja no sentido dos deslocamentos. A participação de nove elementos permite transcender as relações um a um e construir séries.

C-1 Apresenta-se uma seriação principal na vertical, conservando-se a identidade completa dos elementos na horizontal. A simples homologação por regulação, nesse último sentido, permite a solução. As alternativas averiguam sobretudo a adequação do número na escolha, especialmente o (2), que supõe que foi realizada a progressão mas não se considerou o número nos círculos concêntricos.

C-2 Aparece a mesma progressão crescente na horizontal e na vertical, porém a resposta correta pode decorrer do completamento da série em uma entrada, ainda mais se considerarmos que a resposta correta é a única possível uma vez captada a progressão: evidentemente com outras alternativas teria sido possível verificar a captação da transitividade nas relações assimétricas. Já sabemos que os primeiros itens de cada série da prova destinam-se unicamente a estabelecer o enfoque dos mecanismos que procura medir.

C-3 Neste item também há progressão em dupla entrada, porém em vez de contínua, numérica. Trata-se de uma simples multiplicação aritmética auxiliada de modo configurado pela distribuição de pontos, que, no entanto, leva com freqüência à escolha falsa (1). Uma alternativa com doze pontos permitiria ainda discriminar a aplicação errônea de "o dobro de", derivado de uma captação incompleta das relações.

C-4 Apresenta um problema de composição de seriações, uma horizontal e outra vertical; na intersecção ocorre a sobreposição dos elementos comuns. É necessário que o indivíduo considere a dupla entrada, pois é preciso integrar classes definidas pelo sentido e séries definidas pela progressão. Da sobreposição resulta a subclasse "três verticais" da classe "três horizontais" (na vertical), ou a subclasse "três horizontais" da classe "três verticais" (na horizontal), cuja representação é a mesma.

C-5 Esse item é parecido com o anterior, mas a progressão vai acontecendo na horizontal, no sentido dos ponteiros do relógio, e na vertical, conforme a rotação contrária. A composição de ambos os deslocamentos, que definiriam as subclasses e a seriação numérica, comporá a solução. A escolha (2) pressupõe a única menção ao número de pétalas, porém a resposta correta implica, além disso, a melhor forma; em geral os erros são produto de análises incompletas, por isso (4), pela consideração apenas da primeira fileira.

C-6 Aqui, em vez de uma progressão crescente, ocorre uma progressão decrescente, em ambos os sentidos, por terços. A intersecção acontece igualmente na intuição geométrica, embora estejamos perante uma multiplicação de séries decrescentes. É interessante a escolha comum e equivocada da alternativa (8), que evidencia a impossibilidade do indivíduo de estabelecer uma unidade de progressão, que possibilita a divisão.

C-7 Nesse caso, a seqüência consiste no deslocamento de uma parte nos elementos que permanecem constantes. As operações envolvidas são infralógicas (partição e deslocamento), e as relações em jogo, que definem as infraclasses, são topológicas (em cima, no meio, embaixo, ao lado). As relações de simetria do conjunto contribuem para a sua solução, mas ao adequar as alternativas podem aparecer perturbações na orientação espacial.

C-8 Nesse caso os elementos também permanecem idênticos e vão se "enchendo" por metades horizontais e verticais. O interesse desse item está na sobreposição de oblíquas de diferente sentido. Se o indivíduo não o resolve com certa rapidez, é porque vai sobrepondo metade por metade, mas se desorienta porque a solução não apresenta "partes". Entendendo a multiplicação, se opera diretamente por sobreposição do terceiro horizontal pelo terceiro vertical.

C-9 Aparece uma seqüência horizontal com deslocamento de três elementos, primeiro separados, depois sobrepostos, por último incluídos partitivamente. São infraclasses de um mesmo conjunto de configuração. Na vertical, as três opções pertencem a uma mesma distribuição, mas seus elementos pertencem a conjuntos diferentes. É um bom modelo de integração de seqüências e classes.

C-10 Também nesse caso ocorre uma seqüência dinâmica, idêntica na horizontal e na vertical, com duplicação do elemento e depois separação, mas a seqüência intermediária pressupõe sobreposição e pode confundir a continuidade da progressão geométrica (2, 4, 8...) alternada no aspecto morfológico.

C-11 Há aqui uma evidente progressão numérica, decrescente na horizontal e crescente na vertical. Porém, o mais interessante é o deslocamento particular dos pontos, que obriga a discriminar entre todas as alternativas de quatro pontos. Trata-se de combinar uma dupla legalidade aplicando-a aos diferentes termos, com o que entramos na etapa formal de pensamento.

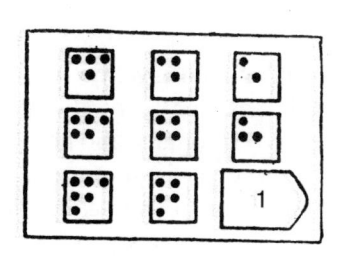

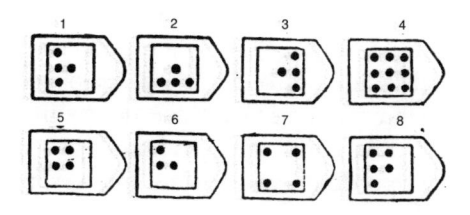

C-12 Já tínhamos visto um problema de sobreposição de oblíquas por metades (C-8); agora se trata de uma apresentação parecida, mas que progride por quartos. A sobreposição das zonas coloridas deve ser coordenada ainda com a espessura do traçado e sua orientação. Só uma combinatória que compreenda transformações simultâneas pode ser o comportamento adequado para uma solução integrada.

Série D

Os itens da série D caracterizam-se por determinar ao indivíduo a busca do elemento de uma classe definida de um conjunto ou de uma coleção configurada. Já não se trata aqui, como na série anterior, de compor seqüências nem, como na B, de determinar vicariâncias entre classes singulares; a presença de nove opções permite analisar as atividades operatórias da classificação, da adição e da multiplicação lógica.

D-1 Apresenta três classes de elementos idênticos que se diferenciam pela forma; ou três conjuntos iguais de elementos distintos, conforme sejam analisados no sentido de linhas ou de colunas. De qualquer modo, é resolvida por simples analogia no nível das regulações perceptivas, assimiladas a esquemas intuitivos.

D-2 Tanto no sentido horizontal como no vertical, trata-se de conjuntos dos mesmos elementos em ordem diferente. A determinação da identidade entre tais conjuntos já é operatória, pois a relação unívoca entre os elementos das coleções não ocorre diretamente na percepção.

D-3 O princípio é o mesmo do item anterior, porém, como os elementos são subclasses da mesma classe ou infraclasse, a discriminação é dificultada. Se pensarmos, além disso, no fator numérico que coordena a inclusão espacial ou partitiva com a inclusão numérica, observaremos que esse tipo de prova pode ser interessante para determinar o nível de aquisição aritmética por volta dos oito anos.

D-4 Cada um dos termos representa uma intersecção de subclasses incluídas em dois conjuntos, um de elementos e outro de figuras. O primeiro elemento seria multiplicado por uma classe nula. Assim, para encontrar a intersecção que falta, é necessário completar o sistema sugerido no nível intuitivo pela regularidade dos elementos envolvidos.

D-5 O item é muito semelhante ao anterior, mas como não há apresentação do elemento isolado, é necessário primeiro discriminar os seis fatores envolvidos, antes de fazer a intersecção.

D-6 Até aqui os dois critérios permaneciam constantes por linha e por coluna, nesse item trata-se de coordenar um conjunto de três elementos diferentes e uma classe com três subclasses de "molduras", mas os elementos do conjunto variam em sua distribuição, o que obriga à construção operatória daquilo que ocorria de modo sistematizado na percepção.

D-7 Esse item propõe o mesmo problema que o anterior, porém a discriminação dos elementos, por suas características formais, é um pouco mais difícil, já que as linhas cruzadas, por exemplo, poderiam participar do conjunto dos elementos e não das figuras envolventes, que constituem outra classe. É necessário reconstruir as sobreposições para separar os fatores; em suma, dividir.

D-8 Dois critérios de classificação, a cor e a forma, produzem nove combinações. É necessário intervir sobrepondo ou multiplicando duas subtrações, organizando primeiro o sistema para saber que forma e que cor "falta", para integrá-las em uma única configuração.

D-9 As operações a serem realizadas nesse item são as mesmas que no anterior, mas o que varia é a apresentação, que complica a tarefa fazendo intervir sub-relações como a orientação das linhas e da cor, dada por um reticulado.

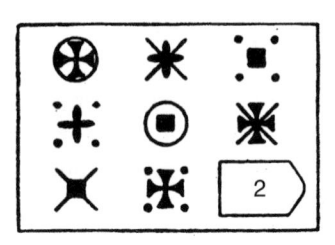

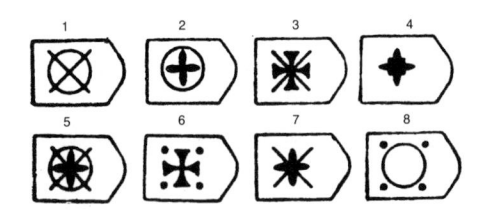

D-10 Essa matriz apresenta dificuldade na definição dos dois conjuntos cujas subclasses procura-se integrar. Como não há fatores morfológicos claros (forma, cor, figura envolvente), trata-se primeiro de organizar as classes controlando as sobreposições presentes, pois algumas, como a que consta na alternativa (8), não se tornam lícitas, já que se trata de subclasses de um mesmo conjunto. O esquema aplicado é de nível formal, porque é necessário reconstruir o critério com que se vai lidar.

D-11 Nesse item fica ainda mais clara a necessidade de construir o sistema antes de resolvê-lo, já que a matriz apresenta uma série de variáveis (figuras incompletas, sem base, retas, truncadas, curvas, fechadas...), que são três momentos ou infraclasses de três figuras geométricas envolvidas que é necessário reconstruir por reversão.

D-12 Aparece sobreposto o elemento numérico, facilmente discernível, que determina que a solução será composta de três elementos, contidos em cinco seleções. A dificuldade consiste em conceitualizar a classe superior comum a cada um dos conjuntos em colunas (orientação: horizontal, oblíqua, curva) e dos conjuntos em linhas (figuras: fechadas, cruzes, riscos): assim, a solução riscos-curvas aparece como um pouco contraditória, se todas as possibilidades não foram combinadas.

Série E

Os itens que compõem essa última série caracterizam-se por apresentar problemas de soma e de subtração, que são realizados morfologicamente por conjunção de traços. Ocorre aqui um fato já salientado por B. Inhelder, no sentido de que a multiplicação é mais bem sugerida pela configuração do que a soma. Até o item quatro, trata-se de adições infralógicas de partes definíveis no total, mas depois a conceitualização torna-se obrigatória e mais tarde uma combinatória algébrica, que permite reconstruir o item para resolvê-lo.

E-1 Constata-se no modelo que o terceiro elemento é formado pela conjunção dos outros dois anteriores sobrepostos, tanto vertical como horizontalmente. Observa-se que, apesar da dupla entrada, não se trata de um quadro multiplicativo, porque as intersecções não são um produto. De qualquer modo, a operação que permite relacionar partes e todos é obrigatoriamente reversível, embora infralógica.

E-2 O problema é bastante parecido com o anterior, porém a soma acontece entre objetos de classes diferentes. A resolução é facilitada pois basta considerar uma única direção no raciocínio, sem necessidade de integrar as somas verificadas em ambos os sentidos.

E-3 A complicação desse item em relação aos anteriores é constatada no nível da acomodação, pois as linhas curvas, côncavas e convexas podem determinar manipulações de áreas erradas, como indica a escolha (2). Na soma, observa-se bem seu caráter associativo, não percebido por alguns indivíduos que consideram que a solução vertical não pode ser igual à horizontal, o que manifestam por "poderia haver duas soluções...".

E-4   Trata-se da operação inversa à verificada nos itens anteriores dessa série. Portanto, a configuração inicial é separada em suas partes ou infraclasses, fato que se observa melhor uma vez que não há um limite claro entre o todo e aquelas que determine a dicotomização intuitiva da figura.

E-5   Nesse item também há subtração, porém a heterogeneidade das infraclasses envolvidas produz maior confusão, sobretudo porque a resposta correta contém a representação de uma cruz, difícil de isolar das respectivas formas das quais faz parte.

E-6   Como a classe superior analisada ocupa o lugar médio, a reversibilidade da operação evidencia-se, podendo ser considerada simultaneamente uma soma e uma subtração. Assim:

$$\boxed{\cdot} = \boxplus - +$$

E-7   Daqui em diante se trata de somas e subtrações nas quais se considera que os elementos comuns são afetados por sinais contrários e que ao serem somados dão zero. Os não-comuns não são simplificados e aparecem em cada figura em relação aos outros dois. Cada parte de cada elemento deve ser considerada como um valor entre parênteses, de maneira que: os primeiros se anulam por

$$\left(\begin{smallmatrix}\cdot\cdot\\\cdot\cdot\end{smallmatrix} + \bigcirc \right) - \left(\square + \begin{smallmatrix}\cdot\cdot\\\cdot\cdot\end{smallmatrix} + \diamondsuit \right) =$$

$$\left(\diamondsuit - \begin{smallmatrix}\cdot\cdot\\\cdot\cdot\end{smallmatrix} - \square - \bigcirc + \begin{smallmatrix}\cdot\cdot\\\cdot\cdot\end{smallmatrix} \right) =$$

$$= \left(\begin{smallmatrix}\cdot\cdot\\\cdot\cdot\end{smallmatrix} - \begin{smallmatrix}\cdot\cdot\\\cdot\cdot\end{smallmatrix} \right) + \left(\bigcirc - \square - \diamondsuit \right)$$

serem iguais e de sentido contrário e os outros são representados em seu valor absoluto.

E-8 Nesse item, muito semelhante ao anterior, a tarefa é dificultada porque os caracteres fazem parte de uma mesma figura e então a subtração dos traços comuns se complica. É comum a escolha da complementar, ou seja, da figura (2), com o argumento "é a que mais aparece em todo lugar", dada a atitude primária de conservação que caracteriza os rendimentos imaturos.

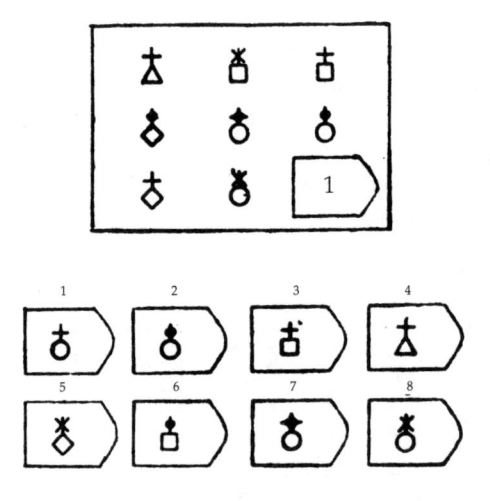

E-9 Cada terceiro elemento é a reunião de uma característica de cada um dos outros dois na mesma linha ou na mesma coluna; as características complementares se anulam. Como nos casos anteriores, a opção pode ser ela própria considerada como adição, mas aqui são anuladas duas classes e são conservadas duas em consideração à ordem e à localização: do primeiro "o de cima", do segundo "o de baixo". Observa-se nesse exercício uma dificuldade suplementar de ser, isto é, a natureza do material leva à busca de outras regularidades.

E-10 O problema é proposto como se os arcos de curvatura oposta fossem de sinal contrário, visto que se anula no terceiro termo. Para não cometer erro, facilita-se marcando o zero da operação por meio da linha reta. Essa é uma verdadeira soma algébrica e, por coordenar dois sistemas, promove um processo mental de natureza formal.

E-11 Nesse item, um critério é cumprido no sentido vertical e no sentido horizontal: por um lado, são anulados os traços "não-comuns" e, por outro, são conservados os comuns que não supõem complementaridade. A maior dificuldade está nas opções (1) e (3), se a regra não foi suficientemente generalizada.

E-12 Há uma clara exposição de um problema de soma algébrica no qual as relações topológicas "para dentro" e "para fora" representam os sinais das operações. Inclui-se aqui o problema numérico, e a combinatória de ambos os sistemas pressupõe certa formalização no pensamento para que a situação do modelo possa ser interpretada.

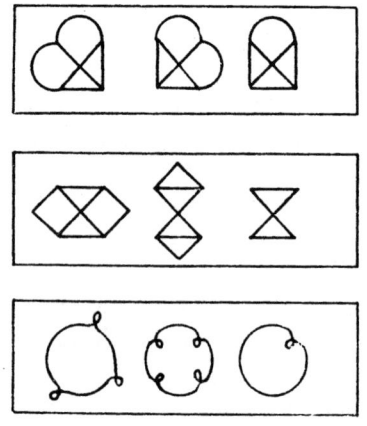

Proposta na primeira linha horizontal dos três últimos itens de Raven.

Vamos mostrar em um quadro a distribuição total dos itens do Raven por séries, em relação ao nível dos comportamentos que sua resolução pressupõe:

a) regulação perceptiva assimilada a esquemas de ação;
b) regulação imaginativa e representação centralizada;
c) regulação intuitiva e representação descentralizada; coleções não-figurais;
d) operação precária e classificação vicariante;
e) operação reversível, multiplicação e adição lógicas;
f) coordenação de operações reversíveis;
g) formalização ou combinação de sistemas.

	A	B	C	D	E
1	a	a	a	b	c
2	a	ab	ab	c	c
3	a	b	bc	cd	d
4	b	bc	cd	d	d
5	b	c	d	d	de
6	bc	c	de	de	e
7	c	cd	e	e	f
8	c	d	e	ef	f
9	d	de	ef	f	f
10	de	e	f	fg	fg
11	e	ef	f	fg	fg
12	ef	f	fg	g	g

A partir desse quadro, será interessante observar qual é o nível de rendimento médio de um adulto normal. Aproveitando a tabela de discrepância, saberemos quais são os itens respondidos corretamente por série pelos indivíduos cujos pontos correspondem à mediana, isto é, aqueles que superam 50% da população.

Se tomarmos as tabelas de distribuição dos percentis dos pontos obtidos por Raven em quase seis mil indivíduos, de forma coletiva e auto-administrada, observaremos que aos vinte e cinco anos a contagem que corresponde ao percentil 50 é de 44 pontos distribuídos da seguinte maneira:

Série A	Série B	Série C	Série D	Série E
12	10	9	9	4

Observemos que o indivíduo normal adulto não tem acesso ao pensamento formal espontaneamente, aparecendo dificuldades quando a distribuição da matriz não oferece, no próprio nível da configuração, a organização que forneça índices perceptíveis que conduzam a inferência. Notamos na tabela X, da edição organizada por Jaime Bernstein, que 50% da amostra de uma população de estudantes de Filosofia e Letras obtém uma contagem maior que 54, com dificuldades quase exclusivamente na construção de matrizes algébricas.

Se observarmos a tabela II da edição, veremos que nas medianas dos seis aos nove anos há apenas um leve aumento na pontuação, de nada mais que cinco pontos, enquanto dos nove aos onze anos registra-se a notável diferença de treze pontos, que não deve nos surpreender, dado que a maioria dos itens pressupõe um nível de capacidade operatória efetiva e de coordenação de fatores.

Para facilitar a respectiva análise, quando for aplicado o Raven infantil, apresentamos a seguinte tabela que descreve esquematicamente o nível de pensamento que a resolução de cada um dos problemas apresentados por ele exige.

	A	AB	B
1	a	a	a
2	a	a	ab
3	a	ab	b
4	b	b	bc
5	b	c	c
6	bc	cd	c
7	c	d	cd
8	c	de	d
9	d	de	de
10	de	de	e
11	e	e	ef
12	ef	f	f

Capítulo 11
A diferenciação das aptidões individuais: os testes do D.A.T.

O Teste de Aptidões Diferenciais, de cuja análise vamos tratar no presente capítulo, é obra de três autores, George Bennet, Harold Seashore e Alexander Weisman, que elaboraram a bateria de testes com o objetivo preciso de contribuir para o diagnóstico psicológico dentro do enfoque da orientação vocacional e profissional aplicada às áreas educacional e ocupacional.

As tarefas propostas aos indivíduos determinam diferenças notáveis de rendimento entre os subtestes, não apenas entre indivíduos, mas precisamente no mesmo indivíduo. Isso é decorrente da diversidade dos processos psicológicos acionados por sugestão das respectivas instruções, no nível da informação que cada prova pressupõe, conforme o âmbito da realidade que compreende e, além disso, na peculiaridade dos estímulos apresentados, sejam esses signos ou símbolos configurados. Por conseguinte, o que distingue esse teste dos outros que vimos até agora não é tanto o fato de nos fornecer um dado que nos permite situar o rendimento de cada indivíduo em relação ao de uma população definida, mas de nos proporcionar toda uma série de dados simultâneos que explicam a distribuição original de suas disposições pessoais para cumprir as diversas tarefas propostas.

Porém, para transformar o rendimento do indivíduo em um teste em índice do grau de presença de uma aptidão definida nele, é preciso determinar em que medida cada uma das tarefas propostas está correlacionada de modo válido com o critério de compreensão de cada aptidão em particular. Em conseqüência, para orientar um indivíduo em uma determinada disciplina, será necessário considerar como essas aptidões se integram na aprendizagem e no exercício das diversas profissões ou ocupações, pois a cada uma delas não corresponde uma aptidão específica, mas um perfil particular e extremamente dinâmico, dada a mudança contínua a que estão submetidas pelas transformações sociais e técnicas.

Por sua vez, os autores descrevem a aptidão como uma capacidade para aprender, isto é, como uma potência que, mediante o exercício, pode determinar uma real habilidade específica. Não pretendem em nenhum momento discriminar os fatores pertinentes na constituição da aptidão, sejam esses ambientais ou hereditários; basta para eles comprovar a presença de tal aptidão na capacidade operatória atual do indivíduo perante situações de prova, que trazem em si mesmas e através do seu próprio delineamento a diferenciação de aptidões. Por conseguinte, tanto o perfil individual como o profissional estão submetidos a diversas transformações pessoais e sociais por seu próprio caráter de documento de um estado dentro de um processo que, embora não tenha sentido fora desse, ajuda a conhecê-lo determinando certas tendências mais gerais do comportamento.

É nossa intenção tentar analisar em detalhe os processos psicológicos constatados no cumprimento de cada tarefa, com o objetivo mais geral de explicar a noção de aptidão e o mais prático de contribuir para a descrição qualitativa dos quadros vocacionais pessoais e profissionais. Vamos definir, de acordo com um ponto de vista genético, os diversos comportamentos conforme o estágio em que foram construídos os esquemas que os tornam possíveis e a maneira como foram integrados em estruturas cada vez mais equilibrantes e coordenadas, segundo as estratégias que o indivíduo emprega para resolver os problemas em seus diversos níveis de dificuldade.

Raciocínio verbal

Nas instruções dessa prova informa-se aos examinados que serão apresentadas cinqüenta orações de duas frases, em cada uma das quais foi omitida uma palavra que deve completar o respectivo espaço em branco. A escolha é múltipla e facilitada pelo fato de terem sido discriminadas com números as alternativas correspondentes ao primeiro termo e com letras as correspondentes ao segundo termo.

Na prova de raciocínio verbal a tarefa básica é estabelecer uma relação entre dois termos que possa ser aplicada a outros dois. O fato de serem escolhidas duas incógnitas simultaneamente torna relevante o papel das alternativas, que ora ajudam a resolver a discriminação por sua total falta de conexão com o dado, ora confundem o indivíduo por sua conveniência parcial, eufônica ou de conteúdo, com a palavra a ser relacionada. Embora a tarefa estipulada leve a determinar uma relação e aplicá-la, nem sempre essa relação é lógica ou sua aplicação pressupõe uma coordenação de classes. Assim, no nono item,

9. Entre _____ e rolha há a mesma relação que entre caixa e
_____

| 1. garrafa | 2. peixe | 3. frágil | 4. cortiça |
| A. luta | B. tampa | C. chapéu | D. cesto |

a rolha e a garrafa são assimiladas ao mesmo esquema de ação, bem como a tampa e a caixa, corroborando-se a posteriori a analogia funcional dos componentes. Vamos procurar ordenar os itens de acordo com a natureza das relações aplicadas:

a) Relação de identidade: os pares de palavras abrangem exatamente o mesmo significado, mas se referem a ele em um código diferente. Assim, no item um verifica-se uma relação de abreviatura, no cinco, uma relação de sinonímia, no dezessete, de nome com apelido, no vinte e um ocorre uma tradução da mesma palavra em linguagem formal e informal, ocorrendo o mesmo no vinte e sete, no quarenta e no quarenta e oito:

1. Entre _____ e excelentíssimo há a mesma relação que entre
   _____ e Srta.

   | 1. rua | 2. Av. | 3. Exmo. | 4. Ex. |
   | A. sinhá | B. exame | C. jovem | D. senhorita. |

5. Entre _____ e refutar há a mesma relação que entre rejeitar e
   _____

   | 1. repartir | 2. remorder | 3. rebater | 4. retroceder |
   | A. repelir | B. responder | C. respeitar | D. restaurar |

17. Entre _____ e José há a mesma relação que entre Isabel e
    _____

    | 1. Juca | 2. Francisco | 3. Diogo | 4. Manuel |
    | A. Maria | B. Belinha | C. Joana | D. Lúcia |

21. Entre _____ e topo há a mesma relação que entre base e
    _____

    | 1. cabrito | 2. escorregar | 3. lado | 4. ápice |
    | A. baixo | B. bola | C. alicerce | D. casa |

27. Entre _____ e prosseguir há a mesma relação que entre parar
    e _____

    | 1. aproveitar | 2. deter | 3. recuar | 4. interceder |
    | A. prevenir | B. pretender | C. seguido | D. seguir |

40. Entre _____ e prender há a mesma relação que entre gerar e
    _____

    | 1. redimir | 2. restituir | 3. reprimir | 4. prender |
    | A. condescender | B. procriar | C. impedir | D. alentar |

48. Entre _____ e estático há a mesma relação que entre
    _____ e dinâmico.

    | 1. rádio | 2. político | 3. inerte | 4. ar |
    | A. locutor | B. motor | C. ativo | D. órgão |

Esses itens referem-se sobretudo à riqueza de códigos que o indivíduo possui.

b) Relação de modalidade: ou também genérica, no sentido de que um dos termos é incluído no outro como exemplar, determina sua origem material ou indica sua modalidade aparente, como entre cavalo e cavalaria no item dois, entre homem e masculino no item quatro, entre infância e criança no item dezoito. A referência é quase-simbólica, pré-conceitual. Do mesmo modo, a relação do verso com o poeta, no item seis; do bicho-da-seda com a seda no item oito; do motim com o mar no item vinte e nove; ou no item cinqüenta:

50. Entre _____ e papel há a mesma relação que entre giz e
_____

1. lápis   2. compasso   3. borracha   4. tinteiro
A. esquadro   B. quadro-negro   C. carteira   D. ponteiro

constitui uma relação de conveniência circunstancial que caracteriza as coleções não-figurais. No que corresponde ao raciocínio verbal, esses itens referem-se à compreensão das situações por mobilidade dos esquemas.

c) Relações opostas: cada um dos termos de cada dupla refere-se a um objeto ou qualidade complementar em relação a um determinado aspecto. Portanto, ao escolher o contrário o indivíduo propõe uma classe superior, visto que se refere à classe complementar. Entre estreito e largo, apresentado no item três; entre belicismo e pacifismo, no trinta e seis; entre lentidão e destreza e entre ordenado e caótico, nos itens subseqüentes, e também entre os termos que aparecem no item quarenta e sete:

47. Entre _____ e descorar há a mesma relação que entre enrubescer e _____

1. colorir   2. alegre   3. ovelha   4. combinar
A. ruborizar   B. secar   C. empalidecer   D. trufa

ocorre uma relação de complementaridade de pontos extremos de uma ordenação de larguras, atitudes perante a guerra, habilidade, ordem e matizes, aplicadas a duplas respectivamente paralelas.

As relações de antônimos definem bem o processo de construção de classes que pressupõem ao mesmo tempo uma ordenação de qualidades. A capacidade operatória se evidencia na reversibilidade que a prova com duas incógnitas exige.

d) Relação de parte com o todo: acontece quase sempre entre determinantes configurados que se referem à imagem dos objetos estabelecendo conveniências intuitivas por assimilação a esquemas mentais como, evidentemente, no item sete, a relação que ocorre entre elo e corrente; no dezenove, entre acorde e nota; no vinte e seis, entre preâmbulo e constituição; no trinta e um, entre umbral e porta; e no quarenta e seis, entre enredo e ópera.

Mas quase todos os itens que pressupõem uma relação de parte com o todo realizam uma aplicação da função que se estabelece entre elas. Assim, entre os muitos itens que estão estruturados dessa maneira, há, por exemplo, o doze:

12. Entre _____ e enforcar há a mesma relação que entre guilhotina e _____.

1. quadro   2. patíbulo   3. criminoso   4. punir
A. revolução   B. decapitar   C. capitular   D. cidadão

Na maioria dos casos coexistem o aspecto configurado e o funcional, como ocorre no item vinte e três que, completo, afirma "entre margem e rio há a mesma relação que entre costa e mar", mas, dada a natureza das alternativas, é incontestável a dificuldade de resolver estes problemas em um nível intuitivo, pois a inclusão de rio e mar em uma classe superior e ao mesmo tempo incluída na de "coisas com orla" facilita a tarefa e evita ensaios inúteis.

e) Relações de classe: por fim, há itens que se destinam a verificar diretamente a plasticidade nos processos de classificação conceitual, estabelecendo não só relações inclusivas, como no item vinte:

20. Entre _____ e cão há a mesma relação que entre _____ e vaca.

1. foxterrier   2. cauda   3. ladrar   4. gato
A. shorthorn B. elefante   C. nobre   D. mobília

mas adições e multiplicações lógicas, como no item vinte e dois que, completo, revela "entre pardal e águia há a mesma relação que entre pequinês e são-bernardo", o que supõe, além da distinção pássaros e cães, a intersecção com os "menores", que indica uma seriação.

Por conseguinte, as provas de raciocínio verbal que nos confrontam com um raciocínio analógico exigem seu cumprimento em vários níveis, sejam funcionais e intuitivos, sejam conceituais e operatórios. São determinantes, além disso, a abertura pessoal do indivíduo para a informação e sua oportunidade de armazenamento. A função semiótica torna-se amplamente discriminada em seu aspecto simbólico e em seu aspecto de semiose.

Raciocínio mecânico

A prova de raciocínio mecânico sugere um problema que preocupou a escola de epistemologia genética de Genebra e cuja proposição centraliza-se no valor da leitura da experiência, que interessa principalmente a uma teoria da ciência física, protótipo de disciplina empírica. Sobre esse tema, duas posições extremas são possíveis: a sustentada pela escola francesa (Duhem, Poincaré), que considera que toda leitura já é uma interpretação do fato e que, portanto, esse não existiria como tal, mas simplesmente a estrutura abstrata capaz de compreendê-lo; e a mantida pelo empirismo lógico, herdeiro do Círculo de Viena (Mach, Carnap), que considera a leitura como registro perceptivo que constituirá o conteúdo empírico da forma lógica dependente da significação (semântica) e das regras do idioma (sintática). Os dados psicogenéticos fornecem uma nova possibilidade para o problema da leitura da experiência, que se inicia como uma assimilação de dados perceptivos a esquemas de ação, mesmo antes da verbalização, e depois passa a integrar quadros de explicação antropomórfica, descentralizada posteriormente ao incluir-se em estruturas lógico-matemáticas, sem as quais nenhuma interpretação da realidade torna-se completamente equilibrada.

A distinção categórica entre ciências empíricas e ciências formais se restringiria se fosse considerada a objetividade ligada a um processo de descentralização gradual, como resultado de coordenações operatórias, e não a um estado definitivo e dado de antemão. Assim, todo conhecimento físico seria proveniente de uma ação do indivíduo sobre os objetos, mas nessas ações é preciso distinguir as coordenações gerais (de ordem, de hierarquia, etc.) e as ações particulares que dariam as informações físicas (pesagem, determinação de um sentido), etc. As provas de raciocínio mecânico que analisaremos medem justamente o grau de integração mútua das estruturas e dos dados, através da adaptação assimilativo-acomodativa do indivíduo à situação que lhe é proposta graficamente.

Itens que se referem ao mesmo problema físico são apresentados de forma alternada, mas em um contexto que facilita ou confunde a determinação das relações envolvidas, testando a mobilidade de coordenações entre sistemas reversíveis. Os temas principais que aparecem são:

a) A conservação do sentido em um sistema cinemático. A possibilidade de antecipar um deslocamento por transitividade do movimento se organiza, no nível prático e mesmo no item dois: é possível "acompanhar" com a vista o movimento sugerido descentralizando intuitivamente as dimensões de frente e de perfil.

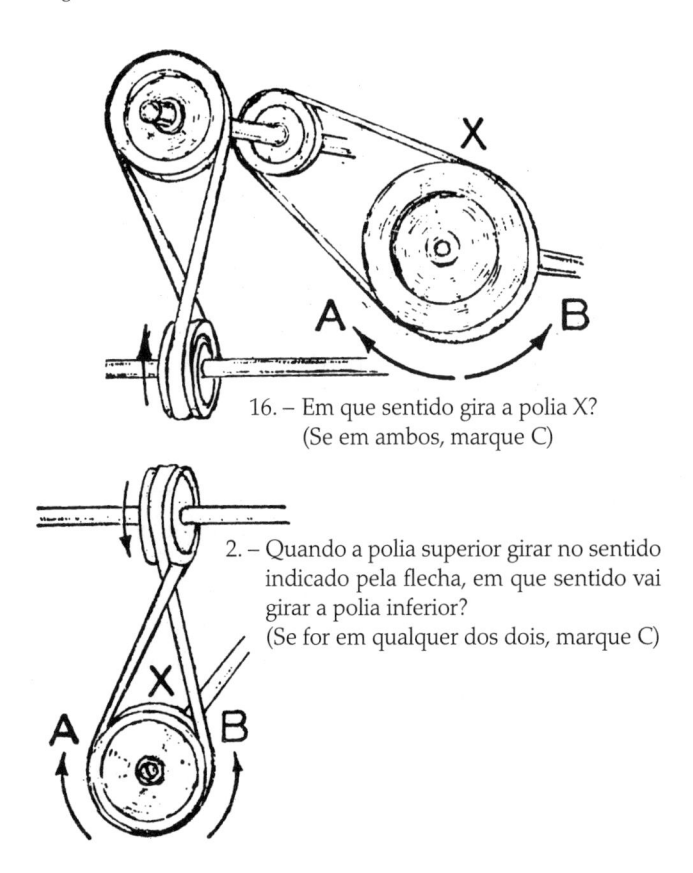

16. – Em que sentido gira a polia X?
(Se em ambos, marque C)

2. – Quando a polia superior girar no sentido indicado pela flecha, em que sentido vai girar a polia inferior?
(Se for em qualquer dos dois, marque C)

Porém, no item dezesseis é necessário coordenar dois sistemas móveis, estabelecendo uma analogia que evita o ensaio. Os sistemas de engrenagem dificultam a tarefa ao inverter o sentido das rodas e exigir a coordenação de um sentido e seu inverso; assim, a reversibilidade deve ser completa no item dezenove, trinta e cinco e quarenta e oito, entre outros.

Também podem ser considerados de conservação do movimento os itens que propõem problemas de bilhar, embora não se trate tanto de sentido, mas de direção do movimento por transformação da trajetória depois de um choque. A composição de forças é precisamente para equilibrá-las; portanto, trata-se de um sistema reversível de ação e reação. Um último problema de inércia é constituído pelo item vinte e quatro, que propõe a forma da trajetória de uma bomba que cai de um avião; a escolha da linha reta indicaria a consideração da gravidade, mas não de sua aceleração, que implica uma combinatória formalizada.

b) A relação tempo-espaço na noção de velocidade, tema ao qual Piaget dedicou muitos capítulos de sua obra. Como se sabe, as três noções são confundidas a princípio, e o tempo é reduzido a um espaço em movimento. A criança pequena chega à conclusão paradoxal de que mais rápido implica mais tempo (diz que o carrinho que chegou mais longe andou mais tempo que o outro, tendo os dois saído juntos perante seus olhos), mas depois separa ambas as noções em dois sistemas e pode coordená-los. A prova nos permitirá medir a vigência das intuições egocêntricas no indivíduo. Assim, no item quarenta o indivíduo deve prever as trajetórias que cada esteira vai percorrer e, mantendo constante o tempo transcorrido, concluir a velocidade.

c) Relações de eficácia em sistemas de forças representados por balanças, alavancas, polias, planos inclinados. Na realidade, trata-se de problemas de equilíbrio porque é necessário determinar de que maneira se contrabalança um esforço. Assim, no item vinte e um é representado um sistema de balança em equilíbrio e o tamanho igual das caixas propicia um pensamento egocêntrico de conservação do peso, sem reparar no comprimento do braço da alavanca que, embora seja usado pelo indivíduo na prática para se pesar, pode não estar sistematizado em uma estrutura que coordene peso e comprimento.

Também podem ser considerados nesse aspecto os itens que relacionam peso com equilíbrio; assim, por exemplo, o de um cilindro invertido com um lastro de chumbo ou, em outro caso equivalente, com um buraco ora na parte inferior, ora na parte superior, ou os que mencionam o centro de gravidade

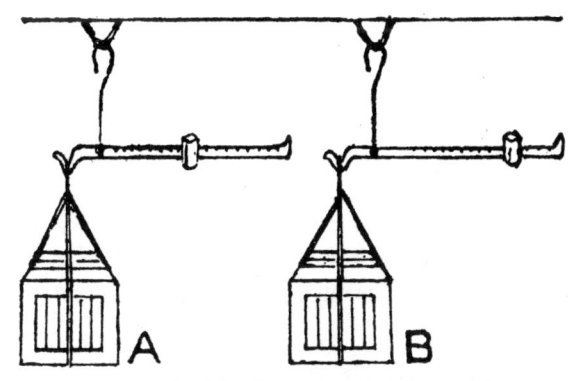

21. – *Qual das duas caixas é mais pesada?*
(Se têm o mesmo peso, marque C)

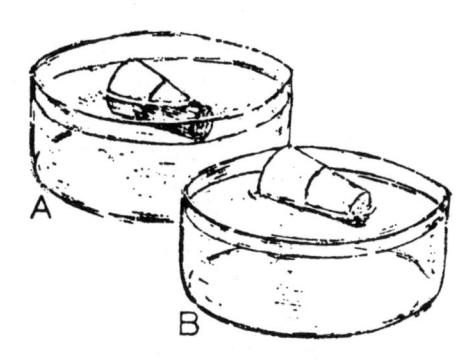

29. – *Qual destes dois líquidos é mais pesado? (Se são iguais, marque C)*

em relação à altura e ao peso. Em todos os casos, trata-se de observar a maior ou menor formalização do senso comum do indivíduo, que, evidentemente, sabe que tem que se agachar quando corre perigo de cair.

d) A relação de peso e volume, cuja conservação mereceu um tratamento especial por parte de Piaget, pois sua gênese demonstra claramente o papel das operações reversíveis na constituição de um pensamento lógico. Assim, no item vinte e sete, dados um cilindro, um cubo e um poliedro triangular representados com as mesmas medidas, questiona-se qual pesa menos. Outra experiência realizada por Piaget em relação ao egocentrismo é apresentada no item vinte e nove, no qual se demonstra a noção de flutuação, que para a criança é absoluta, ou seja, como uma propriedade de certos objetos e não como uma relação entre duas substâncias.

Em suma, podemos dizer que o raciocínio mecânico mede o grau de objetivação alcançado pelo indivíduo, mas através de uma dedução estruturante do conjunto de leis do funcionamento da realidade.

Raciocínio abstrato

A prova de raciocínio abstrato é composta de cinqüenta itens, cada um dos quais apresenta, por um lado, o problema e, por outro, cinco respostas entre as quais é preciso escolher a correta. Ela será a figura capaz de continuar a seqüência lógica estabelecida no problema por meio de outras quatro que apresentam certos padrões de conservação e certos padrões de transformação, que permitem o estabelecimento de um conjunto de regras que a incógnita deve cumprir. A dificuldade consiste na coordenação de vários padrões, na combinatória se houver transformações simultâneas ou na simples discriminação da referência conservada.

Pela natureza da prova, cujo material consiste em configurações, as operações ocorrem tanto em um nível infralógico, de subforma para forma, como em um nível lógico, de subclasse para classe, integrando no entanto dados de uma topologia intuitiva. Apesar disso, a tarefa é eminentemente operatória, pois a seqüência não pode ser resolvida por aproximação, mas por reconstrução do critério lógico que aparece em diferentes aspectos:

a) Adição e subtração partitiva: são acrescentados sucessivamente traços ou partes de acordo com uma progressão precisa e localizada. Assim, no primeiro item, no dezesseis e no vinte e nove, exclusivamente subtração; e no dezenove, uma combinação de ambas as operações de sentido contrário:

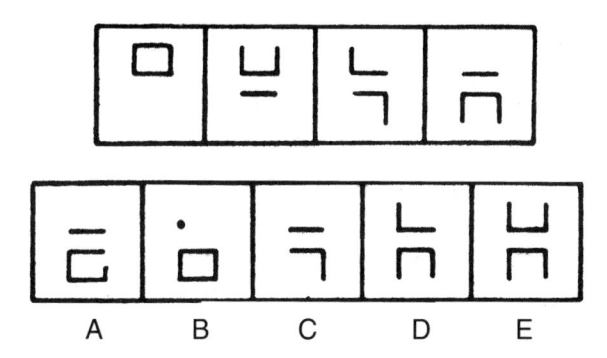

□	⊔	⌐	─
	─	┐	⊓

A	B	C	D	E
⊏	·	─	⊢	⊔
─	□	┐	⊓	⊓

b) Deslocamento: um traço aparece sucessivamente em diferentes lugares como momentos de um deslocamento ou de uma rotação. Isso ocorre na maioria dos primeiros itens e finalmente no trinta, no qual cada triângulo preto é movimentado de modo alternado para voltar à posição inicial marcada com C, descartando-se a combinatória justamente pela falta de um conjunto de regras que permita escolher A ou B.

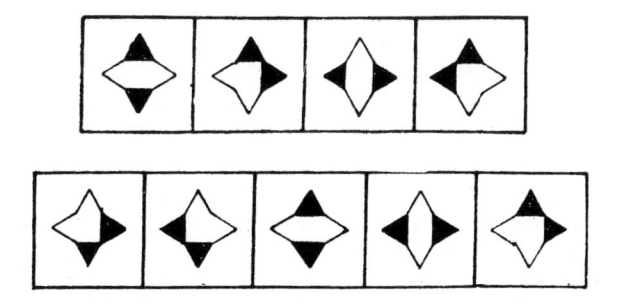

c) Adição e subtração numérica: a operação trata especialmente do número de traços envolvidos, quase sempre coordenado com outro fator de tipo formal de orientação ou de cor. Assim, no item quarenta e cinco observa-se a série decrescente nas linhas que, por sua horizontalidade e verticalidade, configuram duas regiões permanentes no gráfico. No item cinqüenta, apresenta-se também um problema de set ou atitude perante a estimulação para separar o fator numérico eficiente ante os outros:

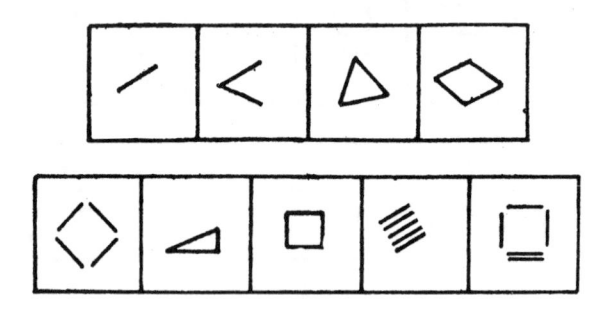

d) Alternância: aparece em muitos itens, sempre combinada com outras variáveis. Algumas vezes, trata-se de voltar ao ponto de partida, por esgotamento da série alternada e, portanto, pressupõe-se a compreensão da reversibilidade do sistema. No item dezessete, a escolha fica confusa por um elemento conservado, que tende a se modificar intuitivamente, assimilado a outras alternâncias:

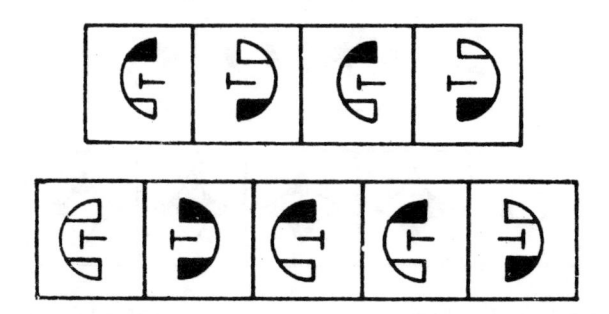

Através dos problemas propostos por raciocínio abstrato, medimos a capacidade do indivíduo para relacionar momentos de uma seqüência e estabelecer um conjunto de regras, conservando certos fatores e determinando o sentido da transformação dos outros. As co-variantes pertinentes nem sempre são de caráter formal, embora tal estrutura facilite as soluções e melhore as estratégias.

Relações espaciais

A prova de relações espaciais é assim denominada porque o estabelecimento de relações entre áreas é indispensável para a resolução correta dos problemas. No entanto, os autores evitaram a denominação de raciocínio espacial, certamente para evitar a polêmica de se é possível discriminar um tipo específico de abordagem dos estímulos espaciais, como seria o caso da dedução formal no raciocínio abstrato ou o da dedução empírica, no raciocínio mecânico. Parece assim que não há dedução quando se trata de manipulação de áreas, mas simplesmente de uma intuição do tipo geométrico por captação dos dados fornecidos. Tais dados consistem, nessa prova, em um sólido desdobrado cujas partes constituem referências simbólicas das faces do sólido correspondente, não só por sua forma e sua contigüidade, mas também por certos sinais, como, por exemplo, o colorido, a presença de pontos, etc.

Esse tipo de tarefa foi objeto de experimentação por Piaget, que estudou em várias oportunidades o desenvolvimento intelectual das relações espaciais. Trabalhou com crianças e em relação ao desdobramento do cilindro e do cone, permitindo-lhes reconstruir praticamente os sólidos, facilitando a antecipação. No entanto, essa atividade resultava em uma tarefa de nível projetivo, de integração de estados em uma transformação contínua. De fato, como já dissemos, a percepção e a imagem em si orientam um estado dos fenômenos, porém, tratando-se de uma transformação, tais padrões devem ser coordenados logicamente de tal modo que sejam realizadas todas as combinações certificadas pelas referências recíprocas entre o sólido e o modelo desdobrado; essa reciprocidade não ocorre por aproximação, mas é constatada pela transformação.

Por outro lado, o sólido também é representado em um gráfico, isto é, em duas dimensões, com ajuda da perspectiva. Na representação projetiva há faces não visíveis do objeto e, portanto, podem ser emitidas hipóteses sobre a aparência plausível; ou seja, é possível escolher várias aparências de um mesmo objeto, o que se refere desde já a uma etapa formal de pensamento, capaz de combinar as possíveis rotações do objeto com os possíveis pontos de vista.

Um único exemplo servirá para ilustrar os alcances e os mecanismos dessa prova:

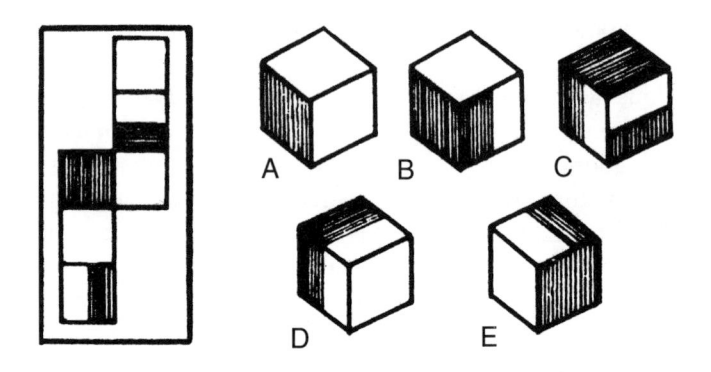

diante da qual o indivíduo se perguntará: "é possível A?", sim, porque uma face escura limita-se com duas brancas, que se limitam entre si; "é possível B?", não, porque um semi-riscado está oposto e o outro cai perpendicularmente à face escura, etc.

Essa prova exige então um alto nível de descentralização, suficiente para determinar o objeto em todas as suas possibilidades mas, ao mesmo tempo, uma subjetividade madura, não egocêntrica, capaz de construir uma representação projetiva. As imagens de transformação, a manipulação topológica, integradas a estruturas mais reversíveis, adquirem elas próprias a equilibração que permite ao indivíduo coordenar suas ações.

Habilidade numérica

Aqui também se evitou denominar a prova de "raciocínio" aritmético, já que se considerou a linguagem implicada nos problemas usuais, e preferiu-se descartar o fator verbal no exame da habilidade numérica. Portanto, o indivíduo não resolve situações em que ocorrem relações de quantificação, mas simplesmente resolve "contas" mediante automatismos adquiridos na escola. Assim, muitos indivíduos podem resolver uma multiplicação por dois algarismos sem saber explicar por que deixam um espaço em branco e nem por que somam depois.

Podemos considerar, entretanto, que se o indivíduo adquiriu tais automatismos é porque no princípio tornou consciente a necessidade de certos comportamentos e tem uma estrutura capaz de outorgar-lhes um nível de generalização suficiente para a compreensão das situações em que tais cálculos são vigentes. Por outro lado, certas relações do tipo das apresentadas no item vinte e cinco:

	RESPOSTA	
25.	A	0,20
$15 = 75\%$ de?	B	10,25
	C	20
	D	22,5
	E	*nenhum desses*

implicam a compreensão de proporções e equivalências de correspondências, que são constatadas em uma etapa formal do pensamento, pois só na combinatória podem ser resolvidas duas incógnitas ao mesmo tempo.

Podemos considerar que o cálculo mede a capacidade de resolver problemas numéricos, mas que grande parte dessa capacidade provém da aquisição de mecanismos adequados e sua automatização pela prática.

Uso da linguagem

Essa prova é dividida em duas partes, uma que se destina a verificar a ortografia do indivíduo e outra que se atém mais a sua capacidade de construir corretamente as operações, embora nesse aspecto apareçam também problemas ortográficos. As palavras selecionadas são aquelas que apresentam uma pronúncia ambígua em relação ao sinal gráfico utilizado para mencioná-las; assim, a palavra sucesso, que aparece "sussesso", a palavra esquerda, que aparece "isquerda". Observa-se então a independência entre um código de sinais e outro, pois os indivíduos que adquiriram um único sistema referencial, o audiofônico, e que traduzem de modo unívoco para escrever ou para ler apresentam dificuldades; todo um sistema visomotor deve ser coordenado àquele para atingir uma escrita fluente e sem erros e uma leitura rápida.

A título de exemplo apresentamos o item vinte e oito, com a instrução "marque os lugares em que se percebe um erro":

28. É necessário/   que cada um/   realize/   sua tarefa/   como corresponde
     A   B   C   D   E

Rapidez e exatidão

A prova consiste em um modelo com cinco combinações semelhantes de números e letras, uma das quais está sublinhada. Em outro conjunto idêntico, mas com distribuição diferente, a mesma combinação deve ser encontrada e sublinhada, por sua vez. Essa tarefa tem um tempo limitado de execução, pois não pressupõe nenhum processamento de dados e, portanto, não mede uma aptidão específica, mas certas qualidades gerais do comportamento, tal como sua plasticidade básica, sua regulação na discriminação perceptiva que ocorre sem problema de alteridades, seu ritmo, na conseqüência da ação.

Damos como exemplo a parte do exame que aparece nas instruções da prova:

Item de Teste

V.	A̲B̲	AC	AD	AE	AF
W.	aA	aB	BA	Ba	B̲b̲
X.	A7	7A	B7	7̲B̲	AB
Y.	Aa	Ba	b̲A̲	BA	bB
Z.	3A	3B	3̲3̲	B3	BB

	AC	AE	AF	AB	AD
V	:::::	:::::	:::::	—	:::::
W	BA	B̲a̲	Bb	aA	aB
X	7B	B7	AB	7A	A7
Y	Aa	bA	bB	Ba	BA
Z	BB	3B	B3	3A	33

Exemplo de uma folha de resposta
(Instruções do caderno)

A análise que acabamos de fazer pode servir para vários fins que preocupam especialmente aqueles psicólogos que se dedicam à educação e à orientação vocacional.

A) Por um lado, pode constituir uma contribuição para determinar, dentro do vasto campo das ocupações humanas, aquelas áreas que facilitam o exercício de certas aptidões definidas nos indivíduos. Dessa maneira, descrevendo os comportamentos usuais na prática e na aprendizagem das diversas profissões, podem ser catalogados os mais freqüentes e gratificantes, indicando o nível de socialização, objetivação, formalização, verbalização e outras características mentais que apresentem.

Assim, pode-se conseguir, para cada profissão, um perfil cognitivo característico adaptado de forma móvel a cada uma das especialidades compreendidas. Por outro lado, tais perfis não podem ser traçados de modo definitivo, já que a contribuição de técnicas novas e exigências sociais específicas de cada país implicam mudanças profundas no exercício de uma profissão, mudança que se observa nos perfis como tendência seja para a objetivação, seja para o matematismo, etc.

B) Em segundo lugar, servirá para traçar um perfil atual das aptidões pessoais, de maneira que o indivíduo compreenda suas reais possibilidades de aquisição e as dificuldades que terá que vencer no decorrer de uma carreira, se esta não abrange os aspectos positivos de sua capacidade mental. É evidente que a distribuição das aptidões pode variar no decurso da vida por múltiplas circunstâncias, por isso se deve considerá-las também como certas tendências validadas para a ação, tendências sempre relativas.

C) Por fim, uma análise profunda dos perfis obtidos para populações estudantis fornece dados de interesse para a programação das carreiras universitárias, quanto ao nível de conceituação dos alunos, tipo de leitura a que podem ter acesso sem ajuda, dose de redundância necessária para a compreensão dos temas, participação de teoria e prática capaz de determinar nos alunos a constituição de esquemas permanentes, ordem das matérias que facilite a aprendizagem, passando pelas etapas racionais de aquisição (esquemas de ação, esquemas intuitivos, conceitualização, formalização, etc.).

Apêndice

Objetivo: determinação da conservação do objeto por associatividade de deslocamentos práticos.
Material: um brinquedo atraente, uma caixa, um objeto que sirva de anteparo (mantinhas).
Técnica: o brinquedo é posto dentro da caixa e, diante da criança, é retirado dali e colocado debaixo da manta.
Comportamentos: até um ano de idade a criança insiste em procurar o brinquedo dentro da caixa, e até um ano e três meses tende a acompanhar o percurso realizado pelo examinador.
Interpretação: até um ano e meio, a falta de um grupo de adição e de associação não garante ao bebê a permanência do objeto no último lugar de seu deslocamento.

Objetivo: conservação da massa.
Material: uma massa de modelar macia.
Técnica: divide-se a massa de modelar em duas partes consideradas iguais e fazem-se duas bolinhas. Pega-se uma delas para amassar e formar uma "salsicha", que depois é modelada de novo na forma de bolinha; estimula-se, então, a criança a transformá-la em uma "salsicha" novamente. Pergunta-se a ela se a massa da "bolinha" modelo e a da "salsicha" é igual, "se há a mesma quantidade de massinha em ambos os casos".

Comportamentos: até os quatro anos e meio a criança nega categoricamente a igualdade; mais tarde concilia o comprimento com "o fininho" e deduz certa conservação; por volta dos seis anos confirma essa conservação, alegando que "nada mudou na massinha".

Interpretação: o sistema reversível que supõe "a bolinha" e "a salsicha" como momentos de uma transformação contínua garante a invariância da massa, que só poderia ser alterada pela retirada ou acréscimo de massa.

Objetivo: conservação do peso.
Material: balança de dois pratos. Massa de modelar macia.
Técnica: verifica-se primeiro a compreensão do mecanismo da balança com um peso e um saquinho de feijões ou similar. Depois, corta-se a massinha em dois pedaços considerados idênticos e fazem-se duas bolinhas; coloca-se uma em um dos pratos e pede-se que a criança prediga o que vai acontecer quando a outra bolinha for colocada no prato correspondente. Confirmada a identidade do peso, isto é, o equilíbrio da balança, transforma-se uma bolinha cortando-a em pedaços ou modelando-a em "salsicha", e repete-se o pedido para a criança.
Comportamentos: até os sete anos toda conservação é negada; depois é confirmada, mas por conciliação; por fim, aproximadamente aos nove anos, a criança afirma que "o peso não tem nada a ver com a forma que adquire".
Interpretação: a invariância do peso em relação à forma procede da construção na qual o peso ocorre como uma grandeza suscetível de seriação por adição crescente; se nada for acrescentado ou retirado, não poderá variar. O elemento neutro, característico dos agrupamentos, desempenha aqui um papel explicativo eficiente.

Objetivo: conservação do volume.
Material: dois copos graduados, com água colorida até a metade. Massa de modelar macia.

Técnica: averigua-se primeiro que a criança constata que quando se mergulha um corpo o nível da água sobe em relação ao seu volume; para isso podem ser usadas três bolinhas de vidro de tamanhos diferentes. Divide-se a massinha em duas bolas consideradas iguais. Mergulha-se uma delas em um copo; antes de mergulhar a outra no copo, pede-se à criança que prediga onde chegará o nível da água. Confirmada a igualdade de nível, corta-se uma das bolas em pedaços e pergunta-se que nível o líquido alcançará quando se derrubarem todos eles no copo, sempre considerando o outro como controle.

Comportamentos: próximo dos onze anos, as crianças consideram que "a forma ou o fato de estar em pedacinhos não corresponde à quantidade de água que deslocam, porque no total é sempre a mesma". Anteriormente, negavam tal invariância, alegando que "ao ser mais fininho oferece menos resistência".

Interpretação: tratando-se de volume, a conservação é mais difícil à medida que sua igualdade é verificada por um intermediário, que é a quantidade de água deslocada, e torna-se necessário coordenar então dois sistemas de equivalências ordenadas.

Objetivo: conservação de quantidades, relação com a antecipação.
Material: dois copos transparentes da mesma altura, mas de largura diferente. Uma caixa com bolinhas pequenas ou contas. Duas medidas idênticas com líquido colorido.
Técnica: jogam-se simultaneamente as contas uma a uma em ambos os copos. Pergunta-se à criança sobre a igualdade da quantidade das contas nos dois copos. Retiram-se as contas e despeja-se em um dos copos a água colorida de uma das medidas, pedindo à criança que prediga se o nível no outro copo ficará mais alto, igual ou mais baixo.
Comportamentos: a identidade é primeiramente negada sem dúvida; depois a criança concilia a altura com a largura do copo e, por fim, observando a própria ação e não mais a aparência perceptível dos objetos, considera que são iguais porque "colocou-as ao mesmo tempo, a mesma quantidade em cada copo,

etc.", por volta dos sete anos. A antecipação da variação no nível do copo é contemporânea a esta aquisição.

Interpretação: apenas a operação reversível que considera a repetição da ação de jogar as contas e o caráter associativo da soma garantem a conservação da quantidade, apesar da distribuição diferente. A mesma operação permite a antecipação de uma variação concomitante do nível, que anteriormente era negada, pelo que se deduz a influência da operação na adequação das imagens antecipatórias e não vice-versa.

Objetivo: conservação do número.
Material: vinte fichas redondas e vinte azuis.
Técnica: colocam-se nove fichas vermelhas em fila e pede-se à criança que faça outra fila com as fichas azuis, que tenha o mesmo número de elementos que a anterior. Uma vez efetuada a correspondência uma a uma, separam-se as fichas azuis, tornando maior o intervalo entre elas, e pergunta-se outra vez sobre a identidade do número de elementos que constitui cada conjunto.
Comportamentos: a correspondência biunívoca para determinar a igualdade de conjuntos é precoce; no entanto, de nenhum modo obedece a uma estrutura operatória, visto que ocorre em um único sentido, pois é destruída assim que a configuração varia e uma das filas fica mais comprida. Nesse caso, a criança maior considera inclusive que é preciso contar para certificar-se de que são iguais. Só depois dos seis anos a identidade é confirmada em seguida, "pois nada foi acrescentado, nem tirado", e ao mesmo tempo a criança passa a contar todo o conjunto para determinar o número de fichas que vai usar, abandonando a estratégia da relação biunívoca entre uma coleção e a outra.
Interpretação: a identidade das configurações deixa de ser condição da igualdade no número de seus elementos quando a criança adquire a noção aritmética de número, no sentido de que o aspecto relevante é a ordem que limita o conjunto e que essa ordem é independente do intervalo e inclusive do ele-

mento do ponto de vista qualitativo. Assim, em um sistema operatório reversível, a identidade numérica é um invariante, apesar das transformações na aparência perceptiva do conjunto ou na ordem das fichas.

Objetivo: quantificação de classes.
Material: caixa com contas para enfiar, compostas de bolinhas e cubos de madeira; as bolinhas são poucas e vermelhas e há cubos azuis e vermelhos.
Técnica: consiste em perguntas do tipo "Todos os cubos são vermelhos?", "Todos os cubos são azuis?", "O que tem mais, cubinhos ou contas de madeira?". As crianças pequenas respondem negativamente à primeira pergunta, mas esclarecem "porque também tem bolinhas vermelhas". Até os oito anos também consideram que há mais cubinhos do que contas, "porque tem muito poucas bolinhas".
Interpretação: para que a relação entre "todos" e "alguns" seja correta, a extensão e a compreensão das classes devem ser determinadas de acordo com uma reciprocidade inversa, que supõe uma coordenação de reversibilidades.

Objetivo: operação de seriação.
Material: dois grupos de nove tabuinhas cada um, que têm uma diferença de 0,8 cm entre si. O segundo grupo é intercalado no primeiro de acordo com uma diferença de 0,4 cm.
Técnica: pede-se à criança que construa uma escadinha plana com as tabuinhas do primeiro grupo, e, uma vez realizada a tarefa, são oferecidas a ela as tabuinhas do segundo grupo em desordem para que faça a escada com todos juntos.
Comportamentos: aos quatro anos, as crianças não levam em conta a base e constroem a escada com qualquer tabuinha ou deixando uma diferença de nível entre o topo de uma e de outra; por volta dos cinco anos, por aproximação e com múltiplos ensaios, conseguem fazer a escada, mas de nenhum modo intercalar alguma tabuinha do segundo grupo, e tencionam desfazê-la toda "senão é muito difícil". Aos cinco anos e meio, e

mediante tentativas, conseguem colocar algumas, mas experimentam se "combinam com as outras". Aos seis anos tentam colocar um par da série a ser intercalada entre os outros, e, finalmente, aos sete anos constroem a segunda série e a intercalam com rapidez.

Interpretação: apenas a reversibilidade da operação de seriar garante à criança a transitividade das relações assimétricas, de tal maneira que o objeto intercalado será menor que todos os que o sucedem e maior que todos os que o precedem. Contemporaneamente, pode relacionar as duas séries, o que demonstra que a própria operação proporciona a determinação da posição de cada tabuinha e que qualquer uma delas pode ser intercalada sem que as outras sejam.

Objetivo: antecipação de uma seriação contínua.
Material: folha de desenho que representa um quadrado de três por quatro centímetros. Lápis.
Técnica: pede-se à criança que desenhe dentro do quadro um quadradinho "o mais pequenininho que puder".
Comportamentos: aos cinco anos, a criança desenha um quadrado menor, mas não o menor possível; próximo dos seis anos e meio, traça espontânea e intencionalmente um quadradinho que seria o primeiro em uma possível série de quadrados.
Interpretação: para representar "o menor possível" é necessário construir internamente uma série reversível a partir do modelo, na qual esse seja só uma opção de uma ordem por tamanhos.

Objetivo: classificações multiplicativas.
Material: do tipo da ilustração (gráfico 31).
Técnica: a criança deve prever as características do objeto na intersecção de ambos os conjuntos, um definido como "de coisas amarelas" e outro de "folhas". Aos quatro anos, a criança escolhe qualquer objeto que "convenha" aos presentes, tal como "uma arvorezinha para as folhas". Aos cinco anos procura estabelecer um critério, como "um limão", porque todas as coi-

Gráfico 31

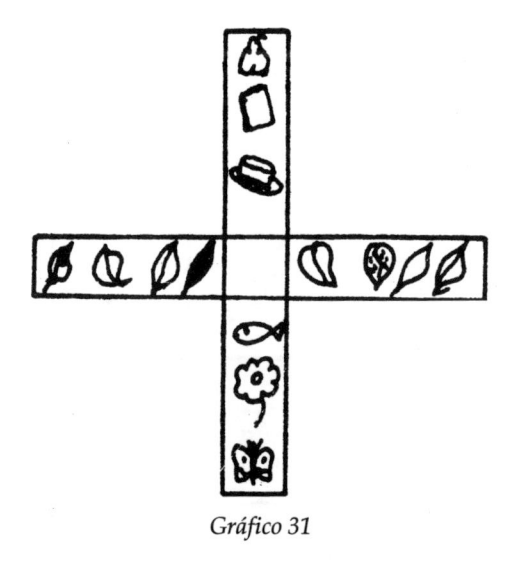

sas são amarelas, ou "outra folha"; depois dos oito anos, consolida a operação escolhendo uma folha amarela, porque combina com "todos" em ambas as direções.
Interpretação: A contemporaneidade da classificação e da multiplicação fica demonstrada a partir do fato de que, uma vez que cada um dos conjuntos seja definido como classe, a intersecção ocorre no mesmo processo.

Objetivo: multiplicação de relações assimétricas transitivas.
Material: vinte e cinco folhas de cinco tamanhos e cinco matizes diferentes devem ser colocadas em uma matriz de multiplicação (gráfico 32).
Técnica: aos cinco anos, as crianças fazem algumas seriações parciais de tamanho, sem definir as classes. Durante os seis anos, a seriação de algumas classes é determinada, porém a criança não pode ordená-las por sua vez até um ano mais tarde. De qualquer modo, a tarefa é realizada por ensaios e algumas perguntas que sugerem o andamento da ordenação.

Interpretação: se a multiplicação de relações não é absolutamente contemporânea da multiplicação de classes, é porque a sobreposição ocorre nessa última como um dado configurado, enquanto a seriação de seriações é claramente operatória.

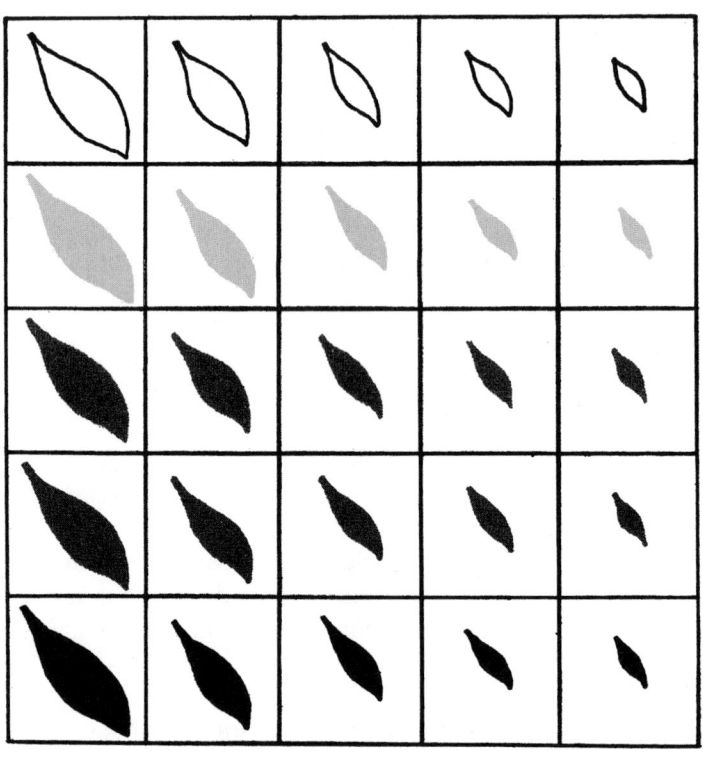

Gráfico 32

IMPRESSÃO E ACABAMENTO:
YANGRAF Fone/Fax: 6195.77.22
e-mail:yangraf.comercial@terra.com.br